携手奋斗奔小康

——苏州高新区对口帮扶支援协作纪实

本书编委会 编

XIESHOU FENDOU
BEN XIAOKANG
SUZHOU GAOXINQU
DUIKOU BANGFU ZHIYUAN XIEZUO
JISHI

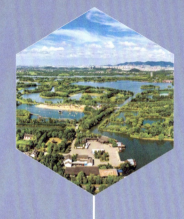

苏州大学出版社
Soochow University Press

图书在版编目(CIP)数据

携手奋斗奔小康:苏州高新区对口帮扶支援协作纪实/吴卫锋主编;《携手奋斗奔小康》编委会编. — 苏州:苏州大学出版社,2020.12
ISBN 978-7-5672-3373-7

Ⅰ.①携… Ⅱ.①吴… ②携… Ⅲ.①扶贫-经验-苏州 Ⅳ.①F127.533

中国版本图书馆 CIP 数据核字(2020)第 243201 号

书　　名:	携手奋斗奔小康——苏州高新区对口帮扶支援协作纪实
主　　编:	吴卫锋
责任编辑:	刘　海
装帧设计:	吴　钰
出版发行:	苏州大学出版社(Soochow University Press)
出 品 人:	盛惠良
社　　址:	苏州市十梓街1号　邮编:215006
印　　刷:	苏州工业园区美柯乐制版印务有限责任公司
E-mail:	Liuwang@suda.edu.cn　　QQ:64826224
邮购热线:	0512-67480030
销售热线:	0512-67481020
开　　本:	889 mm×1 194 mm　1/16　印张:15.25 字数:368 千
版　　次:	2020年12月第1版
印　　次:	2020年12月第1次印刷
书　　号:	ISBN 978-7-5672-3373-7
定　　价:	168.00 元

凡发现印装错误,请与本社联系调换。服务热线:0512-67481020

编 委 会

名誉主任：方文浜
主　　任：毛　伟
副 主 任：高晓东　朱奚红　张　瑛　蒋国良
委　　员：尚文涛　徐　伟　朱　勇　庞晓虹　胡晓春
　　　　　王　卫　金海兴　陈月娟　范晓晔　吴卫锋
　　　　　周经纬　李　伟　周咏梅　潘宜顺　蒋建清
　　　　　沈明生　卢　春　王永刚　孙咸锐　苏久华
　　　　　陶荣庆　朱彬峰　樊　外　杨　亮　何　宁
　　　　　陈晓梅　邵　亮　吴立华　黄忠华　王　骏
　　　　　周晓明　贺宇晨　王　星　闵建国　王　平
　　　　　余黎康

编 撰 人 员

主　　编：吴卫锋
副 主 编：柳建洪　胡　勇　陈永生
编撰人员：陆宏明　郦思基　王　玉　许　丹　张笑川
　　　　　沈　骅

序

习近平总书记指出："脱贫攻坚越到紧要关头，越要坚定必胜的信心，越要有一鼓作气的决心，尽锐出战、迎难而上，真抓实干、精准施策，确保脱贫攻坚任务如期完成。"[①] 民生是人民幸福的基础，增进民生福祉是我们党坚持立党为公、执政为民的本质要求。消除贫困、满足人民对美好生活的向往，是我们党执政为民的责任担当，也是我们党践行初心和使命的必然要求。

苏州高新区认真学习贯彻习近平新时代中国特色社会主义思想和党的十九大精神，认真落实习近平在解决"两不愁三保障"突出问题座谈会上的讲话和东西部扶贫协作座谈会、全国东西部扶贫协作工作推进会议、决战决胜脱贫攻坚座谈会议精神，在苏州市委、市政府的正确领导下，积极践行脱贫攻坚的使命，在自身跨越式发展的同时始终不忘共同富裕的初心。苏州高新区紧密结合当地实际，创造性地开展工作，探索出一系列精准管用的"高新区战法"，形成了整体联动、协调并进的"系统工程"，携手贫困地区共奔小康，书写了减贫奇迹的精彩篇章。

在贵州万山方面，助推万山区于2018年9月顺利实现脱贫"摘帽"，两区又在2019年6月和8月全国东西部扶贫协作培训班和全国"携手奔小康行动"培训班上做典型经验交流发言；在江苏泗阳方面，以"五方挂钩"机制开展定点扶贫，教育、产业等扶贫工作成效明显；在新疆、西藏方面，苏州高新区派出的援疆、援藏干部尽职尽责、积极奉献；在重庆云阳方面，援建了云阳苏州高新区特殊教育学校、苏商光彩小学教学楼、新津小学教学楼等爱心工程；在陕西定边方面，以援建定边县人民医院、定边县第五中学等医疗和教育机构为重点；在宁夏平罗方面，双方签订合作框架协议，干部挂职交流学习常态化；在江苏盐城方面，发展"飞地经济"，成立苏州盐城沿海合作开发园区，扩大苏州与盐城两地合作广度，加深两地合作深度，从而实现互利共赢的持续或跨越发展的经济模式。

"历尽天华成此景，人间万事出艰辛。"这些成绩的取得是苏州高新区干部、群众共同创造的精神财富，全区上下牢记嘱托，大力弘扬习近平新时代中国特色社会主义思想，为人民而战、与贫困抗争，以苦干实干的业绩诠释了对党的绝对忠诚。

"其作始也简，其将毕也必巨。"我们要进一步深入学习贯彻习近平总书记关于扶贫工作的重要论述和党中央关于脱贫攻坚的决策部署，不忘初心、牢记使命、坚定信心、迎难而上，以更大决心、更强力度推进脱贫攻坚，夺取脱贫攻坚战全面胜利，确保脱贫成效经得起历史和人民检验。

---

① 习近平：《脱贫攻坚不获全胜决不收兵》，《人民日报》（海外版）2019年3月8日第1版。

编写说明

一、本书以马克思列宁主义、毛泽东思想、邓小平理论、"三个代表"重要思想、科学发展观、习近平新时代中国特色社会主义思想为指导，遵循辩证唯物主义和历史唯物主义的观点，全面、系统、客观地反映苏州高新区对口帮扶支援协作的历程。

二、本书记述的时间上限为1996年，该年苏州高新区与陕西省定边县建立挂钩扶贫关系，也是苏州高新区对口帮扶工作的起点。本书记述的时间下限为2020年11月。

三、本书正文各篇章以帮扶、支援、协作、合作的类别为序，分别设"全方位深度合作：贵州省铜仁市万山区篇""从输血到造血：江苏省宿迁市泗阳县篇""真情援疆：新疆阿图什市、霍尔果斯经济开发区篇""凝心聚力：西藏林周县、拉萨经济技术开发区篇""扶贫先扶智：重庆市云阳县篇""医疗与教育先行：陕西省榆林市定边县篇""对口协作：宁夏石嘴山市平罗县篇""打造'飞地经济'：江苏省盐城市篇"。

四、本书的汉字、标点符号、数字使用，按国家语言文字工作委员会等有关部门的规定执行。照片随正文相关内容插于书中，力求图文协调。

五、本书涉及的机构、职务、地名等，均按不同时期的实际称谓记述。专有名词首次出现时用全称，其后用简称。

六、本书遵循不立传的原则，对于有突出贡献和重大影响的人物，因事系人记入相关章节。

七、本书资料主要来自苏州高新区及对口帮扶支援协作地区的档案、文稿等，同时兼采亲历者的口述材料。

八、本书所附大事记，首先以区域分类，再以时间为序。所选"大事"的标准，也根据不同区域的具体工作而各有侧重。

目录

第一章 全方位深度合作：贵州省铜仁市万山区篇 … 001
- 一 万山区概况 … 003
- 二 援建背景和政策 … 005
  - （一）苏州与铜仁"一对一"结对帮扶 … 005
  - （二）苏州高新区对口帮扶铜仁市万山区相关政策 … 006
- 三 援建举措和成效 … 010
  - （一）组织领导 … 010
  - （二）互访交流 … 016
  - （三）资金支持 … 042
  - （四）产业合作 … 048
  - （五）劳务协作 … 057
  - （六）携手奔小康 … 069
  - （七）苏州高新区创新工作举措，形成可复制可推广的经验做法 … 080

第二章 从输血到造血：江苏省宿迁市泗阳县篇 … 085
- 一 泗阳县概况 … 087
- 二 苏州高新区对口泗阳县帮扶背景和相关政策 … 088
  - （一）"五方挂钩"机制——开展定点帮扶 … 088
  - （二）"五方挂钩"帮扶协调小组会议 … 090
- 三 苏州高新区对口帮扶泗阳县的举措和成效 … 091
  - （一）智力帮扶 … 091
  - （二）教育帮扶 … 100

（三）产业帮扶 …… 102
　　（四）社会民生事业 …… 105

第三章　真情援疆：新疆阿图什市、霍尔果斯经济开发区篇 …… 107
　一　新疆概况 …… 109
　二　援疆背景与政策 …… 110
　三　援疆举措和成效 …… 111
　　（一）教育人才援建 …… 111
　　（二）苏州高新区妇联组织新疆"绣娘"赴镇湖交流学习 …… 113
　　（三）苏州高新区援疆干部参与阿图什市建设 …… 113
　　（四）苏州高新区援疆干部参与霍尔果斯经济开发区建设 …… 114

第四章　凝心聚力：西藏林周县、拉萨经济技术开发区篇 …… 117
　一　西藏概况 …… 119
　二　援建背景和政策 …… 120
　三　援建举措和成效 …… 120
　　（一）对口支援西藏林周县 …… 120
　　（二）对口支援拉萨经济技术开发区 …… 124

第五章　扶贫先扶智：重庆市云阳县篇 …… 127
　一　云阳县概况 …… 129
　二　援建背景和政策 …… 130
　三　援建举措和成效 …… 130
　　（一）捐助云阳苏州高新区特殊教育学校 …… 131
　　（二）捐助苏商光彩小学 …… 135
　　（三）捐建新津小学 …… 135
　　（四）建立中日康养人才培育示范基地 …… 136

第六章　医疗与教育先行：陕西省榆林市定边县篇 …… 137
　一　定边县概况 …… 139
　二　援建背景和政策 …… 140
　三　援建举措和成效 …… 141

目录

  （一）卫生医疗援建 …… 141
  （二）教育援建 …… 144
  （三）干部学习交流 …… 146

第七章 对口协作：宁夏石嘴山市平罗县篇 …… 149
 一 平罗县概况 …… 151
 二 苏州高新区对口协作平罗县的背景和相关政策 …… 152
  （一）建立干部挂职交流机制 …… 152
  （二）2018年签订《石嘴山平罗县与苏州高新区合作框架协议》 …… 152
 三 苏州高新区对口协作平罗县的举措与成效 …… 153
  （一）签订友好合作框架协议 …… 153
  （二）双方总工会结为友好工会 …… 153
  （三）互访交流 …… 155
  （四）苏州高新区企业爱心敬老 …… 156
  （五）苏州高新区援外干部为平罗县招商引资 …… 156

第八章 打造"飞地经济"：江苏省盐城市篇 …… 157
 一 盐城市概况 …… 159
 二 苏州盐城沿海合作开发园区 …… 160
  （一）苏州盐城沿海合作开发园区的开发背景及发展历程 …… 160
  （二）苏州盐城沿海合作开发园区的相关政策 …… 162
 三 苏州盐城沿海合作开发园区援建的主要举措和成效 …… 163
  （一）资金支持 …… 163
  （二）干部交流 …… 165
  （三）招商引资 …… 166
  （四）具体成效 …… 167

附录 …… 171
 苏州高新区对口帮扶支援协作大事记 …… 171
 苏州高新区对口帮扶支援协作访谈摘录 …… 188
 苏州高新区援外干部挂职情况一览表 …… 204

苏州盐城沿海合作开发园区历届挂任花名册 ……………………………… 205
2018—2020 年苏州高新区选派专业技术人才情况表 ……………………… 208
国家及省级媒体新闻报道选编 ………………………………………………… 214

编后记 ……………………………………………………………………………… 234

第一章　全方位深度合作

贵州省铜仁市万山区篇

第一章　全方位深度合作

一　万山区概况

万山区，隶属于贵州省铜仁市，1966年2月经国务院批准正式设立万山特区，隶属铜仁地区。2011年11月，国务院批复同意撤销铜仁地区设立地级铜仁市，设立万山区。2013年5月，撤销万山区茶店镇建制，设置茶店街道。2016年，铜仁市人民政府对万山区谢桥街道行政区划调整做出正式批复，同意将万山区谢桥街道析置出仁山街道。仁山街道辖原谢桥街道的唐家寨社区、楚溪社区、挞扒洞村20村（居）民小组，辖区面积26.63平方千米，仁山街道驻唐家寨社区。谢桥街道辖原谢桥街道的谢桥社区、谢桥中心社区、冲广坪社区、牙溪村、石竹村、龙门坳村、瓦屋坪村83个村（居）民小组，辖区面积77.06平方千米，谢桥街道驻地不变。2019年，成立丹都街道办事处。辖区总面积41.68平方千米，辖挞扒洞社区、旗屯村、大坡村和6个易地扶贫搬迁小区。截至2019年，万山区辖丹都街道、仁山街道、谢桥街道、茶店街道、万山镇、大坪侗族土家族苗族乡、鱼塘侗族苗族乡、黄道侗族乡、高楼坪侗族乡、敖寨侗族乡、下溪侗族乡，共4个街道、1个镇、6个乡。

万山区以喀斯特岩溶地貌为主，集山、水、林、洞为一体。全境地势东低西高，中部隆起。东部山峦起伏，沟壑纵横，深谷密布；西部丘陵，地势开阔平缓。境内的地层，绝大部分属海相沉积，厚度巨大。地层呈北东、北北东向带状分布，从东到西，依次出露有板溪群、震旦系，局部地方覆盖有第四系。属武陵山系，位于武陵山脉主峰梵净山的东南部，地势东部底、西部高、中部隆起，自中部向东南三面倾斜。北、东、南三面海拔在600米以下；西部海拔700～800米，中部海拔858米。区内最高点米公山海拔1149.2米；最低点在下溪河出境处（长田湾），海拔为270米。万山区在大地构造上属江南古陆西缘褶皱带，区域构造线主要表现为北北东向，特区位置与万山半背斜基本一致。

万山区属于中亚热带季风湿润气候，年平均气温13.7℃，年极端最高气温34.6℃，年极端最低气温零下10.4℃。7月为最热月，其平均气温为24℃；1月为最冷月，其平均气温为2.0℃；年较差22℃。年平均降水量1378.7毫米，年最多降水量1715毫米，年最少降水量954毫米。年平均日照时数1263.7小时。常年主导风向为东北风。整体具有四季分明、冬暖夏凉、冬长秋短、雨量充沛的特点。无霜期较长。春季气温回暖晚，夏季时有伏旱，局部有洪涝；秋季降温快；冬季较湿冷，多雾寡照。

万山区境内的河流都是山区雨源型河流。由降水补给溪河径流，主要河流有4条，年径流量2.22亿立方米，河网密度为每平方千米0.27千米。分水岭为东南—北西向，东南起笔架山，向北西经上黄茶、张家湾、滚子冲、琴门，平面呈顺时针倒卧"S"形。地下水年总储量0.758亿立方米，主要由降雨补给。

万山区水资源较为丰富，多年平均径流量为6.07亿立方米，多年平均水资源量为5.78亿立方米（含入境水量）。全区河道外可利用水量为2.24亿立方米，水资源可利用率为38.7%。万山区多年平均地表水水资源量为57800万立方米。有中型水库1座、小（1）型水库5座、小（2）型水库29座，总库容3015.91万立方米。

万山区有野生动物资源30余种，鱼类资源20余种。原鱼类、两栖类、鸟类和哺乳类动物繁多。珍稀动物有斑羚（俗称岩羊、野羊）、穿山甲、林麝、水獭、红腹锦鸡、灵猫、豹猫。

万山区自然植被有针叶林、阔叶林、竹林、灌丛及灌草丛。粮食作物有20余种；经济作物有26种之多；木本植物有近100种；野生牧草资源有1000~1200种；药材资源有700~900种，常见的有50种之多。万山野生中药材资源较丰富，以银花、生首乌、百合、葛根、杜仲、半夏等为多。代表性常绿树种有甜槠栲、石栎、木荷、木莲等，在混交林中有落叶树种水青冈、亮叶水青冈，间有枫香、槭树、杨树和板栗树等。常绿林的次生林为杉木林、马尾松林、松杉混交林、油桐、油茶林，以及次生的灌丛草坡或石灰岩藤刺灌木丛。在米公山北坡还保存有较完好的一片原始森林，南坡有维生素C含量非常丰富的野生猕猴桃，极具开发价值。万山也有较稀有的物种，代表性物种为雪花树，其在冬季下雪时开花。

万山区初步探明的矿种有汞、钾、锰、钒、钼、铜、锌、大理石、磷、重晶石、石灰岩、白云岩等30多种，其中钾矿远景储量为50亿吨，磷矿储量为7000万吨，锰矿储量在1500万吨以上，重晶石储量为218.8万吨，石灰岩储量为10亿吨，白云岩储量为20亿立方米。

万山交通便利，是川渝东出通江达海、沪杭西进黔滇、京津南下桂琼、广深北连陕甘的重要交通枢纽，沪昆、杭瑞、环省等3条高速公路穿境而过；湘黔铁路、株六复线、渝怀复线等3条铁路环绕四周，10分钟可到达铜仁火车站、铜仁高铁站、朱砂古镇站，30分钟可到达大龙火车站、玉屏火车站、新晃火车站和沪昆高铁铜仁南站，1小时可到达湖南怀化火车站。2018年9月，经国务院扶贫办认定、贵州省人民政府批复，万山区以零漏评、零错退，综合贫困发生率1.19%、群众认可度96.37%的优异成绩，实现贫困县整县出列。2019年3月，万山区被列入第一批革命文物保护利用片区分县名单。

2019年，万山区全年生产总值完成71.25亿元，同比增长11.1%。其中，一产完成11.11亿元，同比增长5.6%；二产完成25.28亿元，同比增长9.9%；三产完成34.86亿元，同比增长14.3%。工业经济方面，完成规模以上工业增加值同比增长4.8%，其中，12月完成规模以上工业增加值同比增长21.7%。固定资产投资方面，完成固定资产投资同比增长8.8%。消费品销售方面，社会消费品零售总额8.59亿元，同比增长4.2%。财政税收方面，完成财政总收入9.96亿元，同比增长11.1%；一般公共预算收入3.70亿元，同比增长5.7%；完成税收收入9.02亿元，同比增长11.7%；一般预算支出22.80亿元，同比增长8.1%。金融存贷款方面，金融机构存款47.17亿元，同比下降12.1%；金融机构贷款67.89亿元，同比增长28.6%。①

---

① 引用数据来自万山区人民政府网站（http://www.TRWS.gov.cn/zjws/wsjj/）。

二　援建背景和政策

（一）苏州与铜仁"一对一"结对帮扶

贵州是我国西部多民族聚居的省份，也是贫困问题较为突出的欠发达省份。贫困和落后是贵州的主要矛盾；加快发展是贵州的主要任务；尽快实现富裕，是贵州作为西部欠发达地区与全国平均水平缩小差距的一个重要象征，也是国家兴旺发达的一个重要标志。开展对口帮扶贵州工作，促进贵州经济持续、健康发展，是先富帮后富、逐步实现共同富裕的重要举措。铜仁市地处黔、湘、渝三省市结合部，武陵山区腹地。"十三五"初期，全市10个区县均属贫困县，有125个贫困乡镇、1565个贫困村，建档立卡贫困人口多达58.32万。铜仁市是武陵山片区区域发展与脱贫攻坚的主战场、决战区。

2013年2月《国务院办公厅关于开展对口帮扶贵州工作的指导意见》（国办发〔2013〕11号）对新时期做好对口帮扶贵州工作做出了全面部署，具体明确了东部8个城市与贵州8个地（州）"一对一"的结对帮扶关系，其中苏州市对口帮扶铜仁市，对口援黔工作期限初步确定为2013年至2020年。同时，为进一步推进帮扶工作，苏州市的10个区（市）与铜仁市的10个区（县）建立"一对一"的结对帮扶关系，结对关系为：张家港市对口帮扶沿河县、常熟市对口帮扶思南县、太仓市对口帮扶玉屏县、昆山市对口帮扶碧江区、吴江区对口帮扶印江县、吴中区对口帮扶德江县、相城区对口帮扶石阡县、姑苏区对口帮扶江口县、苏州工业园区对口帮扶松桃县、苏州高新区对口帮扶万山区。

同年5月，苏州党政代表团到铜仁进行考察调研并签订对口帮扶框架协议。根据苏州市对口帮扶贵州省铜仁市工作座谈会议精神，明确苏州高新区对口帮扶铜仁市万山区。此后，苏州高新区工委、管委会主要领导和分管领导多次带队赴铜仁市万山区对接对口帮扶事宜。

苏州高新区认真学习贯彻习近平新时代中国特色社会主义思想和党的十九大精神，认真落实东西部扶贫协作座谈会、全国东西部扶贫协作工作推进会议精神，在国务院扶贫办，江苏省委、省政府，苏州市委、市政府的正确领导和结对市区的共同努力下，开展了多形式、多渠道、多层次、全方位的扶贫协作工作，助力铜仁市万山区如期实现贫困县摘帽。2018年，助力铜仁市万山区如期实现贫困县"摘帽"出列。2018年11月，两区"多措并举深化携手奔小康行动"在全国携手奔小康行动培训班上做了书面典型经验交流。2019年6月20日，两区"携手共奔小康"工作成效在全国东西部扶贫协作培训班上做书面典型经验交流；8月30日又在全国"携手奔小康"行动培训班上做大会交流发言。2019年11月8日，两区"黔货进苏"助推消费扶贫入选全国消费扶贫经典案例。2019年11月，江苏省对口帮扶贵州铜仁市工作队万山区工作组荣获"贵州省脱贫攻坚先进集体"荣誉称号。2020年4月，在贵州省开展的市、县两级党委政府脱贫攻坚成效考核中，铜仁市万山区在全省33个出列县中名列第一。中共苏州高新区对口帮扶铜仁市万山区工作组行动支部（以下简称"行动支部"）被中共贵州省委表彰为"全省脱贫攻坚先进党组织"，铜仁市万山区和苏州高新区产业扶贫案例在2020年全国东西部扶贫协作培训班上做书面交流。《激发智慧教育核裂变，谱写网络扶贫新篇章——铜仁市万山区与苏州高新区智慧教育结对帮扶扶贫实录》《打通贫困地区生鲜上行冷链》入选2020年全国网络扶贫经典案例。《人民日报》两次专题首发报道两区协作成效。《贵州改革》两次专题刊登两区协作成效。

（二）苏州高新区对口帮扶铜仁市万山区相关政策

1. 签订对口帮扶框架协议书

2017年9月20日，为深入贯彻习近平总书记在东西部扶贫协作座谈会上的重要讲话精神和《国务院办公厅关于开展对口帮扶贵州工作的指导意见》精神，根据《苏州对口帮扶铜仁五年规划（2016—2020）》《2017年苏州市对口帮扶铜仁市工作要点》，为做好"十三五"期间苏州高新区对口帮扶铜仁市万山区各项工作，充分发挥苏州高新区和万山区的区域优势，助推万山区经济社会又好又快发展，苏州高新区与铜仁市万山区两地政府经友好协商，达成并签订了对口帮扶协议。

（1）进一步支持万山区社会民生事业发展。深化教育合作帮扶。苏州高新区在深入总结上一轮教育合作帮扶的基础上，在教研及师资队伍、基础教育、职业教育和信息化建设方面集中加强合作帮扶。通过跟班学习和对万山区教研及教师队伍集中进行培训，建立幼儿园、中小学、特殊教育学校、职业院校等结对帮扶关系，帮助开展管理者和专业教师培训。苏州高新区发挥苏州在教育方面的学科专业优势，每年组织10余名教师开展交流和帮扶。实施医疗卫生帮扶。万山区每年选送20余名医疗卫生骨干到苏州高新区多个二级以上医院、区卫监所、区疾控中心进行为期3个月以上的专科进修培训，苏州高新区选派10余名临床骨干、预防医学专家进行短期技术指导、交流和帮扶，结合万山区实际开展公共卫生科研课题研究，提升万山区的医疗技术和卫生服务水平。实施社区建设合作帮扶，加强在政社互动、三社联动、和谐社区建设等方面的合作帮扶。通过开展两地社区工作者的业务交流，建立两地社区工作者之间的对口帮扶关系，重点在推进"政社互动""三社联动"创新社会管理模式，社会组织培育、全科社工培养等方面给予扶持。万山区每年选送10名社区工作者到苏州高新区多个获得国家级、省级"和谐社区"称号的社区进行轮岗交流和帮扶。

（2）支持帮助万山区承接产业转移和产业园区建设。结合万山区特色优势资源和万山经济开发区政策优势，加强在资源精深加工、农产品加工、电子商务等领域的合作交流，支持万山区有序承接产业转移；苏州高新区组织区内企业家到万山区进行项目考察，鼓励有投资兴业意向企业向万山区转移。引导在苏州有优势、在铜仁有资源的苏商、台商和外商到万山区投资兴业，支持和帮助万山区每年在苏州高新区举办一次招商引资推介会。

（3）进一步加强劳务协作。依托苏州高新区企业数量多、用工需求大的优势，在苏州高新区建立万山区稳定的劳务合作基地。对万山区有劳动能力和就业意愿的建档立卡农村贫困人口，有转移就业意愿、创业愿望的农村劳动者和其他有就业创业意愿的劳动者，鼓励引导其务工创业创收。苏州高新区提供各类企业用工信息或积极组织区内企业参加万山区用工招聘活动，推进用人企业和劳动者双向对接；建立和完善劳务输出精准对接机制。苏州高新区将解决西部贫困人口稳定就业作为帮扶重要内容。万山区负责准确掌握援建区内建档立卡贫困人口就业信息，与苏州高新区开展有组织的劳务对接。

（4）进一步推进旅游产业合作交流。苏州高新区为万山区旅游资源的开发利用及产品的包装营销、推介提供帮助，提升其市场认可度；组织苏州高新区与万山区的重点旅游企业开展业务交流与接洽，强化企业间的信息交流；苏州高新区与万山区旅游主管部门合作开展旅行社、酒店、景点景区的培训，提高服务质量和水平。

（5）进一步支持万山农业产业化发展。鼓励苏州农业龙头企业在万山区建立"企业+农户+基地""企业+村集体+基地"模式，壮大发展农村集体经济，带动农民增收致富；切实加强农产品生产、加工和流通领域合作。争取引进苏州一些具有影响力和带动力的农副产品深加工龙头企业入驻万山；加大力度帮助发展农产品电子商务，支持万山农产品在华东地区的宣传推介。

（6）进一步加强干部和人才的培养与交流。积极开展干部双向挂职交流、专业技术人才交流和职业教育、劳动技能培训合作等工作，在万山区培训科局干部、基层乡镇党政干部、企业高管人员和专业技术人才等方面提供支持和帮助，使万山区干部人才队伍体系进一步完善健全，人才总量和素质进一步提高。

其他事项还包括：苏州高新区和铜仁市万山区两地分管领导每年至少互访一次，主要领导在任期内互访不少于一次；两地相关部门之间加强交流互动，加强协调配合，共同研究商定对口帮扶重要事项；在做好两地政府间互动扶持的同时，注重发挥好社会力量参与帮扶的主体作用，鼓励社会资源参与对口帮扶工作，引导有能力、有愿望的企业和社会力量参与对口帮扶与交流合作，实现互惠共赢。

2. 制定帮扶工作五年规划（2016—2020）

为推动苏州高新区对口帮扶铜仁万山区工作，根据《国家发展改革委办公厅关于印发对口帮扶贵州规划编制工作大纲的通知》和苏州市委、市政府对各区（县）对口帮扶工作的要求，苏州高新区会同铜仁市万山区组织编制了《苏州高新区对口帮扶铜仁市万山区工作规划（2016—2020）修编稿》（以下简称《规划》），切实提高对口帮扶工作的规范化、制度化水平，切实提高对口帮扶工作的稳定性、统一性，规范权力运行，提高透明度，更好地保障对口帮扶政策的执行效果，全面指导新一轮五年对口帮扶工作。

指导思想：高举中国特色社会主义伟大旗帜，以邓小平理论和"三个代表"重要思想、科学发展观为指导，深入贯彻落实习近平总书记系列重要讲话精神和对贵州工作的指示要求，深入贯彻落实党中央、国务院新阶段扶贫开发决策部署，协助铜仁市全力推进精准扶贫，如期实现精准脱贫，坚决打赢扶贫攻坚战，围绕万山区"十三五"时期的发展思路、发展目标和重点任务，以提升万山区自我发展能力、加速发展、改善民生为工作核心内容，将苏州高新区的优势特点与万山区发展的实际需要紧密结合，把无偿援助与经济交流合作紧密结合，通过政府引导、全社会参与的方式，整合资源，重点突破，帮扶建设一批具有较好示范带动作用的项目，切实增强万山区的发展动力和能力，推动万山区努力走出一条符合自身实际和时代要求的发展之路，助推万山区与全国同步实现全面建成小康社会目标。

基本原则：一是统筹规划，有序推进。双方将对口帮扶内容纳入各自的"十三五"国民经济和社会发展纲要，共同编制对口帮扶五年实施规划，并根据帮扶工作的不同阶段，明确任务，合理安排年度工作重点，推动对口帮扶工作有力、有效、有序开展。二是扶贫开发，民生优先。始终把改善民生和产业扶贫放在对口帮扶工作首位，实行资金、项目重点向民生倾斜，着力解决好民生问题。三是政府引导，多方参与。政府主要做好规划引导、政策扶持和协调服务工作，同时要充分调动社会各界参与对口帮扶工作的积极性，营造共同参与的良好氛围。四是经济合作，互利共赢。以产业转移为纽带，深化经济技术交流，坚持遵循经济规律和市场规律，发挥市场机制作用，确立各类经济主体在合作中的实体地位，把苏州高新区的资金、技术、人才、管理、信息等优势与铜仁市万山区的资源、劳动力、特色产品、市场等优势深入结合，促进两地产业有序转移，实现政府、企业和社会互利共赢发展。

主要目标：到2020年，在国家和苏州高新区对口帮扶及社会各界支持下，通过万山区自身的努力和帮扶单位的大力支援，当地城乡居民基本生产生活条件明显改善，基本公共服务水平和均等化程度显著提高；特色优势产业体系基本形成，经济发展质量和效益明显提高，综合竞争力显著增强；农业现代化取得明显进展，农民增收渠道进一步拓宽，现行标准下农村贫困人口实现脱贫，全面实现与全国同步建成小康社会。

重点任务：

（1）继续支持万山区农业产业化建设。一是鼓励苏州农业龙头企业在万山建立"企业+农户+基地""企业+村集体+基地"模式，壮大发展农村集体经济，带动农民增收致富。二是切实加强农产品生产、加工和流通领域合作。争取引进苏州具有影响力和带动力的农副产品深加工龙头企业入驻万山。三是加大力度帮助发展农产品电子商务，支持万山农产品在华东地区的宣传推介。

（2）进一步深化教育合作帮扶。在深入总结上一轮教育合作帮扶基础上，在教研及师资队伍、基础教育和信息化建设方面加强合作帮扶，通过跟班学习和集中培训等形式对万山区教研及教师队伍进行培训。建立幼儿园、中小学等结对帮扶关系，引领万山区各级各类学校发展，帮助开展管理者和专业教师培训，苏州高新区教育部门每年组织不少于10名教师开展交流和帮扶。

（3）进一步实施医疗卫生帮扶工程。根据铜仁市万山区医疗卫生发展实际需要，支持万山区加快医疗卫生服务能力建设。以"三百工程"为抓手，全面建立两地医疗卫生单位间对口帮扶关系，苏州高新区通过技术指导和人才培养等手段，重点在医院管理、临床科研、学科建设、卫生信息化等方面给予万山区扶持。万山区每年选送20余名医疗卫生骨干到苏州高新区二级以上医院、区卫监所、区疾控中心进行为期3个月以上的专科进修培训，苏州高新区选派10余名临床骨干、预防医学专家进行短期技术指导、交流和帮扶，结合万山区实际开展公共卫生科研课题研究，提升万山区医疗技术和卫生服务水平。

（4）支持帮助万山区承接产业转移和产业园区建设。结合万山区特色优势资源和万山经济开发区政策优势，加强在资源精深加工、农产品加工、电子商务等领域的合作交流，支持万山区有序承接产业转移。组织苏州高新区内企业家到万山区进行项目考察，鼓励有投资兴业意向企业向万山区转移。引导在苏州有优势、在铜仁有资源的苏商、台商和外商到万山区投资兴业，支持和帮助万山区每年在苏州高新区举办一次招商引资推介会。

（5）进一步推进旅游产业合作交流。重点在旅游产业发展、景区建设、信息化建设、旅游宣传营销等方面对万山区进行帮扶，双方建立旅游长效合作机制。每年组织由苏州旅游专家组成的团队，对万山区旅游景区、旅游饭店等接待设施进行现场指导，对编制万山区"十三五"旅游产业发展专项规划给予智力支持。支持万山区将苏州高新区开辟为万山区的主要客源地市场，积极帮助万山区旅游业在苏州的市场营销活动。积极鼓励苏州高新区旅游企业和媒体参与万山区大型文化旅游宣传、促销、节庆活动和文化旅游推介会。宣传发动苏州品牌旅行商、旅游经营、管理人员、导游领队到万山区考察。

（6）进一步加强劳务协作交流。依托苏州高新区企业数量多、用工需求量大的优势，建立万山区稳定的劳务合作基地。对万山区有劳动能力和就业意愿的建档立卡农村贫困人口，有转移就业意愿、创业愿望的农村劳动者和其他有就业创业意愿的劳动者，鼓励引导其务工创业创收。提供各类企业用工信息或积极组织区内企业参加万山区用工招聘活动，推进用人企业和劳动者双向对接。建立和完善劳务输出精准对接机制，将解决西部贫困人口稳定就业作为帮扶重要内容。加强与万山区开展有组织的劳务对接，准确掌握万山区建档立卡贫困人口就业信息。

（7）进一步加强科学技术合作与帮扶。以两地企业创新发展需求为导向，充分利用苏州高新区的高科技企业、大院大所、新能源、大数据、医疗器械等产业优势，加强与万仁汽车集团等企业的交流合作，提供技术支持、技术服务，探索产业合作。鼓励苏州科技企业到万山区设立科技产业园、产业研究院等科技创新载体建设。

（8）加强社区建设和文化事业帮扶。加强在政社互动、三社联动、和谐社区建设等方面的合作帮扶。通过开展两地社区工作者的业务交流，建立两地社区工作者之间的对口帮扶关系，重点在推进"政社互动""三社联动"创新社会管理模式，社会组织培育、全科社工培养等方面给予扶持。万山区每年选送10名社区工作者到苏州高新区多个获得国家级、省级"和谐社区"称号的社区进行轮岗交流。鼓励两地积极开展文化艺术交流和文化展演互动，充分利用万山区朱砂文化、影视文化、生态文化、民族文化等元素，鼓励和引导苏州市影视拍摄、演艺创作、图书出版、室内演出、动漫产业等文化创意领域的优势企业到万山区投资开发相关影视或动漫产品。借助苏州高新区刺绣、玉雕、木雕、核雕等传统工艺的优势，加强双方协会的沟通交流，提升万山区朱砂工艺的制造技术、创作灵感、产品包装等水平，促进朱砂产品走出去。

（9）深入推进乡、村"一对一"结对帮扶工作。发挥苏州高新区乡镇经济的优势，积极利用苏州高新区乡镇经济发展的先进理念和成功实践推动两区乡镇之间的结对帮扶，探索苏州高新区集体经济强的行政村与万山区深度贫困村结对的村村结对模式，加强双方互动和交流，支持万山区大力推进工业化、城镇化发展，发展壮大万山区乡、村两级经济，实现区域经济的共同繁荣。发挥苏州高新区经济的开放优势和发展优势，利用城乡一体化发展的成功实践，把"三农"工作统筹于整个区域经济发展中，逐步解决万山区"三农"问题，从根本上解决农村剩余劳动力出路和农民收入增长缓慢这两大难题。2016年至2020年，两区所辖市乡（镇）"一对一"结对帮扶关系不变，具体仍为：浒墅关镇—大坪乡、东渚镇—黄道乡、通安镇—下溪乡、狮山横塘街道—敖寨乡、阳山街道—鱼塘乡、镇湖街道—高楼坪乡。各乡（镇）参照苏州高新区"十三五"帮扶规划，统筹安排本地的对口帮扶工作，做到思想上高度重视，行动上狠抓落实，共同推进对口帮扶工作深入开展并向纵深拓展。

（10）进一步加强干部和人才的培养与交流。两地积极开展干部双向挂职交流、专业技术人才交流和职业教育、劳动技能培训合作等工作，在万山区培训科级干部、基层乡镇党政干部、企业高管人员和专业技术人才等方面提供支持和帮助，使万山区干部人才队伍体系进一步完善健全，人才总量和素质进一步提高。

（11）加强群团组织交流合作。充分发挥群团组织的纽带作用，搭建社会帮扶平台，鼓励和引导苏州高新区总工会、共青团、妇联、科协、文联、残联、红十字会、工商联等群团组织进一步参与对口帮扶万山区工作。探索社会力量包干扶贫路径，摸索发展公益众筹扶贫，通过政府购买服务，鼓励各类社会组织到村到户精准扶贫，鼓励支持各类企业、社会组织、个人参与扶贫开发，实现社会帮扶资源和精准扶贫有效对接。

（12）继续加大对口帮扶示范项目资金投入力度。"十三五"期间，在"教育扶持、农业产业化、人才培养"等方面给予资金帮扶，在资金安排上依据国务院要求建立正常的增长机制并列入当地财政预算。通过5年的努力，力争建成一批能够明显改善民生、具有示范效应作用、对当地经济跨越式发展和社会全面进步产生较大影响力的帮扶项目。

三　援建举措和成效

（一）组织领导

1. 建立两区体制机制

2017年，为进一步落实全国、全省东西部扶贫协作会议精神，切实做好东西部扶贫协作各项工作,结合两地实际,经研究,决定建立苏州高新区—铜仁市万山区东西部扶贫协作联席会议制度。

联席会议的主要职能是:在工委(区委)领导下,主要研究推行帮扶部门领导分工联系扶贫项目制度,通过对万山区精准扶贫规划共谋、扶贫项目共商、资源配置共议、任务落实共抓、精准脱贫共帮等方式,不断提升县级组织整合资源的能力,优化资源配置,形成党政齐抓、上下联动、决策科学、投入精准、群众满意的资源配置新机制。联席会议成员见表1。

表1 2017年苏州高新区—铜仁市万山区东西部扶贫协作联席会议成员

苏州高新区	徐美健	苏州市副市长、苏州高新区党工委书记
	吴新明	苏州高新区管委会副主任、虎丘区区长
	宋长宝	苏州高新区党工委副书记
	蒋国良	苏州市虎丘区人大常委会副主任
	徐 伟	苏州高新区党政办副主任
	柳建洪	苏州高新区发改局副局长
	陆宏明	苏州高新区国动委装动办专职副主任(主任科员)
铜仁市万山区	田玉军	铜仁市万山区委书记
	张吉刚	铜仁市万山区委副书记、区长
	罗均贤	铜仁市万山区委副书记
	杨 亮	铜仁市万山区委常委、副区长
	刘祖辉	铜仁市万山区副区长
	杨胜元	铜仁市万山区政府办副主任
	蒲召国	铜仁市万山区委办副主任、扶贫办主任

此外,两地乡镇、区直相关部门的主要负责人在两地设立联席会议办公室,负责联席会议日常工作,由苏州高新区发改局局长何宁和万山区扶贫办主任蒲召国兼任。

联席会议原则上每年召开两次,根据工作需要可临时召开全体会议或部分成员会议;联席会议由联席会议办公室提出需研究解决的问题和事项,报召集人审定会议议题,确定会议时间及形式,由召集人或者召集人委托的成员召集;联席会议以会议纪要形式明确会议议定事项,印发各相关单位;各联席会议成员单位要按要求参加联席会议,认真落实联席会议布置的工作任务,按要求准时向联席会议办公室报送精准扶贫工作情况。各成员之间要互通信息,相互配合,相互支持,形成合力,充分发挥联席会议的作用。联席会议成员单位确定1名联络员,联络员因工作变动需要调整的,由所在单位及时调整,报联席会议办公室备案。

2017年9月20日,铜仁市万山区委书记田玉军,万山区区长张吉刚,在万山与苏州市副市长、苏州高新区党工委书记徐美健率领的苏州高新区党政代表团就对口帮扶工作举行座谈,并形成座谈会议纪要。会议议定,"十三五"期间,双方将继续深化在教育、社区建设、医疗卫生、农业产业化发展、干部双向交流、专业技术人才交流等方面的合作,苏州高新区计划于"十三五"期间筹集资金用于帮扶万山区建设。两地党委、政府要进一步加强交流互访,共商两地帮扶协作之策，通过产业协作、教育医疗和劳务协作等多层次多方位协作帮扶，助推万山区经济社会和民生事业发展。

2017年9月，苏州高新区党政代表团赴万山区考察

2018年3月12日，苏州高新区和铜仁市万山区双方代表在万山召开高层联席会议，苏州高新区党工委副书记、虎丘区区长吴新明，铜仁市委常委、副市长查颖冬，万山区委副书记罗钧贤，万山区委常委、副区长杨亮等出席会议并讲话，同时形成联席会议纪要。

2018年4月23日，苏州高新区和铜仁市万山区双方代表在苏州高新区文体中心召开高层联席会议暨万山产业推介会，苏州高新区党工委副书记、虎丘区区长吴新明，铜仁市万山区委副书记、区长张吉刚出席会议并讲话，同时形成联席会议纪要。

2018年11月13日，苏州高新区和铜仁市万山区双方代表在万山召开高层联席会议。苏州市虎丘区人大常委会副主任蒋国良和万山区委常委、副区长杨亮等出席会议并讲话。双方专题研究对口帮扶有关工作并形成联席会议纪要。

2019年3月26日，苏州高新区与铜仁万山区东西部扶贫协作高层联席会议在万山召开，会议决定进一步深化两地对口协作，携手奔小康。铜仁市委常委、副市长查颖冬出席会议并讲话。苏州高新区党工委书记、虎丘区区长吴新明，苏州高新区党工委委员、管委会副主任高晓东，铜仁市人大常委会副主任、区委书记田玉军等出席会议。会上，与会人员首先观看了苏州高新区与铜仁万山区2018年东西部扶贫协作宣传片。万山区委常委、常务副区长丁廷坤就万山区经济社会发展、东西部扶贫协作工作情况和下一步工作建议进行了汇报。自2013年苏州高新区结对帮扶万山以来，两地不断深化合作交流，在产业发展、人才交流、项目建设、民生改善等方面进行了扶贫协作，取得了丰硕成果，有力助推了万山脱贫攻坚和经济社会发展。会

2019年3月，苏州高新区与铜仁万山区东西部扶贫协作高层联席会议在万山召开

上，苏州高新区与万山区签订文化共建协议和2019年区级财政捐赠协议，苏州高新区文旅集团与丹都街道签订结对共建协议，苏州高新区有关企业与万山区部门贫困村签订村企共建协议。苏州高新区向万山区捐赠妇幼保健医院建设专项资金，苏州绿叶科技集团向万山区10个贫困村捐赠村企共建资金，苏州乐米信息科技股份有限公司分别向万山区扶贫办、教育局捐赠智慧办公系统和智慧教育系统。

2019年3月，苏州高新区与铜仁市万山区签订文化共建协议

2019年5月27日,苏州高新区和铜仁市万山区在苏州高新区苏高新股份公司会议室召开第二次高层联席会议,铜仁市委书记陈昌旭,铜仁市委常委、副市长查颖冬,铜仁市人大常委会副主任、万山区委书记田玉军,苏州市委副书记朱民,苏州高新区党工委委员、管委会副主任高晓东等出席会议并讲话。代表团一行还先后赴苏州市吴中区、吴江区及苏州高新区考察交流,深入了解苏州市在城市规划建设、农产品营销等方面的理念和做法,并召开座谈会,共叙合作友谊,共商协作事宜,共谋脱贫大计。

2019年5月29日,苏州高新区和铜仁市万山区双方代表在苏州高新区科技大厦207会议室召开第三次高层联席会议,铜仁市万山区委副书记、区长张吉刚,苏州高新区党工委委员、管委会副主任高晓东等出席会议并讲话,同时形成联席会议纪要。

2019年10月11日,苏州高新区和铜仁市万山区在万山召开第四次高层联席会议。苏州高新区党工委委员、管委会副主任高晓东,铜仁市万山区委副书记王春等出席会议并讲话。会议研究总结工作,部署迎接年底考核相关工作,同时形成联席会议纪要。

2. 成立东西部协作的相关职能部门

为贯彻十九大精神,进一步落实好省、市关于认真做好扶贫协作和对口帮扶工作有关指示要求,加强对扶贫支援工作的领导,经研究,2017年决定成立苏州高新区扶贫协作和对口支援领导小组,组织成员见表2。

表2　2017年苏州高新区扶贫协作和对口支援领导小组、成员

第一组长	徐美健	苏州市副市长、区党工委书记
组长	吴新明	区党工委副书记、区委副书记、管委会主任、虎丘区代区长
副组长	高晓东	区党工委委员、管委会副主任
	张国畅	区党工委委员、组织部部长
	蒋国良	虎丘区人大常委会副主任兼盐城市委副秘书长、苏州盐城沿海合作开发园区党工委书记
成员	尚文涛	纪工委副书记、监察局局长
	徐　伟	党政办副主任
	周　剑	组织部副部长
	庞晓虹	宣传部副部长
	胡晓春	政法委副书记、综治办主任
	王　卫	编办主任、行政审批局局长
	陈月娟	团区委副书记(兼)、镇湖街道办事处副主任
	范晓晔	妇工委主任、妇联主席
	何　宁	发改局副局长(主持工作)
	周经纬	教育局局长、党委书记
	袁晓月	民政局局长

第一章 全方位深度合作

续表

成员	潘宜顺	财政局局长
	蒋建清	人社局局长
	沈明生	住建局局长、党委书记
	顾 强	交通运输局局长、党委副书记
	陆文耀	城乡发展局局长、党委副书记
	周咏梅	卫计局局长、党委书记
	陶荣庆	审计局局长
	顾彩亚	科技局局长
	孙咸锐	商务局局长
	张建群	服务业发展局局长、文化局（筹）局长
	刘文斌	规划分局副局长
	樊 外	公安分局副局长、党委委员
	周月明	工商联副主席、主任科员
	杨 亮	对口帮扶贵州省铜仁市万山区工作队领队、万山区委常委、副区长，苏州科技城党工委委员、管委会副主任（援外）
	徐文清	东渚镇副镇长兼社区管理中心主任、万山区扶贫办副主任
	朱彬峰	阳山街道党工委书记
	陈晓梅	东渚镇党委副书记、镇长
	傅 曦	镇湖街道党工委副书记、办事处主任，西部生态城党工委副书记、管委会副主任
	叶其中	浒墅关镇党委副书记、镇长
	黄忠华	通安镇党委副书记、副镇长（主持镇政府日常工作）
	王华清	狮山街道党工委副书记、办事处主任，横塘街道党工委副书记、办事处主任，苏州高新技术创业服务中心主任
	周晓明	枫桥街道党工委副书记、办事处主任

领导小组下设办公室，办公室设在区发改局，负责具体牵头组织协调苏州高新区扶贫协作和对口支援的日常工作。区发改局何宁同志兼任办公室主任，柳建洪同志任办公室副主任。区扶贫协作和对口支援工作领导小组组成人员工作如有变动，由相应岗位人员自行递补，不再另行发文。

3. 建立严格的考核制度

建立系统的考核制度，年初制定任务规划，年终做任务总结，主要考核内容有组织领导、人才交流、资金支持、产业合作、劳务协作、携手奔小康行动等六个方面。

有关组织领导，主要考核是否把东西部扶贫协作工作摆上重要议事日程，建立落实党政主要领导联席会议制度，党委或政府负责同志是否亲自研究部署、调研对接。有关人才交流，主要考核选派优秀干部挂职，有针对性地选派专业技术人才，开展人才支援和交流情况。有关资金使用，主要考核财政援助资金、社会帮扶资金投入及增长情况。有关产业合作，主要考核引导企业到贫困地区投资兴业，带动贫困人口就业、增收脱贫情况。有关劳务协作，主要考核建立和完善劳务输出精准对接机制开展职业教育、职业培训以及通过就业援助带动贫困人口脱贫情况。有关携手奔小康，主要考核所辖各市、区党委和政府主要负责同志到西部结对县（市、区）调研对接情况，各市、区主要领导每年到西部结对县（市、区）开展对接至少一次；与贫困乡镇和贫困村结对帮扶情况。还有加分项，主要考核携手奔小康行动创新工作机制和受表彰情况。

苏州市及所辖各市、区积极做好接受国务院扶贫开发领导小组和江苏省对口支援工作领导协调小组统一组织考核工作，从2017年到2020年，每年开展一次。市内考核工作根据国务院扶贫开发领导小组和江苏省对口支援工作领导协调小组的考核安排同时进行，不再另外单独组织。平时考核工作主要采取抽查的方式进行，考核工作由市对口扶贫协作领导小组办公室牵头，会同领导小组成员单位组成考核工作组，并邀请相关市、区及对口帮扶地区牵头单位参与。

考核步骤包括自查评估、组织核查、综合评议三部分。考核采取量化评分方式，分项得分主要通过两种方式确定。一是对有明确衡量标准的分项，按照评分标准打分，达标得满分，不达标得零分；二是对没有明确衡量标准的分项，由考核工作组通过相对客观的方法确定得分。根据综合评议确定考核名次。考核结果分为"好""较好""一般""较差"四个等次。考核情况由市对口扶贫协作领导小组予以通报，对年度考核等次为"好"和"较好"的进行表扬。考核结果作为对苏州市所辖各市、区党委（党工委）和政府（管委会）开展扶贫协作工作成效考核的参考依据。对在考核工作中弄虚作假的，予以通报批评，情节严重的，依法依规追究相关人员责任。

（二）互访交流

1. 党政干部互访交流

苏州高新区自与铜仁市万山区结对帮扶（支援）以来，落实习近平总书记提出的"完善结对，深化帮扶"，实施"携手奔小康"行动要求，形成了全覆盖的对口协作格局。区主要领导和分管领导频繁开展交流互访，并坚持干部互派与跟岗学习，建立了较为密切的沟通联络机制。

2017年9月19日至21日，苏州市副市长、苏州高新区党工委书记徐美健率苏州高新区党政代表团赴铜仁市万山区学习考察，铜仁市委副书记、代市长陈少荣，市委常委、副市长查颖冬，万山区委书记田玉军，万山区区长张吉刚等参加座谈会见或陪同考察。会见中，陈少荣对徐美健一行到铜仁市万山区开展对口帮扶工作表示欢迎，并对苏州高新区长期以来的帮扶表示感谢。

2017年9月,苏州高新区党政代表团赴万山区考察

2017年9月17日,铜仁市召开2017年脱贫攻坚秋季攻势行动暨拟退出贫困区县攻坚推进会,力争万山区在2018年退出贫困区县行列。万山区领导表示,积极主动做好发展工作,同时配合好苏州高新区对口帮扶工作,确保在既定时间节点完成脱贫攻坚任务。徐美健向陈少荣介绍了苏州高新区的发展情况,他表示,苏州高新区将深入学习贯彻习近平总书记关于扶贫开发工作的重要讲话精神,把握好脱贫攻坚的正确方向,科学谋划好对口帮扶工作,真帮扶,求实效,圆满完成省、市交给的光荣任务。

2017年9月,苏州高新区党政考察团赴万山区考察座谈

其间，两地召开了对口帮扶座谈会，会议分别听取了铜仁市万山区脱贫攻坚情况汇报和苏州高新区2017年东西部扶贫协作工作开展情况汇报。田玉军对苏州高新区多年来的真心帮扶表示感谢，他介绍了万山区经济社会发展情况，特别是脱贫攻坚工作情况，并就双方在教育发展、医疗建设、干部培训等方面的对口帮扶措施提出了建议。徐美健表示，苏州高新区与万山区开展对口帮扶，这是苏州高新区义不容辞的责任，苏州高新区将深入学习贯彻习近平总书记关于扶贫开发工作的重要讲话精神，认真贯彻落实好党中央、国务院对口帮扶有关要求，把对口帮扶万山区作为苏州高新区工作的重要组成部分，科学谋划好对口帮扶工作，真帮扶，求实效，全力以赴做好工作，圆满完成省、市交给的光荣任务。会上，双方签订了《苏州高新区万山区对口帮扶框架协议（2016—2020）》，首期捐资用于铜仁市万山区妇幼保健医院项目建设，并计划于"十三五"期间筹集资金用于帮扶万山区建设。

2017年9月，苏州高新区与铜仁市万山区签订《苏州高新区万山区对口帮扶框架协议（2016-2020）》

2017年，苏州市虎丘区人大常委会副主任蒋国良分别于6月、9月和11月赴铜仁市万山区开展扶贫协作工作。特别是11月27日率苏州高新区人社局、相关乡镇和苏州外国语学校负责人到铜仁市万山区开展劳务协作、乡镇结对和教育协作帮扶工作。重点做了四个方面的工作：一是苏州高新区人社局组织15家区内劳务中介机构在万山区召开专场劳务招聘会。招聘会为当地劳务人员提供就业岗位6500多个，涵盖制造业、商贸业、家庭服务业等方面，当地有800多名求职者参加了招聘会，有85人与苏州企业达成就业意向。二是组织召开苏州高新区与万山区协作交流座谈会。在座谈会上，两地人社部门签订了劳务协作协议，两地结对乡镇签订了乡镇结对帮扶框架协议，并再次向万山区捐助帮扶资金。三是组织开展两地教育扶贫。苏州外国语学校与铜仁市第八中学签订了校际结对帮扶合作协议，一方面派中层管理干部、骨干教师、外教为铜仁市第八中学进行教学指导；另一方面，铜仁市第八中学也可定期派干部和教师到苏州外国语学校跟岗学习,并定期开展校际师生交流和远程教育交流活动。四是开展产业协作扶贫。苏州高新区东渚工艺美术协会与万山朱砂工艺协会进行洽谈交流,以此助推万山朱砂工艺品产业快速发展。

2017年12月5日,铜仁市万山区委书记田玉军率队到苏州高新区考察,苏州市副市长、苏州高新区党工委书记徐美健,苏州市虎丘区人大常委会副主任蒋国良陪同考察并座谈交流。两地达成以下共识:一是要进一步深化两地帮扶合作关系,推动双方经济社会发展取得更大成效,实现合作共赢;二是要深化双方在教育、卫生和文化等领域的交流合作,从干部培训、人才培养、人才引进等方面给予支持,实现共同发展,共建全面小康;三是苏州高新区与铜仁市万山区进一步加大互访交流力度。

2018年3月10日至13日,苏州高新区党工委副书记、虎丘区区长吴新明率苏州高新区党政代表团赴万山区考察交流,铜仁市委常委、副市长查颖冬等陪同。考察团一行先后对万仁新能源汽车、九丰农业博览园、朱砂古镇、朱砂工艺产业园、电商生态城、西南商贸城彩虹海、汪家商业待开发地块、木杉河湿地公园、太平洋百货进行了实地考察。在电商生态城,考察团详细了解电商运营模式、政策扶持、农特产品销售等情况,对万山区电商平台的打造、电商扶贫给予充分肯定。考察团认为,万山区在城市建设和产业发展上高起点规划、高标准打造、高效率推进,特别是旅游产业和新型工业发展迅速,走出了一条绿色转型新路,苏州高新区积极向外推介万山旅游,引导对口企业到万山投资兴业,实现发展共赢。

2018年7月30日,苏州市副市长、苏州高新区党工委书记徐美健随苏州市党政代表团赴铜仁市万山区调研对接。在万山区电商生态城,考察团一行认真听取苏州高新区与万山区对口扶贫协作工作开展情况汇报,走进农特产品展示中心,详细了解产品生产、包装、销售和带动群众增收情况,并表示两地将继续加强精准对接,帮助万山区进一步拓宽农产品销售渠道,打开市场。

2018年7月25日,苏州高新区党工委副书记宋长宝率团到铜仁市万山区考察调研交流。考察团一行先后考察了苏高新集团农业物流产业园(铜仁万山)项目地块、万山区朱砂产业园、九丰农业博览园,然后到高楼坪乡龙田村了解农业产业发展情况并听取驻村书记开展乡村振兴的想法。当天下午,在万山区行政中心召开对口协作座谈会,万山区委副书记、区长张吉刚,区委副书记罗钧贤,区委常委、副区长杨亮,副区长田必再出席座谈会。会上,杨亮从两地领导互访、人才交流资金使用、产业合作、劳务协作、携手奔小康、社会帮扶等方面简要汇报了万山区2018年上半年东西部扶贫协作情况。苏州高新区与万山区分别签订了《苏高新集团农业物流产业园(铜仁万山)项目合同书》《"同心逐梦"助学行动协议书》《"劳动美:幸福路"劳模职工双向交流疗休养合作协议书》《刺绣艺术培训交流框架协议书》《"新青年新岗位"青年就业创业岗位对接活动协议书》等5个协议;同时,苏州高新区万山区妇幼保健院项目,苏州高新区工委统战部(共青团、妇联、工商联、劳模协会)捐赠万山区教育局"同心逐梦"贫困助学金,苏州高新区总工会捐赠万山区总工会5万元。宋长宝表示,苏州高新区将以东西部扶贫协作为契机,不断加强两地互访力度,扩大两地人才交流成果,加大对口帮扶资金投入，深化产业合作，动员更多社会力量投身东西部扶贫协作，全心全意致力于助推万山区扩大脱贫攻坚成果，顺利实现产业转型和城市转型。

2019年3月26日，苏州高新区党工委书记吴新明率区党政代表团赴铜仁市万山区考察。其间参加了苏州高新区3个投建项目（"铜仁·苏州大厦"、农业物流园、牙溪村泰迪旅游项目）的集中开工奠基仪式，签订了文化旅游协作、国企与街道结对等协议，苏州民族管弦乐团在铜仁市万山区举办了《华乐苏韵》专场音乐会，给铜仁市干部群众送上了一份文化和精神大餐。铜仁市人大常委会副主任、万山区委书记田玉军，万山区委常委、区委办主任杨义长，区委常委、高楼坪乡党委书记杨清林，区委常委、政府副区长杨亮出席活动并陪同考察。

2019年3月，苏州高新区党政代表团考察牙溪村农场

调研当天，吴新明一行先后来到万山区牙溪村旅游综合体建设项目现场、帮扶之家、"苏高新集团·食行生鲜供应链中心"项目现场及万山区贫困户家中。在每个建设项目现场，吴新明实地察看了项目进度情况，并详细听取了苏高新集团关于项目规划及建设情况的全面汇报。在牙溪村农场，代表团一行在相关负责人的带领下亲身领略了万山区优美的乡村风光，体验了现代化农村旅游项目的新变化。牙溪村旅游农场项目得益于苏州高新区的对口帮扶，于2019年5月开始打造，总投资约1亿元。该项目结合万山区牙溪村得天独厚的自然生态资源，利用原生态侗族村寨环境，把牙溪村打造成极具特色的乡村旅游胜地，为游客提供集生态休闲与轻奢度假于一体的旅游新体验。

随后在谢桥蔬菜园老师帮扶之家，吴新明一行和苏州高新区的帮扶老师们进行了亲切的交谈，并详细询问了老师们的教育帮扶情况和生活情况。

调研中，吴新明一行还走进万山区大树林村贫困户家中进行慰问，实地观看贫困户的居住环境，耐心询问其家庭情况，并为贫困户送去慰问金，让贫困户感受到了远道而来的帮扶情谊。

2019年3月，苏州高新区党政代表团实地察看"苏高新集团·食行生鲜供应链示范基地"

2019年4月27日至28日，铜仁市人大常委会副主任、万山区委书记田玉军率团考察苏州高新区，就进一步开展两地旅游扶贫协作进行商谈。苏州高新区党工委书记、区长吴新明，高新区管委会副主任高晓东等陪同考察。

为进一步提高万山区与苏州高新区开展东西部扶贫协作的针对性和实效性，充分发挥两地区域、政策、资源优势，增强旅游扶贫的带动力，着力打造"千年丹都·朱砂古镇"文化旅游品牌，双方就打造朱砂古镇休闲度假山庄、加强文化旅游人才交流合作、开通"空中旅游扶贫专线"等合作事项开展协商，进一步推动两地旅游产业发展。

双方一致认为，将认真贯彻落实习近平总书记就新形势下做好东西部扶贫协作工作提出的重要指示精神，继续发扬两地干部群众勇于担当、勇挑重担的大局意识和奉献精神，助推万山区实现全面建设小康社会目标。在苏州高新区期间，考察团一行参观了万山区形象展示中心、太湖房车露营基地、苏州乐园等地。

2019年5月29日至31日，铜仁市万山区委副书记、区长张吉刚率领区党政考察团到苏州高新区开展东西部协作工作。苏州高新区管委会副主任高晓东等陪同考察。其间，考察团先后参加"苏州高新区·铜仁万山区2019年扶贫协作第二次高层联席会议"，实地走访达方电子、路之遥、浙江大学苏州工业技术研究院高新技术企业，现场观摩狮山横塘街道新时代文明实践中心。

2019年5月29日，苏州高新区工委宣传部副部长庞晓虹率队赴万山区开展共建及走访慰问活动。庞晓虹一行前往大坪乡清塘小学，开展"梦想礼包"关爱未成年人志愿扶贫活动捐赠仪式，为清塘小学的学生送上书包、文具、书籍、绘本等，并与孩子们亲切交流。随后还走访慰问当地部分残障群众和建档立卡贫困户，送去党和政府的关怀。庞晓虹一行还到中国邮政集团铜仁市万山区分公司，与该公司签订了党建工作结对共建协议。该协议的签订有利于双方通过共建互动，实现党建资源共享、优势互补，构建新的银政企关系。

2019年6月,苏州高新区与铜仁万山区举行"文明高新 情暖万山"爱心邮路暨党建工作结对共建签约仪式

2019年6月19日,苏州市虎丘区人大常委会主任袁永生一行赴万山区学习考察,深入对接交流人大工作,并召开考察工作座谈会。苏州高新区捐赠铜仁市万山区扶贫基金,苏州市虎丘区人大常委会捐赠铜仁市万山区人大信息化建设及乡村发展产业资金。考察团一行先后来到万山经开区农业物流园、牙溪村旅游综合体等项目点,对项目建设提出了宝贵意见,同时看望了援万"组团式"帮扶的教师、医生。在座谈会上,考察团听取了万山区东西部协作工作开展情况介绍,在充分肯定万山区对口协作工作取得的成绩的同时,表示要深化两区多领域、全方位合作,积极探索东西部扶贫协作创新模式,实现对口帮扶由"输血"向"造血"转变。

2019年6月,苏州高新区向万山区捐赠扶贫基金

2019年6月25日，苏州科技城原党工委副书记、管委会副主任顾寅一行赴万山区开展教育考察暨帮扶工作，分别在铜仁市第四小学、高楼坪幼儿园和敖寨中心小学召开帮扶座谈会，并进行爱心捐赠。其间，苏州科技城外国语学校向铜仁市第四小学捐赠资金，苏州科技城实验幼儿园向高楼坪幼儿园捐赠了书籍、文具和教学玩具，苏州科技城实验小学向敖寨中心小学捐赠了儿童绘画器材。

2019年10月，苏州高新区党工委委员、管委会副主任高晓东率队赴万山考察，两地签订了共建"万山区新时代文明实践中心"协议并捐赠项目资金，区委宣传部（文明办）捐赠"文明高新·情暖万山"文明结对资金，并向万山区贫困户发放慰问金，苏高新金控向梅花村捐赠项目资金。

2020年5月17日至18日，铜仁市人大常委会副主任、万山区委书记田玉军一行到苏州高新区考察，双方就推动两地进一步深入帮扶协作进行交流。苏州高新区党工委副书记、区长毛伟会见田玉军并陪同考察。苏州高新区领导高晓东、万山区领导杨亮参加考察交流活动。

毛伟表示，自2013年与铜仁市万山区建立结对帮扶关系以来，苏州高新区全面落实中央及省、市扶贫协作决策部署，圆满完成了每年度各项工作任务。2018年，万山区通过国务院扶贫办脱贫攻坚考核顺利"摘帽"出列。2019年，两地携手共奔小康行动工作成效分别在全国东西部扶贫协作、全国"携手奔小康行动"培训班上做书面典型经验交流，"黔货进苏"助推消费扶贫案例入选全国消费扶贫典型案例。下一步，苏州高新区将深入学习贯彻习近平总书记关于扶贫工作重要论述，紧紧围绕脱贫攻坚"两不愁三保障"的核心要求，强化工作措施，奋力攻坚克难，全力打造扶贫协作升级版。

2020年6月22日，铜仁市万山区委副书记、区长张吉刚率万山区党政代表团到苏州高新区，双方共同举行苏州高新区与铜仁市万山区2020年东西部协作高层联席会，共谋携手发展愿景，共商对口合作大计。苏州高新区党工委副书记、区长毛伟出席高层联席会。万山区领导王春、杨亮，苏州高新区领导高晓东、施国华参加相关活动。

2020年6月，铜仁市万山区党政代表团到苏州高新区考察交流

毛伟在讲话中说，苏州高新区将认真落实习近平总书记重要指示精神和江苏省委、省政府，苏州市委、市政府决策部署，以更大决心、更强力度推进脱贫攻坚，强化工作措施，奋力攻坚克难，坚决克服新冠肺炎疫情影响，奋力夺取疫情防控阻击战和脱贫攻坚战"双胜利"。一是以更强烈的责任担当，确保沟通合作最深入也最有力。落实"四个不摘"（摘帽不摘责任、摘帽不摘帮扶、摘帽不摘政策、摘帽不摘监管）和"两不愁三保障"工作要求，做到频道不换、靶心不散、力度不减，配合协作地区化解返贫风险，抓好巩固提升。二是以更灵活的产销对接，确保产业协作最有效也最长效。进一步强化项目合作支撑力度，立足产业梯度转移，协助万山区组织到苏州等东部城市召开招商推介会，引导更多的企业赴万山区考察投资兴业。精心打造苏高新集团供应链中心，结合食行生鲜、鸿海食品等园内入驻企业，最大效能发挥农业物流园在当地片区"黔货出山""铜货进苏"中的集散地、供应链作用，助推消费扶贫更快更好发展。三是以更务实的工作作风，确保对口帮扶最全面也最精准。围绕2020年对口帮扶铜仁市万山区工作计划安排，加大工作推进力度，确保按时保质完成对口帮扶各项任务。

高层联席会上，双方签订了《苏州高新区·铜仁万山区2020年东西部协作资金捐赠协议》《苏州高新区税务局·铜仁万山区税务局结对共建协议》《苏州高新区·铜仁万山区民政局结对共建协议》《苏州高新区·铜仁万山区教育技术转让协议》。苏州高新区向铜仁市万山区捐赠东西部协作资金；苏州高新区社会事业局向万山区丹都街道捐赠移动数字文化方舱；中共苏州高新区对口帮扶铜仁市万山区工作组行动支部成立揭牌。

2020年8月4日，苏州高新区党工委副书记、区长毛伟率苏州高新区党政考察团赴铜仁市万山区考察，并在万山区召开苏州高新区与铜仁市万山区2020年东西部扶贫协作高层联席会议，共商对口协作，互促共进，携手共赴小康之路。铜仁市万山区委副书记、区长张吉刚，区委副书记王春，区委常委、副区长杨亮陪同考察并参加会议。苏州高新区党工委委员、管委会副主任高晓东随团考察并参加有关活动。

毛伟对万山区给予对口协作工作及帮扶干部的关心支持表示衷心感谢。他表示，共同发展是对口协作的永恒主题。2020年上半年，万山区多项指标位列全市第一，充分展现了万山区广大干部迎难而上、攻坚克难、大干快上的精神面貌。

针对下一步工作，毛伟表示，将进一步提升思想站位，以更高要求深化对口协作，与万山区一道克服疫情带来的不利影响，持续巩固已有协作成果，合力拓展新的发展空间，确保对口协作力度不减、成效不降；将进一步完善帮扶机制，以更大力度强化对口协作；将做到"有事常商量"，打造"联席推进、结对帮扶、产业带动、社会参与"的对口协作模式；将做到"有事快商量"，深度畅通对口职能部门间的交流渠道，全力推进各类帮扶项目和帮扶工作落实；将做到"有事好商量"，围绕产业合作、农业发展、旅游开发、教育卫生等方面，推动对口协作取得实实在在成效；将进一步聚焦脱贫攻坚，以更暖温度实化对口协作，坚持将东西部扶贫协作资金向"深度贫困地区倾斜"，向教育、医疗、就业的配套设施项目倾斜，向产业扶贫和就业扶贫项目倾斜，确保帮得准、扶得好；将突出精准发力，重点支持能够带动贫困户、贫困

2020年8月4日，苏州高新区党政代表团考察铜仁市万山区牙溪生态农场

人口持续稳定增收的产业项目，不断提升、巩固脱贫效果的可持续性；将突出责任筑底，坚决落实"摘帽不摘责任、不摘政策、不摘帮扶、不摘监管"，保持工作连续性和责任延续性，确保责任压实、工作到位、效果显现；将坚持科学施策，以更准精度优化对口协作，深度把握"结合点"，寻找产业合作切口，充分发挥两区资源禀赋特点和共建园区优势，为转型升级发展寻求合作的最佳路径。切实找准"发力点"，加快推进牙溪旅游综合体、"铜仁·苏州大厦"等重点项目建设，精心打造供应链中心，依托食行生鲜、鸿海食品等园内入驻企业，最大效能发挥农业物流园在当地片区"黔货出山""铜货进苏"中的集散地和供应链作用；将积极拉动"增长点"，拓宽东西部扶贫协作渠道，主动加强对接，协助做好万山组团到苏州等东部城市召开招商推介会，同时引导苏州高新区内更多企业赴万山投资考察兴业，助推万山实现更高质量、更快速度发展。

联席会议上，铜仁市万山区通报了2020年上半年两区东西部对口协作工作情况；苏州高新区社会事业局、苏州高新区工委宣传部、山石网科通信技术股份有限公司分别向万山区扶贫办、万山区委宣传部以及铜仁市交通学校捐赠了万山扶贫基金、文明结对资金以及网络安全设备等。

在万山区期间，毛伟看望慰问了苏州高新区在万山区支农、支医、支教、社区管理干部等人员，实地走访考察了苏高新农产品供应链示范基地、牙溪生态农场等苏州高新区援建项目以及旺家花园安置点等易地扶贫搬迁安置社区。

2020年8月4日，苏州高新区党政代表团考察万山区苏高新农产品供应链示范基地

2020年9月14日，苏州市虎丘区人大常委会主任戴军一行赴铜仁市万山区考察，铜仁市万山区人大常委会主任郑敏，万山区委常委、政府副区长杨亮，万山区人大常委会副主任杨克金陪同考察。

戴军一行先后到"铜仁·苏州大厦"、新时代爱国主义教育基地、万山镇代表联络站、九丰农业博览园、苏高新农产品供应链示范基地，详细了解万山区旅游发展、社会建设及苏州援建项目等情况。

戴军指出，自苏州高新区、铜仁市万山区结对帮扶以来，两地同心协力、携手并进。2020年，苏州市进一步加大东西部扶贫协作工作力度，持续深入推进产业合作，大力推进消费扶贫，全面深化劳务协作，扎实做好扶志扶智，加大社会帮扶力度，东西部扶贫协作取得明显成效。下一步，希望两地着力聚焦精准协作，重点做好深化经济技术交流合作、加强干部和人才培养交流、增强基本公共服务能力，继续以合作促发展，以发展谋共赢，使对口帮扶工作真正帮在创新发展上、扶在实体经济上、落在民生改善上，结出更多协作发展的硕果。

2020年9月24日，苏州高新区党工委书记、虎丘区委书记方文浜率队赴铜仁市万山区调研经济社会发展情况。铜仁市人大常委会副主任、万山区委书记田玉军陪同调研，区领导施国华及相关国有企业主要负责人参加调研。

考察组一行来到牙溪生态农场，实地考察民宿改造情况，详细了解项目投资、规划建设、运营管理和带动群众就业等情况。考察组认为，铜仁市万山区依托当地良好的生态环境和闲置民居打造生态旅游，民宿独具特色、注重品位，对游客很有吸引力，不仅让企业有效益，也让当地村民通过土地流转、房屋租赁、就近就业等方式获得稳定收入，实现可持续发展，其经验和做法完全可以复制推广。

2020年9月24日,苏州高新区党政代表团调研万山区新时代爱国主义教育基地

考察组一行在考察苏州食行生鲜、苏州鸿海食品和万山亿创电商企业时,现场参观生产加工、分拣包装车间,仔细询问了解企业运作模式、下一步发展规划、农特产品销售、带动群众就业等情况。考察组对两地以项目为牵引、深化产业合作,助力"黔货出山"的做法点赞,并表示希望企业发挥网络、市场和万山特色产品优势,加速拓展东部市场,销售更多的贵州绿色产品,推动产业发展,带动百姓致富。

考察组表示,铜仁市万山区坚持走绿色发展道路,城市建设和乡村面貌发生了巨大变化,

2020年9月24日,苏州高新区党政代表团调研苏高新农产品供应链基地

实现了绿色转型、跨越发展。苏州高新区与铜仁市万山区自开展扶贫协作以来，两地不断加强合作交流，互帮互助、优势互补，在人才交流、产业合作、劳务协作、携手奔小康等方面取得了显著成效。一定要坚决落实好中央要求，扎实开展全方位、深层次、多领域的扶贫协作，认真总结推广两地扶贫协工作中好的经验和做法，助力铜仁市万山区高质量打赢脱贫攻坚收官战，推动两地高质量发展取得更大成效。

2020年11月19日，苏州高新区党工委委员、管委会副主任高晓东一行赴铜仁市万山区考察。铜仁市万山区委副书记、区长张吉刚，区委副书记王春会见了考察组人员，万山区委常委、副区长杨亮陪同考察。在苏高新农产品供应链示范基地考察时，考察组一行实地了解了苏州食行生鲜、苏州鸿海食品和万山亿创电商企业在农产品生产加工、分拣包装、销售、解决就业等方面的情况。在龙田村，考察组实地察看了大棚蔬菜产业，详细了解了农产品的生产周期、管理技术及销售等情况，并实地参观了龙田村脱贫攻坚纪实馆。随后，考察组一行来到朱砂古镇参观新时代爱国主义教育基地和矿山博物馆，并在爱国主义教育基地重温了入党誓词。

2. 干部挂职培训交流

2017年，铜仁市选派6名干部（其中万山区科级干部4名）到苏州高新区挂职锻炼，苏州高新区也组建对口帮扶铜仁市万山区前方工作组，选派1名县处级干部和1名科级干部赴铜仁市万山区开展对口帮扶工作。其中苏州科技城党工委委员、管委会副主任杨亮挂职任铜仁市万山区委常委、万山区副区长，主要负责协管东西部扶贫协作工作。苏州高新区东渚镇副镇长、社区管理中心主任徐文清挂职任铜仁市万山区扶贫开发办公室党组成员、副主任，协管东西部扶贫协作工作。

2018年，苏州高新区与铜仁市万山区党政干部交流更加紧密。2018年3月10日至8月10日，万山区选派乡科级副职干部3名（万山区妇联副主席胡珍、万山区动物疫病预防控制中心主任李杰、万山区产权交易中心副主任杨金福）赴苏州高新区狮山横塘街道、枫桥街道跟岗学习。

2018年5月，铜仁市万山区在苏州高新区设立万山区驻苏州高新区招商办事处，并选派乡科级正职干部陈兴华到铜仁市万山区驻苏州高新区招商办公室工作，选派时间为1年。

开展民政干部与社区人才交流培训。2018年9月1日至2019年1月31日，铜仁市万山区选派乡科级副职干部4名（万山区旅发委党组书记与常务副主任何钦釜、万山区谢桥街道党工委委员和组织委员吴伟、万山区万山镇副镇长杨长林、万山区敖寨乡综治办专职副主任彭凯）赴苏州高新区科技城经发局、枫桥办事处、狮山横塘街道跟岗学习。

2018年9月15日，铜仁市万山区政府办副主任杨胜元、万山区民政局副局长华志有带领下辖社区负责人共计10人，赴苏州高新区开展为期7天的学习交流。

万山区考察团一行首先来到苏州高新区展示馆，充分了解苏州高新区区情概况、发展历史和开发建成以来的主要做法及成效。随后考察团赴东渚街道龙惠社区详细了解社区综合治理创新和社区服务，进一步推动苏州高新区龙惠社区与万山区冲广坪社区的结对帮扶，实现两地优势互补的社区管理服务新局面。

在交流会上，苏州高新区民政局负责人对考察团一行的到来表示欢迎，并就区民政工作的开展做了详细介绍。杨胜元分享了 2014 年以来万山区脱贫攻坚工作进展情况和取得的成效，并结合此次培训交流提出了三点感受和三个建议。他认为苏州高新区在扶贫帮扶工作上领导重视程度高、资金投入力度大、交流广泛深入，同时建议两地以此次培训交流为起点，进一步加强结对社区的交流互通，进一步加大对万山区民生项目的帮扶力度，进一步加大社区人才交流挂职的力度。会后，考察团一行赴枫桥街道康佳社区考察了"中心+社区"模式和 8 间照料中心建设。

举办万山区基层党组织书记履职能力专职培训班。为进一步推动苏州高新区和铜仁市万山区结对帮扶协作工作取得新成效，切实帮助万山区基层干部提升能力素质，着力夯实推动万山区脱贫攻坚的组织基础和人才支撑，在两区组织部门的精心组织下，铜仁市万山区党组织书记履职能力专题培训班于 2018 年 12 月 10 日至 14 日在苏州高新区工委党校顺利举办，铜仁市万山区 10 个乡镇街道共 50 名基层党组织书记参加培训。

两区组织部门对本次培训班高度重视，为切实提升培训实效，苏州高新区工委组织部和党校结合本次培训班实际采用理论学习、现场教学相结合的方式，重点安排了习近平新时代中国特色社会主义思想、乡村振兴、农村农业发展、苏州"三大法宝"经验、基层党支部书记履职能力提升等方面的集中培训课程，并且精心安排了 8 个现场教学点，包含区域发展、农村农业、社会治理、基层党建等方面的学习内容，方便各位学员更加直观、更加深入地了解苏州高新区、了解苏州，进一步开阔视野、拓展工作思路。双方表示，下一步两区组织部门精诚合作、共同发力，聚焦脱贫、突出精准，着力推动两地在扶贫协作上取得更大实效，在促进双向合作上实现互利共赢，积极为新时代苏黔合作走在前列贡献力量。这次培训班是两区组织部门的一次携手合作，也是两地进一步深化党建、干部、人才等方面全面交流协作的新起点。

2019 年 10 月，苏州高新区社会事业局社会救助与福利处处长吴鹏程接任挂职期满的徐文清，挂职任铜仁市万山区扶贫开发办公室副主任，兼任铜仁市万山区生态移民局副局长，协管东西部扶贫工作。

2019 年，苏州高新区工委组织部选派 6 名干部赴梅花村挂职，开展梅花村整村推进工作，他们分别是狮山街横塘街道党政办负责人、社区管理中心副主任杜芳林，苏州高新区工委（虎丘区委）组织部机关党建处副处长于乐平，通安镇同心村党支部副书记、村委会副主任钱振宇，东渚街道动迁办副主任、大寺村党支部书记吴志飞，苏州高新区住建局公路管理处副主任朱孔进，苏州高新创业投资集团中小企业发展管理有限公司总经理助理朱天广。

3. 教育人才交流

根据《苏州高新区对口帮扶铜仁市万山区工作五年规划（2016—2020）》有关要求，苏州高新区教育局与铜仁市万山区教育局结合两地实际，以提升师资队伍建设水平、加强教科研能力建设、提升教育管理水平和提高教育质量为重点，加强在教育科研及师资队伍、基础教育和信息化建设等方面的合作帮扶。通过跟班学习、送教上门和集中培训等形式对万山区教研及教师队伍进行培训，与万山区的幼儿园、中小学建立结对帮扶关系，引领万山区各级各类学校发展。

2017年11月，苏州外国语学校与铜仁市第八中学签约

第一，开展教育人才支援。苏州高新区教育局十分重视与铜仁市万山区的教育合作工作，成立了以局长为组长的对口帮扶工作领导小组，明确一名副局长具体负责此项工作，组建帮扶支教办公室（设在区教育发展中心），建立相对稳定的互访机制。明确结对工作重点，细化结对合作内容和结对方式，与铜仁市万山区教育局主动加强联系，明确人事处、教研室等相关处室和部分中小学、幼儿园与万山区教育相关部门和学校积极对接，建立了良好的沟通互访机制，协调推进帮扶合作工作开展。

2017年8月，由苏州高新区教育局副局长王军带领的苏州高新区教育专家团一行10人，到铜仁市万山区进行了为期5天的支教活动。领导和专家们分别做了专题讲座，对学校文化、教育管理、班主任工作、学科教学、教师教研等相关工作经验进行交流。专家团由苏州高新区教研室特级教师，苏州高新区实验初级中学、苏州市枫桥中心小学、苏州高新区实验幼儿园等学校的校（园）长和教育教学专家组成，专家们将苏州高新区的教育理念、教学经验和学校管理经验带到铜仁万山区。同时，结对支教队伍还深入铜仁万山区的学校、幼儿园进行现场教育教学指导与交流。

2017年12月，苏州高新区教育局还选派区教育发展中心、小学和幼儿园的教育教学专家共10人赴铜仁市万山区开展为期1个月的支教行动，重点加强学前教育和基础教育阶段教科研及师资队伍建设方面的合作帮扶，以支教、培训讲座等形式实施好教育精准扶贫。

2017年12月，苏州高新区与铜仁市万山区教育系统开展心连心活动

2018年5月10日，为实施好教育精准扶贫，苏州高新区选派12名教师至万山区开展为期1个月的支教对口工作。此次活动是为了进一步深化教育合作帮扶，加强学前教育和基础教育阶段教科研及师资队伍建设方面的合作帮扶，并通过开展副校长挂职、中小学（幼儿园）骨干教师支教、讲座等对口帮扶工作，更有针对性地开展相关工作。

2018年10月，苏州高新区教育局派出教育工作组赴万山区开展交流帮扶工作，领导小组与万山区教育局进一步深化教育合作交流，创新帮扶工作举措，提出"结对帮扶"计划，提升两区各校园及名师工作室等多方面建设方面的合作交流。通过听课、评课及座谈会等形式，交流、探讨人才培养新模式，促进两区教育共同发展。

2019年6月，苏州高新区教育局选派7名骨干教师到铜仁市万山区的铜仁市第四小学开展支教帮扶工作，他们积极加入东西部扶贫工作的队伍，为万山区的教育事业做出了贡献，他们用各自的专业技能和教育才华，给万山区的学校带来了美好的希望和强劲的动力。

2020年7月，苏州高新区教育局继续选派7名学科骨干教师赴万山开展校园文化建设指导、德育活动组织、学科指导等有针对性的支教活动，以走进课堂、"一对一"交流、校园文化建设等形式促进帮扶工作的有效开展，帮助学校提升管理水平、扩展办学思路，努力打造高质量示范学校。

与此同时，苏州高新区教育局与铜仁市万山区教育局创新对口帮扶工作举措，探讨更有成效的工作形式，提出苏州高新区与铜仁市万山区一对一"结对帮扶"。

2018年10月，苏州高新区首批20所中小学（幼儿园）率先与铜仁市万山区乡镇中心学校建立结对帮扶计划，双方签订框架协议及三年工作计划，实现点对点精准帮扶、点对点精准提升。2019年4月，为进一步扩大结对帮扶覆盖面，适应万山区学校需求，新增结对校11所。2019年12月，铜仁市万山区5所新建学校均与苏州高新区中小学、幼儿园结对，实现了一对一"结对帮扶"全覆盖。

在此基础上，2018年10月起，苏州高新区教育局选派骨干教师赴万山区学校开展中长期支教挂职工作，重点帮扶铜仁市第六中学和铜仁市第四小学。通过常规课堂教学、公开教学讲座、送课送培下乡、组织社团活动、开展教研活动等，将前沿的经验毫无保留地与万山区师生分享，支教工作得到了铜仁当地政府、教育主管部门和群众的充分认可，铜仁电视台多次进行了报道。

苏州高新区援万帮扶老师之家

2019年8月，根据两区制订的组团式帮扶实施方案，苏州高新区教育局委派龙头学校苏州高新区实验小学教育集团遴选业务能力突出、管理经验丰富的副校长、中层管理干部和骨干教师到铜仁市第四小学开展"组团式"帮扶，在教学需求、团队组合、师资培养、课堂教学、帮扶方式等方面实现先进教育理念植入、先进管理经验落地、先进教学制度生根，并以铜仁市第四小学为阵地，帮扶周边，辐射全区，走出一条深度融合与协作双赢的万山教育发展新路，推动贫困地区基础教育办学品质提升，实现当地教育内涵式高质量有特色发展。

"组团式"教育帮扶团队这个精锐的支教团队，由苏州高新区实验小学副校长陆伟、教科室副主任孙大武、总务处副主任邹伟卫组成，团队以组团帮扶的形式，正在改变着铜仁市第四小学以及整个铜仁市万山区的教育模式。先后开设万山区小学数学、英语和中小学美术名师工作室，根据万山学生现状，以线上、线下平台同步实施为途径，精准推进教学研究及教师培养，帮助铜仁市第四小学及周边学校共同培养骨干教师；每周至少用半天时间去一所学校指导，发现问题，解决问题，帮助城区及周边学校教育质量整体进步；积极参加中共苏州高新区对口帮扶铜仁市万山区行动支部党建下乡帮扶活动，每月一次利用休息日深入山区，为山里的孩子们送上精彩的教学、精美的学习用品和图书，也为山村片区的老师们举行微讲座；帮扶团队接受万山区教育局的邀请，定期举办教育管理专题讲座……苏州高新区与铜仁市万山区教育局不断提升合作层次、增强合作实效，共同助力持续推动两地教育事业发展和提升。

2020年3月，苏州高新区实验小学副校长陆伟带领教科室主任汪明峰、教导处主任王剑锋继续扎根铜仁

2019年10月16日，苏州高新区援万教师送教下乡

市第四小学，以自己的实际行动参与学校教育教学和教学管理。2020年9月，苏州高新区实验小学校长助理崔小兵接过陆校长的"接力棒"，继续为铜仁市第四小学带来不同学科、不同视角的新方法、新点子。

第二，开展教育人才培训。结对合作以来，铜仁市万山区先后派出多批教师和校（园）长到苏州高新区进行跟岗培训，万山的老师们通过零距离与专家、名师接触交流，感受苏州高新区的先进教育教学理念，分享名师的成功经验，万山的老师们提高了思想认识，拓宽了教学思路。通过课堂教学，专家点评，反思教学等跟进学习，专家名师的"金点子"成为老师们改进不足、提升水平、扩展思路、引领示范的重要途径。

2017年7月，铜仁万山区教师团队杨再树等3位老师来到苏州高新区，全程参与2017年苏州高新区"名师工作室"发展暨教师成长高级研修班，听取全国著名教育专家吴正宪、李卫东的专题报告，汲取先进的教育理念，助推两区办学品位提升。

2018年，铜仁市万山区教育局先后派出4批15名校（园）长和骨干教师到苏州高新区进行（挂职）跟岗培训，要求挂职（跟岗）人员全程参与跟岗学校管理和教育教学活动，并学习跟岗学校先进的管理理念和教育教学方法。

2019年，铜仁市万山区教育局30名骨干教师来苏州高新区进行挂职学习，倾听专家讲解，热议学习体会，畅谈工作之道，在学习中思考，在思考中提升，在深学细悟中，大脑更充盈，脚步更从容。另有结对学校之间短期挂职人员28名，挂职人员覆盖各级各类学校，充分落实结对帮扶工作日常化。

2020年，两区教育局经过进一步探讨，实施中长期人员挂职行动方案。万山教育局选派2名骨干教师到苏州高新区挂职6个月、6名骨干教师挂职3个月、2名教研员挂职1个月、22名骨干教师挂职1个月。骨干教师全程参与跟岗苏州高新区的学校管理和教育教学活动，学习先进的管理理念和教育教学方法，苏州高新区区内学校尽自己所能答疑解惑，探讨办学规划和教学思路，增进双方的交流和合作。

同时，对铜仁市万山区教师进行暑期集中培训。2017年，根据苏州高新区教育局对口支教帮扶工作要求和北京师范大学培训计划，王军、冯钰芳等一行10人于8月16日至24日对铜仁市万山区全区中小学、幼儿园教师进行暑期教师集中培训。8月16日上午，在铜仁市第六中学阶梯教室举行开班仪式，仪式由教研室主任杨树发主持，张恩茂副局长致欢迎辞，并对本次培训的纪律提出相关要求，苏州高新区教育局副局长王军做重要讲话。本次培训期间有苏州高新区教育局专家8人、北师大培训机构专家10人进行讲座，1681名教师分别参加了相应的培训。

从2018年暑期开始，苏州高新区教育局每年选派10余位教育专家赴铜仁市万山区开展为期1周的暑期集中"充电"培训，每次开设讲座近30场，培训人次达2000多人，培训内容包含中小学学科专业知识及中小学班主任工作、新教师心理健康、普通话等。自与铜仁市万山区结对帮扶以来，苏州高新区教育局不断选派名校长、骨干教师赴万山区挂职、支教、培训，帮助万山区提升教育质量整体水平，并取得了显著的结对帮扶工作成效。

与此同时，苏州高新区教研室和教育发展中心均与铜仁市万山区教研室和教师服务中心开展各自领域的交流与合作。

2019年12月2日，铜仁市万山区教育局党组书记、局长孙蕾带队到苏州高新区教研室与教研员座谈交流。双方教研员进行了亲切友好的座谈交流，双方表示要加强教科研合作，共商两区教师共同开展教学研讨活动，提高教师课题研究能力，提升教育发展水平。

2020年6月10日，铜仁市万山区教育局党组书记、副局长王应昌携当地骨干教师团队一行到苏州高新区教育发展中心调研，其间观看了教育时空云平台开发等方面的成果，对苏州高新区时空云架构以及支教平台表示赞赏，并表示希望以此为契机加强双方在教育信息化方面的可持续发展，助推教育的高质量发展。

4. 医疗卫生人才交流

进一步加大医疗卫生帮扶力度，苏州高新区社会事业局认真落实苏州高新区东西部扶贫协作职责分工，强化结果导向和问题导向，积极完成苏州市和区里赋予的帮扶工作任务。区里成立了以区社会事业局局长为组长的区卫计局对口帮扶领导小组，小组由区卫计局相关处室、区疾控中心、卫监所、苏州科技城医院、苏州高新区人民医院负责人组成，他们积极发挥项目优势和资源优势，在对口帮扶、人才培训、人员支援等方面与铜仁市万山区卫计局开展全方位、多层次的交流协作，并取得了较好的成效。

一是苏州高新区卫计局对口帮扶。2016年9月，铜仁市万山区卫计局局长带队来苏州高新区卫计局洽谈对口帮扶事宜，双方就医疗专家选派、进修学习和挂职锻炼、卫生信息化建设、重点学科及科研项目建设、人员交流合作等进行深度沟通与对接，苏州高新区卫计局主要领导陪同考察了苏州高新区疾控中心、卫监所和苏州科技城医院，两地医疗帮扶工作正式开始。

2017年3月，苏州高新区疾控中心对口万山区疾控中心发展合作协议签署，苏州高新区卫计局领导、区疾控中心主任和铜仁市万山区疾控中心主任参加了签约仪式。

2018年上半年，苏州高新区卫计局选派5名科级以上干部、万山区卫计局选派4名科级以上干部开展东西部调研对接活动，分别是苏州高新区疾控中心对接万山区疾控中心、苏州高新区卫监所对接万山区卫生监督局、苏州科技城医院对接万山区人民医院、苏州高新区人民医院对接万山区中医院、苏州高新区妇保中心对接万山区妇幼保健院。

2018年5月18日，苏州高新区卫计局副局长张耘一行赴万山调研卫生对口帮扶工作。本次调研交流涉及疾病控制、卫生检测、卫生应急、卫生监督、妇幼保健、医院管理、内外科等多个条线，共有16名专家参加。调研组慰问了正在万山区人民医院支医的医学影像科专家朱建兵和肿瘤外科专家张国强，并与医院工作人员及住院病人进行了多方面的零距离沟通。

二是苏州高新区疾控中心对口帮扶。2017年3月23日，苏州高新区疾控中心对口万山区疾控中心发展合作协议签署仪式在铜仁市万山区卫计局会议室举行，苏州高新区疾控中心主任归国平和铜仁市疾控中心主任吴培刚在协议上签字。在签约仪式上，归国平表示两地疾控中心以签约仪式为契机，加大交流、交往力度，取长补短，实现共同发展。通过此次协议的签署，

2018年5月，苏州高新区卫计局调研万山区人民医院

双方明确了帮扶目标、帮扶重点和帮扶形式，同时完善了对口帮扶机制。

2017年，苏州高新区疾控中心主任归国平组织疾控中心突发公共卫生事件应急处置、传染病防控、慢性非传染病防控、免疫规划、微生物检验和卫生监测等方面的业务骨干赴铜仁市万山区疾控中心开展业务培训和指导。苏州高新区疾控中心业务骨干团队做了《突发公共卫生事件调查与处置》《苏州高新区免疫规划》《苏州高新区骨质疏松自我管理研究》等多场讲座和报告，并现场接受咨询，分享中心突发事件应急处置经验、传染病和慢性病防控工作理念和中心管理理念等，推进技术帮扶工作。

2017年，在人才培养帮扶工作上，苏州高新区疾控中心接收铜仁市万山区疾控中心结核病防控、急性传染病防控条线两位骨干医师进行为期4个月的脱产进修培调。为全力提升铜仁市万山区疾控中心的骨干业务能力，苏州高新区疾控中心提前谋划，确定培训计划和带教老师，安排万山区的业务骨干进入苏州高新区疾控中心的相关条线工作，以做到理论知识和实践工作的有效结合，重点培养其实际工作处置能力，推进人才培养帮扶工作。

三是苏州高新区卫监局对口帮扶。2017年3月22日至26日，苏州高新区6名监督员一行专程前往铜仁市万山区开展学习交流活动。万山区卫生监督局局长郭瑞华组织万山区监督所监督员与苏州高新区卫生监督所援建人员召开了卫生监督工作交流研讨会。会上，双方就行政执法实践中存在的重点与难点问题展开了深入的讨论，就行政执法适用法条的准确性、医疗机构现场检查违法事实取证、学校饮用水监督管理等诸多卫生行政执法实际工作问题交换了意见。此次学习交流期间，苏州高新区卫生监督所监督员还出席铜仁市万山区2017年医疗机构执业管理和卫生监督协管员培训班，并且为万山区医疗机构从业人员和卫生监督协管员做了有关医师依法执业的专题讲座，详细解读了《苏州市医师不良执业行为记分管理办法（试行）》。

2017年8月22日至29日，铜仁市万山区卫生监督局副局长彭南堂一行到苏州高新区卫监所开展关于行政执法全过程记录、医疗监督、公共卫生等内容的交流学习。

2017年，在铜仁市万山区医疗机构执业管理和卫生监督协管员培训班上，苏州高新区卫监所为万山区200名医疗机构从业人员和卫生监督协管员做了有关医师依法执业的专题讲座，同时为万山区卫生监督局提供了2万元的援助资金。这次活动取得了良好的交流学习效果。

四是苏州科技城医院对口帮扶万山区人民医院医护人员。2017年3月，苏州科技城医院党委副书记、副院长王诚率心血管内科、消化内科、泌尿外科、骨科、儿科及影像科等科室的专家一行8人赴该院开展技术帮扶及义诊系列活动。2017年4月，从心血管内科、骨科、消化内科、检验科等4个科室选派中级（主治医生）及以上职称医生进行了为期3个月的驻地医疗帮扶；同时，由铜仁市万山区中医院副院长带队到苏州高新区考察学习，主要考察交流医疗流程设计和公共卫生中心建设的具体方案、工作难点及工作经验，详细了解苏州高新区医院建设方面的选址、设计、规模、资金投入、运营情况及存在困难和工程建设中所取得的先进经验。

2018年5月，苏州科技城医院副院长吴雪良一行赴万山区开展对口帮扶工作。2018年10月，苏州科技城医院7名医务工作者启程赴铜仁市万山区人民医院进行对口帮扶。

2018年5月，苏州科技城医院赴万山支医医生开展送医上门服务

2019年4月，苏州科技城医院开展赴万山义诊活动现场

2019年4月20日，由苏州科技城医院14位医学专家组成的团队在万山区人民医院开展大型义诊活动，具体涉及泌尿外科、心血管内科、肿瘤外科、妇产科、康复医学科、内分泌科、呼吸内科、影像科、麻醉科、疼痛科、骨科及神经内科等的检查。在义诊现场，经验丰富的专家医生们认真、热情地为群众诊查，细致地解答疑惑，针对不同病症和个体差异提出合理诊疗建议及治疗方案，并为病患讲解病理和注意事项。免费、专业、周到、负责的医疗服务让前来问诊的群众既满意又感动。

2019年4月22日，在苏州科技城医院各位专家离开万山返程之前，闻悉万山区人民医院即将为一名肠癌患者开展手术，苏州科技城医院的两位主任医师主动请缨与万山区人民医院的医护人员一起完成这台肠癌手术，手术的成功进一步夯实了两地医疗帮扶成果，助推万山区人民医院攻克疑难杂症迈上新台阶。

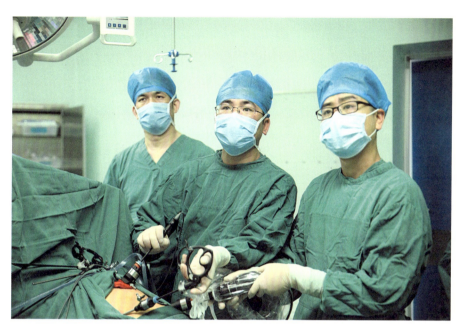

2019年4月22日，苏州科技城医院专家与万山区人民医院专家共同抗击癌魔

苏州高新区援万医务人员表示，万山区人民医院虽然存在基础相对薄弱等问题，但是也有很多值得学习的方面，如医患沟通、和谐医患关系的构建等。此外，诊治万山区的一些高发特殊病种，对于援万医务人员来说，也是宝贵的学习机会。

苏州高新区的支医团队还开展"送医下乡"活动。精准扶贫是苏州高新区正在开展的攻坚战，在精准扶贫的道路上，因病致贫、因病返贫是掣肘万山区贫困人口脱贫的突出问题，实施健康扶贫工程是苏州高新区打赢脱贫攻坚战、实现贫困人口脱贫的一项重要超常规举措，是脱贫攻坚战的重要一环。在万山区广大农村地区特别是深度贫困地区，重大疾病、慢性病是群众致贫、返贫的主要原因，做好健康扶贫工作至关重要。

苏州高新区的7名支医人员与万山区人民医院的医疗人员一同组成送医下乡服务队，赴大坪乡白果村最偏远的矮龙组开展送医下乡进村入户帮扶活动。此次，送医下乡服务队成员中有骨科、神经内科、泌尿外科、麻醉科、普外科、口腔科、药剂科等7个科室的专家。服务队通过开展送医下乡进村入户活动，可以更直观、更真实地了解贫困群众的健康问题和医疗需求，为服务队成员积累更多实践经验。通过给贫困群众送医赠药，切实减轻贫困患者就医难、看病贵的负担，让老百姓感受到医疗专家送医下乡的益处。在开展活动的过程中，服务队的成员们不仅为贫困群众提供免费检查，赠送药品，建立健康档案，还悉心指导用药，宣传健康保健知识，并耐心回答老百姓提出的问题。本次走访工作的顺利开展，不仅让大山深处的贫困群众在家门口就能享受到两区医疗专家的医疗服务，同时也为当地老百姓了解国家惠民政策提供了良好的平台，体现了医疗服务人员"大爱无疆"的浓情帮扶精神，更展示了两区医疗机构心系困

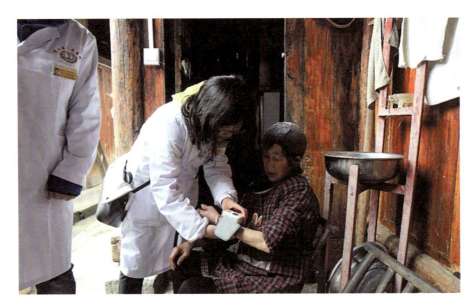

2019年4月，苏州高新区赴万山支医医生为村民检查身体

难群众的工作态度。

2019年4月20日，苏州高新区与铜仁市万山区卫生健康系统交流座谈会在万山区卫生健康局召开。座谈会上，苏州高新区社会事业局与万山区卫生健康局签订基层医疗卫生机构结对全覆盖共建协议，苏州科技城医院与万山区人民医院签订"组团式"医疗帮扶工作协议。同时，两区的卫生院、社区卫生服务中心还就医疗技术、管理经验开展了深入的座谈交流。双方表示，要加大医疗人才队伍的交流培训，深化结对帮扶，探讨深度协作，推进远程医疗合作，共同探索先进的医疗技术和先进的管理经营模式，着力构建两区"优势互补、互惠互利、长期合作、共同发展"的互惠格局。

2019年7月2日，苏州科技城医院与万山区人民医院通过网络远程教学方式开展相关知识远程培训，万山区全院医师及实习医生共计70余人参加培训。培训会上，苏州科技城医院神经内科主任蔡增林、神经内科主治医师李晓静分别做了题为"神经系统疾病诊断思路""科研课题设计书的基本格式""自主神经参数和应激特征预测短暂性脑缺血发作或轻微中风后的继发性缺血""癫痫持续状态的诊疗"的远程讲座。两位老师运用翔实生动的案例和极富感染力的语言就相关疾病诊疗的全新理念及新疗法进行了精彩讲解，针对目前癫痫的特点进行了全面系统的指导和经验分享。

这次培训是苏州科技城医院与万山区人民医院建立对口帮扶关系以来规模最大的一次远程医疗培训，为万山区人民医院临床医生提供了一个专业交流的平台，受到了医院同仁的一致好评。远程培训不仅让医务人员免除了奔波之苦，还节省了时间，节约了开支，使更多的医务人员在不影响工作的前提下，更为方便地学习相关医疗知识，提升了业务水平。

2019年7月5日上午，苏州科技城医院驻铜仁市万山区人民医院挂职副院长汪益、泌尿外科帮扶医生戴超、骨科医生曹成、神经内科医生张莹、麻醉科夏炎志以及万山区人民医院党员干部、医疗骨干及志愿者共计50余人参加"初心向党·医心为民"义诊活动。

2019年7月，苏州科技城医院神经内科医生在万山区义诊

义诊活动现场，前来咨询的群众络绎不绝，义诊医护人员认真为居民量血压、测血糖、听心肺，耐心询问他们的身体状况，详细为当地百姓讲解高血压、糖尿病等慢性病的防治知识，并向他们宣讲适量运动、合理饮食、保持理想体重等健康生活理念，引导其养成健康的生活习惯。

在当地社区负责人的带领下，苏州高新区义诊医护人员还对社区里行动不便或是瘫痪在床的患者和空巢老人进行了入户走访，并免费为他们进行健康体检。大家与患者亲切地拉家常，详细了解他们的身体、生活状况，关切询问老人存在的困难和问题。

此次活动共接待群众义诊咨询300余人，免费测量血压100余人，测量血糖20余人，现场免费为7名高血压患者和6名糖尿病患者办理慢性病鉴定表，上门为10名行动不便的群众开展残疾鉴定，发放健康宣传资料500余份。

2020年7月11日至12日，苏州高新区社会事业局负责人带领苏州科技城医院及苏州高新区人民医院专家团队一行13人赴铜仁市万山区开展2020年卫健系统帮扶工作。座谈会上，苏州高新区社会事业局负责人鼓励苏州医疗专家要心系万山，充分发挥自身专业优势，真情实意地传授新技术、新项目，带动万山医疗技术水平再上新台阶。本次会议进一步明确了开展医疗对口帮扶工作的目的和意义，对下一步的工作打算达成了共识，也为今后两地开展精准帮扶和有效帮扶提供了切实可行的思路。

5. 农业人才与驻村工作队

为扶持万山区农业发展，苏州高新区派出大批农业技术人员，提供技术力量支持。2018年10月，苏州高新区委派刘奇等6名农业技术人员前往万山。

2019年5月，苏州高新区的支农人员前往万山区顺丰竹荪合作社发酵菌棒层架栽培技术示范基地、白瑞种植专业合作社黄桃基地开展调研，并带去农业技术作指导。在竹荪基地，苏州高新区的农技专家通过进大棚、看生产、听介绍，实地了解红托竹荪的生产规模、菌种来源、

2019年5月，苏州高新区支农人员在万山区深入大棚指导农业技术

技术依托、销售市场等情况，并现场探讨研究如何通过种植红托竹荪走出一条致富路的相关问题。农技专家指出，发展红托竹荪产业，要着力提升品质和产量，建立生态加工技术，打造品牌，积极申请扶贫资金，建设好示范基地，规模化辐射，实现基地固定化，克服连作障碍，减轻生态压力，利用种植和采摘期吸纳劳动力，精准扶贫，利用红托竹荪的生长特性和运输渠道，实现鲜货供应，扩大新市场。当前，依托"铜货进苏"项目，铜仁红托竹荪供不应求，种植面积也逐年增加。红托竹荪市场价格每市斤500元，利润可观。推动红托竹荪种植的质量化、规模化、标准化、品牌化是突破竹荪种植瓶颈的必由之路。

苏州高新区的支农人员与万山区相关部门领导就农业产业稳增收、防返贫进行深入探讨。一是探索"合作社+基地+贫困户"的经营模式，合作社负责市场销售和建立订单合作，吸引外资。合作社收益为村集体所有，贫困户参与分红；二是"三分种七分管"，科学管理，专家现场指导，交流学习，让贫困户变身技术员，有效防止人口外流；三是增加农业附加值，探索举办黄桃采摘节，开发制作黄桃干、核雕等拓展农业旅游功能，提升农业旅游产业。

2019年，苏州高新区在万山区派驻了一个驻村工作队，并具体落到点上，专门在万山区选择了一个贫困村——梅花村，由苏州高新区派4位年轻干部到梅花村挂职锻炼。为了更好地了解梅花村的实际情况，挂职干部居住在村子里面，帮助梅花村开展党建、产业帮扶等工作，使梅花村得到全方位的提升。

2019年7月18日，万山区委常委、副区长杨亮赴茶店街道梅花村调研产业项目发展情况，并召开座谈会，针对党建、文化活动、乡村治理、文明试点等给予指导。杨亮指出，要强化基层党组织阵地建设，做优做强党建阵地，充分发挥党支部引领作用，调动各方资源，激发梅花村发展潜力，用好帮扶资金，邀请农业专家指导，探索适合本地的农业产业发展路径，

2019年8月，苏州高新区驻梅花村帮扶工作队栽种哈密瓜苗

带动贫困户稳定脱贫。

6. 驻社区帮扶队伍

万山区居住在大山里的贫困户陆续整体搬出，移至万山中心城区。2019 年，万山区接纳易地搬迁人口约 5 万人。易地扶贫搬迁带来的问题包括以下两个方面：一是就业问题。以往村民生活在大山之中，生活自给自足，不需要考虑就业问题，而从大山中搬出之后，村民失去了土地，无法再进行农业耕作，就需要寻找新的谋生手段。二是社区治理问题。村民从大山之中搬出之后，开始在社区生活，类似如何更好地融入社区并积极开展社区活动这样的问题亟须解决。

为了帮助当地解决社区治理问题，苏州高新区在万山区开展社区动迁试点，依靠苏州高新区科技城，整合东渚街道的力量，每 3 个月轮派一批社区干部进驻万山的试点社区，给予全方位的帮助，具体主要是社会治理方面，也包括党建、文化活动、养老服务等。苏州高新区从 2019 年初开始派出社区干部，通过这个方法将现在所驻扎的冲广坪社区打造成一个可复制的试点社区，并在之后直接复制到其他社区。苏州高新区社区干部在冲广坪开展了多种形式的活动，效果也很显著。

2019 年 2 月 19 日，苏州科技城东渚街道与谢桥街道冲广坪社区共建人员共同开展"金猪拱福·共度元宵"猜灯谜、闹元宵活动。在冲广坪社区大厅内，人头攒动，众多居民参与其中，热情高涨。现场各式各样的谜语展现在居民面前，灯谜内容广泛，其中包括历史名人、古迹名胜、古时民俗等，既有通俗易懂的趣味猜题，又有较为复杂的抽象谜题；既具娱乐性，又具知识性。此次活动的开展，不仅让社区居民学到了中国传统文化，同时也丰富了社区文化生活，加强了邻里之间的沟通交流，激发了大家参加社区活动的积极性，对构建和谐社区起到了积极作用。

2019 年 2 月 26 日，苏州科技城东渚街道共建帮扶社区工作人员与冲广坪社区一起开展走访慰问，启动送"学"上门活动，为老党员们送上了丰富的精神大餐，方便老党员随时学、及时学。在走访过程中，社区人员详细询问老党员的身体和生活状况，了解老党员的精神文化需求，告诉他们社区的新变化，将党组织的关怀送到了他们身边。社区老党员年龄偏大，有些更是行动不便，参加集中学习十分困难，社区党支部将学习材料"打包"送到老党员手上。通过送"学"上门活动，让老党员充分感受社区党组织的关爱，足不出户就能了解党的最新方针政策，从而提高了广大党员掌握政策、通晓时事的能力，确保了党员学习无疏漏。

从 2019 年 5 月 11 日开始，苏州高新区社区共建工作人员联合万山区谢

2019 年 5 月，苏州高新区社区共建工作人员联合万山区谢桥街道工作人员修剪绿化

桥街道冲广坪社区共同推进万山区创建国家卫生城市工作，开展了为期半个月的"为树木做个美容——绿化修剪"活动。冲广坪社区和共建工作人员克服困难，发挥不怕脏、不怕累精神，穿梭在辖区绿化中，将需要修剪的杂乱凸枝、枯枝进行修剪清理，在美化环境的同时保证行人车辆安全通行。

2019年7月4日，苏州科技城东渚街道与冲广坪社区共建帮扶单位开展社区环境卫生综合治理，助力推动城市社区创建国家卫生城市工作。此次环境卫生整治工作主要围绕存在问题举一反三，直击社区卫生盲点、死角、野广告、牛皮癣、占道经营、乱停乱放、乱堆乱摆、门店延伸、门前三包等常规工作进行，通过政策宣传、现场引导等方式提高居民群众的创卫意识。此次环境卫生工作的开展，极大地改善了社区人居环境，居民的责任感、使命感也得到增强，满意度得到大幅度提升。

（三）资金支持

1. 财政资金支持

第一，财政资金帮扶万山区民生事业建设。2014年至2017年，苏州高新区财政资金支持铜仁市万山区发展，捐资建设铜仁市第八中学、铜仁市万山区谢桥人民医院、铜仁市第六中学、铜仁市万山区黄道乡敬老院、铜仁市万山区妇幼保健院医院。

第二，财政资金援助万山区产业建设。2017年，苏州高新区资金帮扶现代高效农业示范园建设——铜仁市万山区山地生态刺葡萄产业示范园区基地建设项目，至2017年年底，项目建设已完成并取得显著成效。同时，为推进铜仁市万山区农业产业化，苏州高新区资金帮扶生猪养殖项目。

苏州高新区援助万山区的生猪养殖基地

2018年，苏州高新区财政帮扶铜仁市万山区，捐助资金实施东西部扶贫协作项目16个，帮助万山区建档立卡贫困人口脱贫。同时加大对万山区在产业开发上的资金援助，援助高楼坪村标准化连栋大棚和水上综合体钢架棚建设项目、鱼塘乡新龙村（飞地）大棚蔬菜基地建设项目等12个项目。

2019年，苏州高新区帮扶万山区资金项目42个，总体用于易地扶贫搬迁教育医疗就业、产业发展等方面，实现万山区3个深度贫困村的产业项目全覆盖。

2020年，苏州高新区不断加大财政帮扶资金力度。截至11月20日，各级财政帮扶铜仁市万山区的资金已拨付，总体用于产业扶贫、易地扶贫搬迁教育医疗、就业扶贫、消费扶贫、残疾人扶贫等41个项目，与35379名建档立卡贫困户（含跨区域搬迁贫困户）建立利益联结关系。

第三，苏州高新区积极推进铜仁市万山区民生事业建设——万山区妇幼保健院和黄道乡敬老院建设。为加快万山区医疗卫生事业快速发展，更好地落实全面两孩政策，改善万山区妇幼保健院的服务条件，提高服务能力，苏州高新区捐资用于铜仁市万山区妇幼保健院项目建设，并签订了《苏州高新区帮扶万山区妇幼保健院项目协议书》。

苏州高新区援建的万山区黄道乡敬老院

为加快万山区民生事业发展步伐，改善敬老院环境，使老年人老有所依、老有所乐，苏州高新区捐赠资金用于万山区黄道乡敬老院项目建设。除此之外，还有其他财政资金捐建帮扶项目——万山区形象展示中心、万山"帮扶之家"、万山区文明实践中心、政法委科技强警项目、黄道乡干部和致富带头人培训。

2. 社会资金帮扶

第一，发动社会力量，向万山区捐资捐物。2017年，苏州高新区慈善基金会（区民政局）

捐赠价值10万元的500条冬棉被投放到深度贫困乡村的贫困户家中，为贫困户安然过冬提供帮助；投入医疗和教育帮扶项目的8万元，也为贫困学生和贫困人口就医就学提供了帮助；村村、村企结对帮扶的资金投入结对村（社区）后，对带动贫困人口脱贫致富、促使建档立卡贫困人口脱贫增收起到了积极推动作用。

2018年，苏州高新区加强社会力量动员，首创"苏州高新区慈善基金会铜仁市万山区扶贫基金"，计划在"十三五"期间募集资金用于万山区农业产业项目建设，文明结对资金用于支持万山区未脱贫的贫困户。

2019年，苏州高新区万山扶贫基金参照财政帮扶资金模式投入万山区10个乡镇的大棚蔬菜种植项目建设。文明结对资金已用于支持万山区634户未脱贫贫困户。苏州路之遥科技、绿叶科技集团、中设建设、新科教育集团等企业主动捐款捐物，基本形成了政府、市场、社会新"三位一体"大扶贫格局。

2020年，社会帮扶积极性逐年增强，全社会参与帮扶的局面正在形成，合力助推脱贫攻坚的形势愈加向好，协调支持万山区发展的社会帮扶资金主要用于万山区农业产业、文化扶贫、贫困户困难救助等方面。

2018年3月12日，苏州胜利精密制造科技有限公司与铜仁市交通学校签订校企合作项目协议书，并向其捐赠实训设备一批，援助资金100万元。

2018年5月16日，苏州市阳山实验小学校举行捐赠黄道小学教学设备仪式，捐赠教学设备（投影仪4台、电脑3台），总价值2万元。

2018年6月1日，苏州高新区狮山商会横塘商会资助万山区敖寨乡贫困学生庆"六一"活动发放仪式举行，资助贫困学生20名。同日，苏州市枫桥中心小学为万山区冲脚小学举办捐赠图书活动，捐赠图书一批，总价值4.23万元。6月20日，苏州市狮山实验小学帮扶万山镇小贫困生，捐赠帮扶资金1万元，帮扶贫困生1名。

2018年7月25日，开展苏州高新区帮扶万山区"同心逐梦"助学行动，以资助农村建档立卡贫困家庭学生，帮扶资金20万元。

2018年8月17日，苏州新科教育集团向万山区贫困学生捐赠资金15万元。8月31日，苏州乐佰德科技有限公司向敖寨侗族乡民族中心完全小学捐赠教学设备（"爱心包裹"彩色喷墨多功能一体机、单反数码相机、摄像机、高速存储卡），总价值2.77万元。

2018年11月19日，苏州高新区实验小学校教育集团对口帮扶助学捐赠仪式举行，资金资助万山区10万元，帮助贫困生100名。11月20日，苏州高新区第一初级中学对口帮扶万山区仁山学校，向初中部品学兼优贫困生捐赠4.32万元。11月22日，苏州高新区实验小学三（4）班举行学习用品捐赠仪式，向万山区捐赠学习用品总价值0.41万元。

其他的捐赠还包括：2018年1月13日，苏州高新区某企业向万山区贫困户捐赠冬衣409件，共计10万元；1月20日，苏州高新区慈善总会向万山区捐赠棉被500条，共计10万元；6月20日，苏州市大有家用纺织品有限公司捐赠万山红幼儿园棉被100件，共计2万元；8月20日，苏州高新区创业精英协会资助万山区贫困学生27人，捐赠9万元；8月21日，苏州市佩发刺绣工艺品有限公司资助万山区贫困学生10万元,帮助贫困生50人;等等。

2018年6月,苏州高新区狮山商会横塘商会资助万山区敖寨乡贫困学生

2019年5月22日,北京少年正气教育科技有限公司企业代表团赴万山区捐赠建档立卡贫困学生资助资金。5月22日至23日,由苏州高新区牵线搭桥,北京少年正气教育科技有限公司企业代表团到万山,向全区46所中小学1250名建档立卡贫困学生捐赠62.5万元资助金。

2019年5月,少年正气说&养少年正气慈善助学贵州行

随后，企业家代表分成4组到万山区各中小学为孩子们送去资助金，并为他们上了一堂生动的"少年正气说&养少年正气"演讲课。演讲课上，企业家现场评说了孩子们的练字情况，并用通俗易懂的语言，结合具体案例，分享了《墨梅》等正气诗词作品，鼓励孩子们好好读书，做正气少年。

2019年5月30日，在"六一"儿童节到来之际，苏州工业园区汤妈妈公益慈善中心团队不远千里，带着来自不同方向的爱心，赶赴铜仁市万山区最偏远乡村学校之一的下溪乡铁门小学，看望全校师生，陪同孩子们提前过"六一"儿童节。

活动中，"汤妈妈"团队有关负责人汤崇雁、栾栾亲手将各类儿童绘本送到孩子们手中，给他们讲解绘本故事，与他们交流互动，和他们一起吃午餐，提前给孩子们过了一个温馨、快乐的节日。本次活动是"文明高新·情暖万山"志愿扶贫协作项目系列活动之一。在苏州高新区工委宣传部的牵引下，苏州工业园区汤妈妈公益慈善中心共为万山区贫困学校筹集梦想礼包296个、各种课外绘本书3000余册、教具若干。

2019年5月27日，苏州高新区管委会副主任周晓春携苏州高新区住房和建设局、企业家一行赴万山区考察田园乡村建设，并赴下溪乡开展结对帮扶工作，分别向青龙村、报溪村捐赠资金5万元，苏州中设建设集团、苏州晨光建设集团捐赠下溪乡政府资金10万元。

2019年5月，苏州高新区住建局捐赠报溪村5万元

2019年6月14日，苏州高新区志愿者协会代表——苏州城市管理志愿者联盟的张韬略不远千里，赴铜仁市万山区开展"文明高新·情暖万山暨爱心衣站"志愿扶贫活动。当天，张韬略首先来到大坪乡清塘村小学看望慰问全校师生，为全体学生每人赠送一套服装；并在学校与学生亲切交流，询问他们的学习情况，还为一个班级亲授了一堂生动活泼、益智增志的启蒙课。随后张韬略还看望了大坪乡、鱼塘乡的部分五保户，为其送去了以衣物为主的礼包。

第一章 全方位深度合作

2019年6月，苏州高新区城市大家管城市管理志愿者联盟支援清塘小学

本次活动是"文明高新·情暖万山"志愿扶贫协作项目系列活动之一。在苏州高新区工委宣传部的牵引和苏州高新区城市管理局的主导下，苏州城市管理志愿者联盟团队共为万山区贫困村学校学生筹集儿童服装197套、成人服装460套，其中采购儿童装47套、羽绒服55件，其余由苏州高新区城市管理局联合苏州高新区城市管理志愿者联盟捐赠。苏州高新区城市管理局、苏州城市管理志愿者联盟联合万山区委宣传部、区扶贫办分配发放。

第二，在苏州高新区慈善总会下专门成立铜仁市万山区扶贫基金。苏州高新区为盘活社会帮扶资源，动员社会爱心人士投身东西部扶贫协作事业。2018年，苏州高新区与铜仁市万山区共同探索创新设立"苏州高新区慈善基金会铜仁市万山区扶贫基金"（以下简称"扶贫基金"）。万山扶贫基金于2018年3月12日正式签订协议并揭牌成立，该基金主要用于支持万山区扶贫事业发展，助推扶贫产业提升，资助助学、助困、助医、助老、助残等扶贫帮困项目。

2019年5月7日至9日，苏州高新区民政服务中心主任朱一峰一行赴万山区调研2018年至2019年定向扶贫慈善资金项目，并召开项目座谈会。调研组深入敖寨乡中华山村、黄道乡丹阳村、高楼坪乡小湾村、茶店街道红岩村等10个蔬菜大棚项目点开展项目调研。在项目点调研时，朱一峰关切地向相关负责人询问每个大棚的产值、销售渠道建立、项目带贫等情况，并结合慈善资金的管理办法对10个蔬菜大棚项目建设提出了具体要求。苏州高新区2018年募集资金用于万山区10个乡镇（街道）的蔬菜大棚项目。调研组分别到冲广坪社区、桂苑社区、万山区民政局、扶贫办现场，调研2018年的社区建设与发展项目及"文明高新·情暖万山"志愿扶贫项目实施进度与成效。

苏州高新区援建的万山区黄道乡大棚蔬菜基地

随后，在万山区扶贫办召开的2019年苏州高新区慈善基金会与铜仁市万山区扶贫基金项目座谈会上，朱一峰充分肯定了万山区各乡镇近年来的发展成果，认为万山区的整体规划合理，项目建设实用，鼓励万山区各乡镇（街道）继续带领各乡村民自力更生、克服困难，积极争取上级支持，整合更多项目和资金，把万山区建设得更好。同时调研组还观看了苏州高新区·铜仁万山区2018年东西部扶贫协作宣传片，听取了万山区扶贫办2019年第一季度东西部扶贫协作工作开展情况的汇报。各乡镇（街道）就项目建设进行了交流发言。最后苏州高新区慈善基金会与万山区扶贫办、各乡镇（街道）签订2019年扶贫基金项目协议书。

（四）产业合作

产业合作是解决"输血"与"造血"问题的关键环节，是衡量是否精准帮扶的重要标尺。苏州高新区积极搭建社会参与平台，营造良好氛围，引导国企民企、社会组织和公民个人参与苏铜扶贫协作，推动形成政府、市场、社会协同推进的扶贫协作工作格局。

1. 农业合作

第一，利用铜仁资源优势，开展电商扶贫。根据万山区及整个铜仁产业发展的特点，通过苏州食行生鲜电子商务有限公司与万山区电商生态城合作，使"黔货进苏"取得了显著成效。为进一步助推"黔货出山"，提高老百姓收入，发挥苏州高新集团在资金、开发建设上的优势，苏州高新区在万山区投资建设苏高新供应链示范基地，作为武陵山片区"黔货出山"的集散地，每年可实现农产品销售量5000吨。在此基础上，两地共同投资在苏州高新区设立的万山区形象展示中心已进入运行阶段。2019年，两区"黔货进苏"助推消费扶贫案例入选全国消费扶贫经典案例。

第一章 全方位深度合作

设立在苏州高新区的万山区形象展示中心农产品展柜

贵州省铜仁市位于武陵山区腹地，有"中国西部名城"之称。铜仁气候温和湿润，光照热量丰富，降水丰沛，生态环境优越，产出的本地蔬菜零污染，品质高。但受当地特殊的地理位置、交通条件等因素的限制，销售渠道单一，优质的农产品滞销，不能有效地对接市场。

作为在苏州市布点社区智慧微菜场最多的生鲜新零售企业，食行生鲜抓住东西部扶贫协作的重大机遇，积极响应精准扶贫号召，并发挥自身在农产品销售领域的带头作用，通过创新提高脱贫质量，更好地把食行生鲜所能与贵州铜仁所需相结合，在两地党委、政府的统一领导下，更好地助推贵州和铜仁打赢脱贫攻坚战。一方面，充分发挥电商优势，帮助铜仁优质农产品打开销路，提高农民收入；另一方面，通过全程冷链运输，让苏州市民直接吃到贵州无污染优质新鲜农产品，实现资源的合理分配。

资源与市场对接的难度是农民贫困的直接原因，食行生鲜致力于成为打通资源与市场之间的桥梁。2017年，贵州铜仁的优质农产品入苏，通过食行生鲜的社区智慧微菜场送上苏州市民的餐桌。

食行生鲜为精准扶贫创造了一种新模式——通过全渠道可追溯农产品营销闭环，对口帮扶贵州遵义、铜仁等地，依托线上"扶贫馆"平台、线下社区智慧微菜场，全方位打造精准扶贫，生鲜产品全部实现二维码追溯。

2018年3月，食行生鲜联合贵州铜仁发起"你吃菜，我买单"活动。食行生鲜从贵州铜仁直采一批高原香菇，免费赠送给苏州市民试吃，用户只需进入食行生鲜活动页面，即可免费领

万山区敖寨乡百姓积极采收黑木耳发往苏州

取铜仁高原香菇1份。食行生鲜承担了此次活动的全部采购费用,全程冷链运输、包装及配送费用。

此次活动反响强烈,不仅让苏州市民深度体验了铜仁的优质农产品,对有机健康的食材多了一份选择,丰富了苏州市民的餐桌;同时,也让更多苏州市民广泛参与宣传铜仁高原菜的生态、零污染,从而带动更多市民购买,进一步激发铜仁建档立卡贫困户的种菜热情,形成蔬菜产业产销良性循环,使贫困群众有了更多的获得感和满意度,从而真正构建精准扶贫的长效机制,助力打赢脱贫攻坚战。

2018年3月,苏州高新区助力万山区农货入苏

同时，食行生鲜通过二维码追溯技术，助力铜仁精准扶贫工作。通过为铜仁扶贫对象设立专有二维码名片，真正做到一物一码、一户一码。例如，在对铜仁的扶贫工作中，食行生鲜通过追溯系统先精准到基地，再精准到每一个立档建卡的贫困户，将扶贫产业信息与贫困户建档立卡信息准确对应，帮助当地贫困户脱贫致富。另外，食行生鲜通过市场化的运作，实现与贫困地区相关产业、企业的对接，通过在 App 平台构建扶贫馆，推选贫困地区优质农产品，通过市场营销等手段积极引导消费者关注、购买可追溯扶贫产品，打通消费者与优质农产品的连接，帮助贫困地区寻找市场需求，引导、督促贫困地区生产适销对路的优质农产品。

食行生鲜将追溯体系与精准扶贫相结合，还能帮助贫困地区产业打造品牌效应，提高产品的可辨识性，培养消费者口碑，增加用户认可度，提高贫困地区农产品的品牌知名度，通过品牌化营销拉动产业发展，从而使产业扶贫地区增产增收、成功脱贫。食行生鲜的消费者购买扶贫农产品后可以运用追溯信息查询功能，通过扫描对应的二维码，了解扶贫农产品信息、生产信息和物流信息，促进生产者与消费者间的相互信任。

苏高新供应链示范基地

食行生鲜通过与铜仁精准扶贫产销对接，带动当地农民脱贫致富，同步小康。食行生鲜的帮扶举措精准有效，通过订单式农业，实现精准扶贫，让扶贫、小康"两步并一步走"。

农民种得好有销路，市民吃得好有保障。在双方共同努力下，两地扶贫协作内容越来越丰富，形式越来越多样，合作领域不断拓展，帮扶程度也越来越深，综合效益得到充分发挥。同时，也增进了兄弟情义，互助的心贴得更近，协作的手牵得更紧，在精准扶贫的道路上共同朝着同步全面小康大踏步前行。

2019 年春节前夕，铜仁市万山区亿创电子商务经营管理有限责任公司作为"铜货进苏"

的运营主体，仅在2019年1月就接到了来自苏州的铜仁当地农特产品大额订单，订购香菇、木耳、竹荪、农家腊肉、农家香肠、茶树菇、万山香柚、苗家社饭等特色产品，带动农产品生产基地利益联结农户间接增收，实现了万山区东西部扶贫协作产销对接工作开门红。

2019年1月，铜仁市万山区农产品"铜货进苏"现场

第二，苏州对口帮扶万山农产品供销协作并开展农产品展销会。2017年6月8日，在苏州举办了为期两天的"2017'梵净山珍·健康养生'铜仁绿色优质农产品苏州招商推介展示会"。此次展示会不仅进一步提升了万山区企业和产品的知名度，也收获了许多合作和销售的商机。

2018年4月23日，贵州铜仁市万山区与苏州高新区东西部扶贫协作高层联席会议暨万山产业推介会在苏州高新区文体中心举行。双方联合推介了万山区发展项目，并签署了7个帮扶合作协议。万山区委副书记、区长张吉刚，苏州高新区党工委副书记、区长吴新明，万山区委常委、副区长杨亮，虎丘区人大常委会副主任蒋国良出席活动。推介会上，播放了万山区招商引资宣传片，万山区分别做招商引资、特色农产品及旅游推介。推介会吸引了150多家企业踊跃参与，优惠的招商引资政策、优越的发展资源、便利的交通区位引起了企业家们的浓厚兴趣。

为进一步深化帮扶协作，苏州高新区与铜仁市万山区签订了《万山形象展示中心项目合作框架协议》《雷允上药业集团有限公司朱砂药材基地建设项目投资意向协议》《新港物业、市政公司入万合作协议》《万仁汽车·同捷汽车合作框架协议》《农商联·食行生鲜合作备忘录》《亿创电子商务·食行生鲜合作协议》《农商联·大茂商贸合作协议》等一系列协议，就工业发展、商贸旅游、农副产品销售等展开深度合作，以帮助万山区加快经济发展，调整产业结构，促进农民增收。

2018年4月20日，以"万货赴苏、电商在行动"为主题的2018年万山区农商旅产品苏州展销会在苏州高新区浒墅关镇举行。展销会现场，万山农特产品受到苏州市民的高度好评。此次"万货赴苏、电商在行动"展销会，参展企业及基地共计35家，大坪乡中华蜂蜜、龙门坳竹荪、下溪土鸡蛋、挞扒洞铁皮石斛、敖寨羊肚菌、灰树花、香菇等40余种万山当地农特产品受到苏州市民的追捧，展会现场就接到了来自苏州企业的订单。此次农产品展销会，加深了两地在东西部协作中的相互了解，沉淀了感情，加强了协作交流，为助力"铜货出山"做出了应有的贡献。

2018年4月，举办万山区农商旅产品苏州展销会

2020年1月11日至12日，以"梵净山珍·健康养生"为主题的贵州绿色农产品展销会在苏州举行。来自贵州铜仁等地区的110多种绿色优质农产品走进苏州名城花园社区，通过展示展销，让苏州市民在最近距离购买到贵州优质绿色农产品。展销会上展示了来自30余家企业的110余种农产品，其中梵净翠峰茶、苔茶、天麻、油茶、梵净蘑菇等一大批优质农产品受到苏州市民的青睐；尤其是羊肚菌成为明星产品，现场销售火爆。除现场销售外，展商万山亿创公司还获得了年货订单，该公司将从产地以最优价格直发至苏州市民家中。

第三，鼓励、引导东部企业赴万山投资产业园建设。2018年1月6日，为全力推进扶贫攻坚工作，完善教育基础设施建设，优化教育环境，确保教育有保障，发挥学校在万山转型跨越发展中的推动作用，苏州凯盟教育投资有限公司与铜仁市万山区人民政府本着"资源共享、优势互补、互惠互利、共同发展"的原则，经过友好协商，签订了"贵州厨师、高铁乘务人员培养基地建设项目"，项目的主要内容为建设烹饪专业综合教学楼、模拟实训餐厅、轨道交通专业模拟实训基地、教职工宿舍等及相关基础配套设施。

2018年3月，苏州高新旅游产业集团有限公司在铜仁市万山区投资建设铜仁市万山区苏高新文化旅游有限公司；苏州新港物业服务公司在铜仁市万山区投资建设苏州新港物业服务有限公司贵州分公司，以开展物业服务项目；苏州新港市政绿化服务有限公司在铜仁市万山区投资建设苏州新港市政绿化服务有限公司贵州分公司，以开展市政绿化、道路保洁等工作，并优先招收当地贫困人口，以带动贫困人口增加收入。

2018年7月，为加快推进万山区绿色优质农产品"贵菜进苏，贵菜进沪"与优化农业产业结构，苏州高新区经济发展集团总公司与万山区人民政府签订《苏州高新集团农业物流产业园（铜仁万山项目合同书）》，苏高新集团有限公司在万山经济开发区冷水沟建设投资铜仁市万山区苏高新科技产业发展有限公司，建设内容主要为物流产业园（包括生产用房、物流用房、办公辅助用房）及相关配套设施。

共建产业园区，推动国资项目落地。2018年3月，苏州高新区浒墅关经济技术开发区与万山经济开发区签订了共建园区框架协议。随后，苏州高新区的苏高新集团、苏高新股份等国资公司的领导多次到万山考察投资，推动国资项目落地。

苏州高新区援助的万山区电商生态城

一方面，建设冷链基地。根据万山区及整个铜仁市的产业发展特点，食行生鲜电子商务有限公司与万山区电商生态城合作，取得了"铜货进苏"的很好效果。苏高新供应链示范基地被定位为"贵菜"初加工和物流运输的载体，旨在打造一个既能满足苏、沪、锡三地市民生态食品消费需求，又能推动万山当地扶贫工作的多赢平台。苏高新供应链示范基地在2020年4月满租投运，入驻企业计划总投资超7000万元，预计可直接和间接带动当地就业人口5000余人。食行生鲜供应链管理有限公司产品销售以菌菇类、西红柿、丝瓜为主，2020年4月至6月，电商销售量累计达14.64吨。铜仁亿创采用线下加电商平台的销售模式，2020年6月，单食用菌一类，销售总额就已达530.86余万元。

另一方面，打造旅游新地标。苏州高新区旅游产业集团发挥在旅游开发上的优势，结合当地自然山水，在万山区投资重点建设牙溪村旅游综合体项目，打造西南首家农庄、铜仁旅游新地标。

2. 旅游业合作

"春有百花秋有月，夏有凉风冬有雪"。万山年均气温15℃，是一个名副其实的"天然氧吧"。这里有被我国列入世界文化遗产预备名单的万山汞矿遗址，有全国重点文物保护单位黑硐子、仙人洞、云南梯，有国家4A级景区、中国第一个矿山休闲怀旧小镇——朱砂古镇，有瓜果飘香的九丰农业博览园，有如诗如画、流经全城的木杉河湿地公园，有被国家老龄委授予"长寿村"称号的挞扒洞，有山清水秀、花鸟作歌的长寿湖国家湿地公园，有远近闻名的民间艺术中国鳖锣，有惊险刺激的省级风景名胜区夜郎，有神奇诡秘的黄腊溶洞等，具有丰富的自然资源，在此基础上，苏州高新区积极与万山区进行旅游合作并予以大力推广。

第一，两区开展旅游合作。苏州高新区旅游局与铜仁市万山区旅发局本着团结协作、共谋发展、互惠互利的原则，积极开展旅游领域的协作交流，做好优势互补、资源共享。2017年12月18日，两地旅游部门签订《两地旅游协同发展协议》，明确了双方下一步的协作重点和协作内容：利用各种形式和渠道，开展旅游产品、线路和商品宣传推介；做到资源共享、客源互换，互为对方组织旅游团队；鼓励和支持双方企业投资新办旅游企业，开发旅游项目；加强交流协作，互通旅游信息，开展旅游促销活动，促进两地旅游业共同发展。

2018年，苏州高新区充分发挥苏州高新区旅游产业集团有限公司在旅游开发上的优势，结合当地特色，在万山区投资重点打造万山牙溪旅游综合体项目，建设集特色乡村庄园民宿、自然欢乐农场、快乐阳光牧场、侗族乐园等于一体的农旅休闲文化旅游项目，打造西南首家农庄、铜仁旅游新地标，带动当地农户就业致富。

苏州高新区援建的牙溪生态农场民宿

2019年5月15日，苏州高新区经发委、旅游产业集团一行赴万山区调研旅游合作事宜，并召开的座谈会。万山区委常委、区委办主任杨义长，区委常委、区政府副区长杨亮陪同调研。

调研组先后对朱砂产业园、九丰农业博览园、朱砂古镇、放下山庄等地方进行了考察。在随后召开的座谈会上，调研组听取了朱砂古镇开发背景、基本情况及项目规划情况的汇报，详细询问了常住人口、游客接待量、土地指标、消防安全、招商政策等情况，并提出了项目开发的一些具体问题，相关部门就问题进行了一一解答。

2019年7月19日，万山区委副书记、政法委书记、公安局局长王春赴谢桥街道牙溪村就旅游综合体项目的推进进行现场办公，研究指导项目建设有关工作。王春对项目推进过程中存在的群众搬迁、土地流转、名贵树木保护和群众工作等问题进行现场办公。

2018年6月，苏州高新区旅游集团代表考察牙溪旅游综合体项目

第二，"铜仁·苏州大厦"项目。"铜仁·苏州大厦"项目是苏州高新区与铜仁市万山区东西部扶贫协作招商项目之一，是以苏式园林风格为主题进行景观营建的精品酒店。铜仁的旅游市场十分火爆，但铜仁的酒店资源十分紧缺，常常一房难求。在多次考察后，苏州高新区决定在铜仁建设苏州大厦。引入"HOLIDAY INN"酒店品牌，以集会务、培训、餐饮、住宿等综合功能为一体的精品综合体为酒店定位，使之成为对口协作新标杆。

2019年1月22日，万山区召开"铜仁·苏州大厦"项目推进会，江苏省苏州苏高新科技产业发展有限公司负责人王欣一行参加推进会，万山区委常委、副区长杨亮主持会议。在会上，苏高新集团围绕"铜仁·苏州大厦"项目的规划设计、项目推进、品牌运营等汇报了工作，并就项目的"六通一平"提出了需要协调的相关问题，各相关部门表示将加强沟通，落实专人负责相关问题的落实。会议要求，万山区相关部门要发挥后发赶超的务实精神，主动作为，为项目落地解决实际问题，全力做好项目跟踪服务工作。

2020年7月底，"铜仁·苏州大厦"主楼封顶，洲际集团酒店运营管理团队筹备工作顺利进行，人员招募、物资采购、市场推广等工作稳步落实，年底试运营。

（五）劳务协作

苏州高新区人社局认真贯彻苏州高新区东西部扶贫工作要求，切实增强责任意识和大局意识，与贵州铜仁万山人社部门密切配合，深入推进劳务协作，扎实推进对口支援（帮扶）各项工作深入开展，具体包括加强两地合作交流、建立劳务协作工作站、各类招聘活动、完善劳务输出对接机制、推进人力资源服务机构合作、开展就业能力提升计划等方面，并取得了良好效果。

1. 积极组织领导，健全工作机制

第一，2017年11月28日，苏州高新区人力资源和社会保障局与万山区人社局签订了《苏州高新区与铜仁市万山区劳务合作协议书》。根据协议，双方将深化各项合作机制，共建人力资源市场、创业孵化基地、人力资源能力提升等劳务协作平台，苏州高新区将在资金、硬件设备、岗位信息等方面给予支持。同时，苏州高新区认真落实国家和省扶贫开发工作会议精神，与对口帮扶地区签订帮扶协议，落实责任主体，加大资金帮扶力度，确保如期完成帮扶任务。各有关部门立足自身职能，突出发挥优势，积极创新帮扶形式，广泛开展对接活动。人社部门的服务重点是就业培训、职业介绍和劳务协作，鼓励和支持企业、培训机构、人力资源服务行业协会等社会力量参与招聘和劳务协作对接的工作，整合各方资源优势，形成政府推动、市场主导、各方参与、精准对接的工作局面。

第二，苏州高新区人力资源和社会保障局与铜仁市万山区就业局签订《2017年度结对帮扶贫困户就业援助委托协议书》。根据2017年东西部扶贫协作相关工作要求，为促进铜仁市万山区贫困劳动力转移就业，2017年9月，苏州高新区人力资源和社会保障局与铜仁市万山区就业局决定建立完善劳务输出精准对接机制，并达成协议：苏州高新区人力资源和社会保障局向铜仁市万山区就业局提供就业援助和职业技能培训方案；铜仁市万山区就业局对有就业愿望的援助对象开展职业技能培训，提升其技能水平，苏州高新区人力资源和社会保障局在培训方面给予相应援助；苏州高新区人力资源和社会保障局向铜仁市万山区就业局提供企业招聘信息，负责接收铜仁市万山区赴苏就业人员，并做好职业介绍工作；苏州高新区人力资源和社会保障局对有就业愿望的援助对象实施职业指导和就业。

2. 组织万山贫困劳动力到苏州就业

2017以来，按照苏州高新区东西部扶贫协作工作的总体部署，苏州高新区人社部门认真领

会精神，提高思想认识，加强组织领导，深入推进劳务协作工作的开展。

第一，举行招聘会，引进万山劳动力。2017年11月1日至3日，苏州高新区组织毅嘉电子和佳世达电通赴贵州铜仁参加苏州市和铜仁市举办的对口招聘会和校企合作座谈会。

2017年11月28日，苏州高新区人力资源和社会保障局在铜仁市万山区体育馆举办扶贫协作劳动力招聘专场，万山区委常委、副区长杨亮，副区长刘祖辉，苏州市虎丘区人大常委会副主任蒋国良出席活动并讲话，苏州高新区发改局、人社局及万山区人社局相关领导，两地企业和当地求职者共800多人参加了此次招聘会。

此次招聘会，苏州高新区人社部门精心挑选了15家区内企业前往万山区，共提供就业岗位6500多个，涵盖制造业、商贸业、家庭服务业等方面，薪资水平普遍在5000元左右。招聘会当天，与苏州企业达成就业意向的求职者共85人。万山区人社局局长袁再忠与苏州高新区人社局副局长吴琦代表两地人社部门正式签订了劳务合作协议。

2018年2月25日，苏州高新区与铜仁市万山区合作的第二场招聘会举办。苏州、铜仁两地企业代表，万山区有关部门、乡镇街道办事处干部职工，高校毕业生，易地扶贫搬迁劳动力、建档立卡贫困劳动力、返乡农民工与就业困难人员等参加了此次招聘会开幕式。此次招聘会由苏州高新区管委会、铜仁市万山区人民政府主办，苏州高新区人社局和万山区人社局承办，共组织参会企业39家，提供普工、月嫂、仓管员等共计近万个就业岗位，共吸引千余名贫困劳动力参加，招聘会上各企业共收到求职简历463份，242人与苏州高新区达成就业意向，221人与万山区企业达成就业意向。此次招聘会的盛大召开，是苏州高新区和铜仁市万山区协作工作的第二次积极探索和有效交流。

2019年1月，苏州高新区与铜仁万山区扶贫协作招聘会现场

第一章 全方位深度合作

2019年1月29日，苏州高新区与铜仁万山区扶贫协作第三场招聘会在铜仁体育馆盛大举行。万山区委常委、万山区常务副区长丁廷坤携万山区人社局相关负责同志以及苏、万两地企业代表出席会议并作重要讲话。

本次招聘会，苏州高新区共计30余家企业参与招聘，针对万山区未就业群众，集中推出普工、家政、月嫂等共计6000余个就业岗位，就业人群覆盖农村贫困劳动力、易地扶贫搬迁群众、返乡农民工等。万山区各乡镇街道共有千余名贫困劳动力参加招聘会，各企业共收到求职简历455份，37人与苏州高新区企业达成就业意向，418人与万山区企业达成就业意向。

此次招聘会是苏州高新区和铜仁万山区劳务协作的第三次积极探索和有效交流。2019年，苏州高新区首次探索通过政府购买服务方式，引入第三方人力资源公司进村入户，提前到贫困户家中面对面、一对一宣传东西部劳务协作政策，提前推介岗位要求、工作环境、薪酬待遇，让有外出务工意愿的贫困劳动力做到心中有数。以上举措使得这次招聘会较往年更具有针对性和目的性，从而提升了转移就业率。

2019年2月28日，万山区首次集中组织输送47名贫困劳动力到苏州高新区就业。万山区人社局积极探索"政府引导、市场运作"工作模式，首次通过社会化购买服务方式，通过第三方人力资源公司乡级劳务工作站、村级劳务合作社网络等各种渠道充分发动宣传，收集农村建档立卡贫困户和易地扶贫搬迁家庭劳动力外出务工意愿，最终成功组织47名贫困劳动力到苏州高新区就业。

2019年4月23日，为深入贯彻落实全国东西部扶贫协作和中央定点扶贫工作推进会与铜仁市东西部扶贫协作推进会会议精神，深入推进苏州高新区与铜仁市万山区劳务协作，共同发展，苏州高新区与铜仁市万山区东西部劳务协作座谈会在万山召开。

2019年4月，苏州高新区与铜仁市万山区东西部劳务协作座谈会在万山召开

座谈会前，为做好两地之间的人力资源合作，加大对万山区贫困劳动力的技能培训，促进万山区贫困劳动力就业技能提升和转移就业致富，苏州高新区人社局与万山区人社局签订了《苏州高新区与铜仁市万山区劳务合作协议书》《2019年度东西部劳务协作职业技能培训合作协议书》。

座谈会上，双方就劳务协作、"送教上门"二次培训、人力资源市场建设及人社系统干部培训等进行了深入交流，并在多方面达成了共识。双方表示，要以此次座谈为契机，深入对接，积极落实相关合作内容。一是进一步健全交流对接机制，精准对接输出对象，开展"二次培训"送教上门，进一步加强务工人员就业服务工作，切实保障外出务工人员合法权益，确保赴苏务工人员稳定就业。二是加大资源共享，深入交流合作，推进万山区人力资源市场建设，为今后的劳务输出工作开辟新思路。

2020年1月17日，由苏州高新区人社局和铜仁市万山区人社局联合举办的2020年东西部扶贫协作专场招聘会在铜仁市万山区旺家花园人力资源市场举行。

招聘会现场设置政策咨询台，相关政府部门为前来参加招聘会的人员提供就业创业政策咨询、报名、职业指导等服务，共发放就业创业政策宣传资料800余份。通过多方合作齐协力，多举措搭建平台，此次招聘会取得了圆满成功。

此次招聘会共有26家企业参加，提供招聘岗位2000个，涉及家政、保安、电工等83个工种，其中苏州高新区14家企业提供岗位849个。进场求职的劳动者有800余人，有160余人现场与用人单位达成初步就业意向，其中有意向赴苏人员103人。

2020年2月，苏州高新区和铜仁市万山区深入贯彻中央、省市"一手抓防疫、一手抓脱贫"的指示精神，结合两地复工复产的发展需求，开展劳务输出协调对接，为铜仁市万山区务工人员提供稳定优越的就业平台。为减少路途感染风险，两地政府开通专列、包车等形式护送赴苏人员平安抵达工作地。铜仁市万山区就业部门为确保就业安全，还对每一位赴苏务工人员进行了健康体检和CT检查。铜仁市万山区2020年"抗疫保畅"赴苏州务工的首批54人、第二批83人、第三批83人，分别于2020年2月23日、2月27日、3月5日到达苏州高新区复工就业。

2020年年初，突如其来的疫情未能阻挡东西部劳务协作脚步，苏州高新区和铜仁市万山区人社部门准确摸排建档立卡的万山籍劳动力岗位需求，通过专列、专车等方式直接输送至苏州高新区企业就业。苏州高新区出台的《高新区管委会（区政府）关于新冠肺炎防控期间支持企业复产用工的通知》，明确了引进铜仁市万山区建档立卡贫困人员在苏州高新区成功入职的奖励办法。同时，根据疫情防控要求，苏州高新区开辟集中临时集宿点，为入厂前的万山籍劳动力提供免费食宿和体检服务，由专人负责管理，确保来区人员能顺利上岗就业。2020年共组织6批次近300人，分别在毅嘉电子、华旃航天器、莱克电子和阿特斯阳光电子等区内重点企业就业，为苏州高新区区内企业尽快复工复产提供了有力保障。

2020年2月23日，首批搭乘专列的万山籍赴苏州高新区务工人员安全抵达现场

2020年2月27日，万山籍人员搭乘包车赴苏州高新区务工的发车现场

2020年7月27日，苏州高新区与铜仁市万山区举办扶贫协作专场招聘会。此次招聘会现场招聘企业主要是铜仁市万山区区内企业和苏州高新区区内企业，提供招聘岗位150余个，现场有46人填写了简历，达成就业意向16人，通过企业面试，最终确定于7月29日输送9名贫困劳动力前往苏州高新区就业。

第二，建立劳务工作站。2018年5月8日，"苏州高新区·铜仁万山区劳务协作工作站"签约暨揭牌仪式在万山产业园举行，苏州高新区党工委委员、管委会副主任高晓东，万山区委常委、万山区常务副区长丁廷坤出席仪式，万山区委常委、副区长杨亮主持揭牌仪式。高晓东在致辞中表示，劳务协作工作站的成立，既是推进苏州高新区与万山区两地劳务协作的一项重

2018年5月,"苏州高新区·铜仁万山区劳务协作工作站"签约暨揭牌仪式

要举措,也是落实国家和省、市对口帮扶工作要求的实际行动。苏州高新区人社部门要充分发挥劳务协作站的纽带、桥梁作用,有效整合资源,加强对辖区内企业用工情况的监测,让求职者方向明,用人单位底数清;加强技能提升,组织优质社会培训机构赴万山区开展精准技能培训和家庭服务业培训,积极探索校企合作、校校合作、定向培训等培养模式;营造良好环境,优化对苏州高新区内新苏州人的全方位服务,让万山人从生产到生活都爱上苏州高新区,融入苏州高新区。

在揭牌仪式上,苏州高新区人社局与万山区人社局还签订了《互建劳务协作工作站协议书》,以进一步贯彻落实好国务院关于东西部劳务协作工作部署,推进苏州高新区、铜仁万山区劳务协作工作落到实处,紧密结合铜仁市万山区当地发展需求,促进铜仁市万山区贫困劳动力转移就业,积极输送铜仁籍贫困劳动力到苏州就业。

2018年5月28日,铜仁市万山区驻苏州高新区劳务协作工作站揭牌仪式在苏州高新区人才广场七楼会议室举行。铜仁市万山区人社局副局长赵军,苏州高新区人社局局长蒋建清、副局长吴琦等出席揭牌仪式。揭牌仪式上,铜仁市万山区、苏州高新区两地代表分别致辞,并就两地劳务协作工作进行深入交流。赵军、蒋建清为劳务协作工作站揭牌。赵军对工作站专职工作人员提出了四点要求。一是加强学。努力学习东西部劳务协作的相关知识背景,熟悉劳务输出就业培训政策,掌握就业服务工作本领,尽快进入工作角色。二是牢记使命。明晰工作站工作职责和服务内容,把工作责任铭记于心,牢记为民服务工作使命。三是服从管理。严格遵守工作制度、劳动纪律和作息时间,服从苏州高新区人社局的工作安排。四是主动作为。创造性开展工作,积极进取,踏实苦干,为稳步推进工作站工作水平上新台阶建言献策,贡献力量。

铜仁市万山区驻苏州高新区劳务协作工作站的建立,是为了精准、扎实、有效地推进对口帮扶工作，既是深化两地人社领域合作的一项新举措，更是两地提升东西部扶贫协作工作水平的一个新的沟通平台，旨在协调推进苏州高新区与铜仁万山区的扶贫协作，促使两地共同构建起新型长期劳务合作关系，发挥各自优势，加强沟通，紧密合作，大力推动万山贫困劳动力实现转移就业增收脱贫，助力经济发展。

2020年6月23日，苏州高新区"铜仁·万山之家"揭牌，主要目的是搭建用人、育人、留人载体，提高两地协作的针对性和精准度。铜仁市万山区委副书记、区长张吉刚，苏州高新区领导高晓东等参加活动。

为了让铜仁市万山籍员工爱上苏州高新区、融入苏州高新区，扎根苏州高新区，两地携手在华旃航天电器有限公司、金管家职业培训学校成立了第一个"铜仁·万山之家"工作室，主要目的是搭建用人、育人、留人载体，及时了解和解决大家生产生活中的困难，提高两地协作的针对性和精准度。

2020年6月23日，苏州高新区"铜仁·万山之家"揭牌

3. 就近就业，开设微工厂

由于易地扶贫搬迁政策，万山区很多村民在搬出来后将面临就业问题。苏州高新区领导想方设法帮助万山区贫困百姓解决就业问题，除了将万山区老百姓组织到苏州就业之外，另一个办法就是帮助不愿外出工作的百姓在当地就业——开设微工厂。微工厂的地点设在易地扶贫搬迁的安置点附近。微工厂也称为劳动密集型小企业，

万山区工人在苏州高新区援建的微工厂做刺绣

如制鞋厂、制衣厂、苗绣厂等，这些小企业的规模虽然不是很大，但也足够容纳至少一两百人就业。

苏州高新区利用资金援助的方式，帮助当地建设这些微工厂，并且通过苏州高新区人社局组织了大量的技能培训。例如，在万山区的一个安置点附近开设了一个专门制作苗绣的工厂，苏州高新区组织数位苏绣大师为当地老百姓做培训，并邀请其中出色的技术工人到苏绣小镇学习。经过培训，一部分贫困妇女的就业问题得到了解决，她们只需在家里制作绣品，做好后会有人回购。当地老百姓以此方式获得了经济来源，就业和生活问题得以解决。

2019年7月7日，由中央网信办传播局主办，铜仁市委宣传部、万山区委宣传部承办的"决胜脱贫攻坚·决胜全面小康"看贵州网络主题宣传活动，吸引了中央、省、市10余家网络主流媒体记者走进万山区丹都街道旺家社区扶贫微工厂，实地了解万山区在易地扶贫搬迁后的经验和做法。

2019年7月7日，媒体记者在万山区考察苏州高新区援助的社区微工厂

旺家花园跨区域搬迁安置点是2017年和2018年跨区域搬迁安置点，主要承接来自思南、印江、石阡三个地方的跨区县搬迁群众，现已搬迁群众4232户18379人，并先后引进多家微企入驻。在引进的同时，万山区给予企业必要性装修，实行前3个月免租金的优惠政策，并免费开设技能培训班，加强就业政策扶持，同时强化东西部扶贫资金帮扶，帮助企业扩大生产规模，满足更多的搬迁群众实现就近就业。

光明网、中国新闻网、中国台湾网、海外网、新华网贵州频道、国际在线、贵州广播电视台、贵州日报当代融媒体、多彩贵州网等媒体的记者们深入万山区旺家社区进行文字、图片、视频采访拍摄，并在各自的媒体平台发文予以高度评价。

4. 开设"订单班"，建立实训基地

一是开设劳务协作贫困学生苏州企业"订单班"。劳务协作以"输出"和"培养"相结合,促进在外就业和就近就业相结合,鼓励更多的企业家返乡创业,带动更多的贫困人口就业脱贫。苏州高新区与铜仁市万山区人社、教育系统深入对接,促成苏州企业与贵州健康职业学院、铜仁交通学校合作,采取产教融合"2+1"人才培养模式,向贫困学生倾斜,开办轨道交通、厨师、中药学等专业订单班5个,现已招收141名贫困学生,订单班学生第三年将到苏州合作的企业实习,接受现场教学,提升就业技能,学生毕业后可根据意愿留在企业工作。以上举措大大提升了促进贫困人口就业的组织化程度。

万山区贫困学生在"订单班"上课

二是建立人才输出基地。2018年5月8日,苏州高新区第21家技能人才输出基地落户贵州健康职业学院。苏州高新区管委会副主任高晓东、高新区人社局负责人以及铜仁市万山区副区长杨亮、扶贫办副主任徐文清、贵州健康职业学院院长吴国才等参加了基地揭牌仪式,高晓东和吴国才共同为基地揭牌。贵州健康职业学院作为贵州省委省政府、铜仁市委市政府重点支持建设的高等职业院校,在养老护理等专业上实力雄厚。在贵州健康职业学院成立苏州高新区技能人才培养输出基地,既是搭建两地技能人才平台,形成通畅流动机制的重要举措,也是提升对口帮扶劳务协作针对性和精准度的有效途径。

2018年5月8日,苏州高新区技能人才培养输出基地揭牌仪式在贵州健康职业学院举行

2019年6月2日，铜仁市交通学校汽修、电子商务、计算机等专业的157名学生整装待发，陆续登车，分别前往贵州鑫洪英智能科技有限公司、苏州住电装有限公司、苏州远洋数据股份有限公司进行为期6个月的顶岗实习。出发前，丁鹏教官带领同学们在国旗下集合，齐声唱响歌曲《再见》，同学们嘹亮的歌声中充满了对学校、老师及教官的不舍。铜仁市交通学校招就处、专业部长、各班主任及教官到现场为同学们送行，并给他们送上美好的祝福和殷切的期望。学校对顶岗实习工作高度重视，招就处、学生处、教务处等职能部门做了大量细致的前期工作，通过召开专题会议研究制定实习计划，举办各类岗前培训提升职业技能和安全防范意识，为学生顶岗实习铺平了道路，奠定了坚实的基础工作。

苏州高新区与铜仁市万山区深入开展多领域的扶贫协作，始终坚持以提升师资队伍建设水平、加强教科研能力建设、提升教育管理水平和提高教育质量为重点，在教育项目资金、教育人才交流、校企合作、校校合作等方面取得新的突破，有效促进两地教育优势资源的交流共享，助力万山区教育事业稳步提升。

5. 推进劳动力培训工作，助力脱贫攻坚

一是农村劳动力技能培训。对拟转移和已转移未稳定就业的农村青壮年劳动力开展技能提升培训，以制造业、建筑业、服务业、旅游业、电子商务等就业容量大的行业用工需求为重点开展培训。2017年6月20日，铜仁市交通学校与苏州铠盟教育投资有限公司签订《"轨道交通服务与管理"专业订单培养校企合作协议》，以培养熟练掌握城市轨道交通乘务、餐务、安检、站务、票务基本理论和实际操作技能，具有较强的服务、管理和灵活应变能力的高素质技能人才。

2017年10月至12月，苏州高新区开展对铜仁市万山区贫困农村劳动力专业化、规范化实用技术技能培训，培训对象为铜仁市万山区建档立卡贫困户中500名16周岁至60周岁劳动力，通过培训使每一个农村建档立卡贫困户家庭中的未就业劳动力有一技之长，努力实现"培训一人、就业一个、脱贫一户；创业一人、带动一片、激励一方"的目标，促进铜仁市万山区贫困劳动力到苏州高新区创业就业，推动铜仁市万山区经济更好、更快发展。

2018年5月18日，为积极响应苏州高新区管委会关于"全方位展开精准帮扶"的号召，苏州富纳艾尔科技有限公司与铜仁市交通学校签订战略合作备忘录，目标是促进提升铜仁及周边地区适龄青年的技术技能水平，并连接企业资源，实现专业对口就业，实现校、企、生三方共赢。

2018年9月4日至10日，万山区农牧科技局组织40名农业技术人员赴苏州参加为期7天的乡村振兴农业技术培训，学习苏州乡村振兴的好经验、新模式。此次培训在苏州干部学院举办，主要围绕"学习贯彻十九大精神，实施乡村振兴战略，深化农村改革发展"苏州现代化农业的实践与探索、"实施乡村振兴战略实现富民强村""铜仁市万山区脱贫致富的难点原因及对策"等内容进行专题讲座和交流研讨。此外，考察团还实地考察了现代农业园区代表村中荷村和电站村、"乡村振兴之生活富裕"典型示范地常熟市蒋巷村。以上专项考察学习，不仅帮助

考察团一行开阔了眼界，拓展了思维，还使他们更近距离触摸了苏州美丽乡村建设和发展，学习了苏州乡村振兴的新理念、新思维，对万山区乡村振兴起到了很好的助推作用。

二是加强就业服务。苏州高新区与铜仁市万山区两地人力资源和社会保障局牵头做好创业就业服务工作，针对不同家庭、不同劳动力需求，制定专项就业帮扶计划。组织开展形式多样的公共就业服务活动，搭建企业与贫困劳动力的用工平台。多渠道收集岗位信息，确保岗位储备数量大于贫困劳动力数量。加强就业人员后续跟踪服务，加大培训就业宣传推荐力度，促进稳定就业。

三是其他专业技术人才交流、培训。2018年9月17日至20日，铜仁市万山区组织本区优秀"锦绣女"赴苏州高新区考察、培训和学习，以推进万山区"锦绣计划"工作快速发展，强化手工艺骨干培训力度，积极培养扶持本土巧手创业带头人和技术骨干，进一步提高贫困妇女手工编织技能、女手艺人巧手产品研发和营销能力，精准帮助更多贫困妇女实现居家灵活就业、增收脱贫。

此次培训内容主要围绕苏绣的基本针法进行，包括滚针、斜绕针、套针、打籽针等针法的培训。苏州高新区刺绣老师为学员们耐心地讲解苏州刺绣的发展史及刺绣精神，同时结合现场教学，教学员们对照图案进行分解的方法和技巧，以及绣线颜色的搭配等。从简单的上绣架、分线、穿针开始，学员们认真学习，边练习边请教老师。培训结束时，每位学员都完成了一幅小作品，并进行学习心得交流；学员们还参观了镇湖苏绣装裱店、苏绣打印店、苏绣专卖店等，进一步了解苏绣作品的生产与销售。此次"锦绣女"培训交流学习，不仅提高了万山区"锦绣女"的刺绣技能，增强了万山区妇女群众的创业就业能力，同时还增强了两地妇女的友谊，进一步促进了东西部扶贫协作交流。

2018年9月，传授刺绣技艺 赋能万山妇女——苏州高新区妇联"锦绣计划"启动

苏州高新区人社局和铜仁市万山区人社局于2019年4月签订了《2019年度东西部劳务协作职业技能培训合作协议书》。2019年5月7日，万山区旺家花园41人的育婴员培训班参加了苏州高新区金管家职业培训学校为期两天的培训。课程内容专业、生动，并由万山籍在苏务工的学员以自己这一年来在苏州做家政服务的生活、工作经历现身说法，向万山区易地移民搬迁学员推荐家政服务岗位，打消本想外出务工妇女的顾虑。

2019年5月22日，苏州高新区对口协作文化旅游从业人员能力提升培训班在朱砂古镇悬崖酒店开班。培训会上，苏州高新区邀请的旅游行业专家与学者围绕"乡村振兴和文旅融合""新媒体传播在景区营销中的作用"授课，深入浅出地为参训人员讲解旅游产业发展的相关知识。参训人员纷纷表示受益匪浅。各乡镇（街道）文化站（办）负责人，各酒店、景区等旅游企业从业人员，区文旅局科技干部及各科室负责人以及朱砂古镇景区管委会共50余人参加此次培训。

2019年5月，苏州高新区举办对口协作文化旅游从业人员能力提升培训班

2020年6月8日，苏州高新区妇联到万山区开展对口帮扶工作，来自两地的妇联负责人、女企业家协会代表、苏绣大师等共话扶贫协作。

两地妇联负责人来到万山区玉昆职业培训学校开展苏绣培训现场教学，苏绣大师们耐心细致地指导，搬迁妇女们认真听讲，掌握刺绣本领。随后，大家还前往谢桥街道城南驿社区回访援建项目，认真听取社区干部关于妇女群众学技能、稳就业、促创业等工作情况的介绍。

在随后召开的座谈会上，两地妇联负责人签订了刺绣技术引进协议，苏州高新区妇联并向万山区妇联捐赠了"妇儿之家"及10000册图书。双方表示，两地将在原有联系的基础上，继续加强教育、培训、人才等方面的交流和信息沟通，协助万山易地搬迁妇女通过职业培训获得新发展，融入新环境，继续推动实施好《中国妇女儿童发展纲要》，督促落实好保障和改善妇女儿童生活的各项政策措施，着力营造妇女儿童发展的良好氛围。

（六）携手奔小康

苏州高新区对口帮扶铜仁市万山区以来，两区在携手奔小康上不断通过实践和探索，目前已取得了阶段性成果，两区基本实现了多方位结对全覆盖。苏州高新区浒墅关经济技术开发区、工委宣传部、教育局等17个部门与铜仁市万山区相关部门实现结对共建；苏州高新区36所中小学幼儿园与铜仁市万山区36所中小学幼儿园签订结对协议并开展了形式多样的教育结对活动，实现了与万山区乡镇中心以上学校结对共建全覆盖；苏州高新区12家医疗卫生机构与铜仁市万山区13家医疗卫生机构结对共建，实现了所有乡镇卫生院结对共建全覆盖；苏州高新区7个乡镇（街道）及4家国企与铜仁市万山区11个乡镇（街道）建立结对帮扶关系；苏州高新区企业、部门、村（社区）、社会组织与铜仁市万山区40个村（社区）建立了结对帮扶关系，实现了万山区所有贫困村结对全覆盖；同时，苏州高新区相关部门、企业等文明单位与铜仁市万山区550户2019年脱贫贫困户及98户脱贫监测户建立了结对帮扶关系。

1. 两区部门结对帮扶

表3　苏州高新区与铜仁市万山区部门结对帮扶表

结对时间	苏州高新区帮扶单位名称	铜仁万山区受帮扶单位名称
2018年1月5日	苏州高新区卫生监督所	铜仁市万山区卫生监督局
2018年3月12日	苏州高新区浒墅关经济技术开发区	贵州万山经济开发区
2018年3月12日	苏州高新区城乡发展局	铜仁市万山区农业农村局（原铜仁市万山区农牧科技局）
2018年7月25日	苏州高新区团委	铜仁市万山区团委
2018年7月25日	苏州高新区妇联	铜仁市万山区妇联
2018年7月25日	苏州高新区总工会	铜仁市万山区总工会
2018年9月4日	苏州高新区工委宣传部	铜仁市万山区委宣传部
2018年11月22日	苏州高新区科技局	铜仁市万山区农业农村局（原铜仁市万山区科学技术服务中心）
2018年12月5日	苏州高新区残联	铜仁市万山区残联
2019年3月26日	苏州高新区（虎丘区）文化体育和旅游局	铜仁市万山区文体广电旅游局
2019年5月14日	苏州市虎丘区人民法院	铜仁市万山区人民法院
2019年8月7日	苏州高新区市场监督管理局	铜仁市万山区市场监督管理局
2019年11月12日	苏州高新区工委统战部	铜仁市万山区委统战部 铜仁市万山区民族和宗教事务局
2020年1月7日	苏州高新区工委组织部	铜仁市万山区委组织部
2020年1月13日	苏州市虎丘区人大常委会	铜仁市万山区人大常委会
2020年3月	苏州高新区经济发展委员会	铜仁市万山区发展和改革局

续表

结对时间	苏州高新区帮扶单位名称	铜仁万山区受帮扶单位名称
2020年6月22日	苏州高新区税务局	铜仁市万山区税务局
2020年6月22日	苏州高新区民政局	铜仁市万山区民政局
2020年6月22日	苏州高新区城管局	铜仁市万山区城管局

2018年，苏州高新区总工会向万山区总工会累计捐赠资金，用于走访区内困难群众、帮扶困难职工等。

2019年6月24日，苏州高新区总工会一行赴万山区就两地东西部扶贫协作工会工作开展情况进行交流考察，并组织召开座谈会，两区总工会、劳模先进代表参加座谈会。座谈会上，万山区总工会首先对苏州高新区总工会、劳模先进代表一行的到来表示热烈欢迎，并介绍了万山区经济发展情况及东西部协作工作开展情况。随后，两区劳模先进代表还结合各自工作岗位和生活经历畅谈了所思所想。大家纷纷表示，作为劳动模范，要继续在各自的工作岗位上兢兢业业、脚踏实地，发挥劳模的先锋模范作用，为家乡的发展做出自己应有的贡献。

通过东西部扶贫协作对口帮扶平台，苏州高新区与万山区在人才、教育、劳务输出等6大板块开展了全方面、有深度的系列帮扶措施，两地建立了浓浓的帮扶情谊。在万山区做好易地扶贫搬迁妇女创业就业"后半篇文章"上，广大的苏州妇女同胞为万山区易地扶贫搬迁妇女送来了量身打造的"刺绣计划"，并按照"请进来、走出去"的工作思路，为万山区易地扶贫搬迁妇女免费提供刺绣培训，在社区成立"巾帼锦绣坊"微工厂，让易地扶贫搬迁的妇女不仅学到一门手艺，也获得了在家门口就业的机会。

2019年6月24日，苏州高新区总工会一行调研万山区

2019年7月，苏州刺绣大师张黎星、钱晓丽赴万山指导绣娘刺绣技艺

2019年7月21日，苏州高新区妇联对口帮扶铜仁万山区妇联捐赠仪式举行，来自两地的妇联负责人、女企业家协会代表、苏绣大师及万山各乡镇（街道）妇联负责人等参加此次捐赠仪式。捐赠仪式上，苏（州）、万（山）两区妇联主要负责人签订了刺绣技术引进协议；同时，苏州高新区女企业家协会向万山区妇联捐赠了"一起·看"公益书屋及部分图书。随后，参观了旺家社区巾帼锦绣坊，并开展了苏绣培训现场教学。苏绣大师们耐心细致地指导，易地扶贫搬迁妇女们认真听讲，掌握刺绣本领。此次捐赠为万山区更多易地扶贫搬迁妇女实现就近创业就业打下了坚实的基础，实现了易地扶贫搬迁妇女搬得出、稳得住、可发展、能致富。

2020年7月12日，苏州高新区妇计中心到铜仁市万山区妇计中心开展妇幼保健指导、技术交流、培训等相关工作。铜仁市万山区妇计中心负责人介绍了万山区妇计中心的基本情况和业务工作开展情况，同时对苏州高新区妇计中心的长期帮扶表示热烈欢迎和最诚挚的敬意。随后，苏州高新区妇计中心负责人向大家详细讲解了苏州高新区近两年的发展，辖区公立医院建设，孕产妇、新生儿项目管理，以及家庭医生签约服务等情况；针对国家健康扶贫政策，讲述了"两癌"筛查相关管理知识。对应科室工作人员与对口帮扶专家还进行了交流沟通。

2020年8月4日，苏州高新区工委宣传部一行到铜仁市万山区进行考察，就融媒体中心建设和新时代文明实践工作开展情况进行交流学习。在万山区融媒体中心，考察团一行通过听取介绍、实地参观等形式，深入了解指挥中心、编辑工作、演播制作及采编播平台建设情况，并对融媒体中心的改革融合工作给予了高度赞许。考察团对万山区新时代文明实践中心试点建设工作给予高度评价，一致认为，万山区在探索新时代文明实践中心建设工作中，充分整合资源，高标准建好、建优新时代文明实践阵地，严要求做真、做实新时代文明实践工作。考察团表示，希望双方能够进一步加强沟通交流、取长补短，真正让文明实践工作"活"起来，让文明实践精神"动"起来,打通宣传群众、教育群众、关心群众、服务群众的"最后一千米",让新时代文明实践中心成为群众"看得见、听得懂、接地气、有认同、愿参与"的精神文化家园。

2. 乡镇、村村(社区)、村企等结对帮扶

表4　苏州高新区与铜仁市万山区乡镇、街道、社区等结对帮扶表

结对时间	苏州高新区帮扶单位	铜仁市万山区受帮扶单位
2017年11月1日	阳山街道	鱼塘乡
2017年11月1日	浒墅关镇	大坪乡
2017年10月9日	镇湖街道	高楼坪乡
2017年11月28日	东渚镇	黄道乡
2017年11月28日	狮山横塘街道	敖寨乡
2017年11月28日	通安镇	下溪乡
2018年3月12日	枫桥街道	万山镇
2019年3月26日	苏高新文旅集团	丹都街道
2018年3月12日	苏州高新区经济发展集团总公司	仁山街道
2018年3月12日	苏州高新区高新技术产业股份有限公司	谢桥街道
2018年3月12日	苏州高新创业投资集团有限公司	茶店街道
2018年11月15日	苏州高新区城乡发展局	鱼塘乡新龙村
2018年11月15日	苏州高新区城管局	鱼塘乡高峰村
2019年5月27日	苏州高新区住建局(原苏州高新区交通局)	下溪乡报溪村
2018年11月29日	苏州高新区住建局	下溪乡青龙村
2018年10月26日	东渚镇龙惠社区	谢桥街道冲广坪社区
2018年3月12日	枫桥街道马浜社区	万山镇土坪社区
2017年11月17日	阳山街道浒墅人家社区	鱼塘乡江屯村
2017年11月17日	浒墅关镇青灯村	大坪乡清塘村
2017年10月20日	镇湖街道马山村	高楼坪乡龙田村
2017年11月17日	东渚镇长巷村	黄道乡马黄村
2017年11月17日	狮山横塘街道狮山社区	敖寨乡瓮背村
2017年11月17日	通安镇树山村	下溪乡官田村
2017年11月17日	苏州高新区经济发展集团总公司	丹都街道挞扒洞社区(原仁山街道挞扒洞社区)
2018年8月27日	苏州高新区高新技术产业股份有限公司	谢桥街道瓦屋坪村
2017年11月20日	苏州高新创业投资集团有限公司	茶店街道梅花村
2018年11月29日	苏高新文旅集团	茶店街道老屋场村
2018年11月29日	联讯仪器有限公司	谢桥街道龙门坳村
2019年5月24日	浒墅关经济开发区资产经营总公司	鱼塘乡金盆村
2018年11月29日	新浒物业管理有限公司	大坪乡地慢村

第一章　全方位深度合作

续表

结对时间	苏州高新区帮扶单位	铜仁市万山区受帮扶单位
2018年11月29日	镇湖集体资产经营公司	高楼坪乡赶场坝村
2018年11月29日	东渚市政服务有限公司	黄道乡白屋场村
2018年11月29日	狮山街道资产经营公司	敖寨乡两河口村
2018年11月29日	华通开发建设有限公司	下溪乡瓦田村
2018年11月29日	苏州高新有轨电车集团有限公司	下溪乡桂花村
2019年7月3日	苏州中设建设集团	黄道乡长坳村
2019年7月3日	苏州中设建设集团	黄道乡力坳村
2019年5月24日	苏州绿叶科技集团	茶店街道垢溪村
2019年5月24日	苏州绿叶科技集团	鱼塘乡云山村
2019年5月24日	苏州绿叶科技集团	大坪乡大冲村
2019年5月24日	苏州绿叶科技集团	大坪乡龙门村
2019年5月24日	苏州绿叶科技集团	大坪乡瓮岩村
2019年5月24日	苏州绿叶科技集团	高楼坪乡小湾村
2019年5月24日	苏州绿叶科技集团	黄道乡黄溪村
2019年5月24日	苏州绿叶科技集团	黄道乡锁溪村
2019年5月24日	苏州绿叶科技集团	敖寨乡洋世界村
2019年5月24日	苏州绿叶科技集团	下溪乡铁门村
2019年9月23日	苏州市高新区中小企业服务联盟	鱼塘乡登峰村
2019年9月23日	苏州市高新区中小企业服务联盟	大坪乡川硐村
2019年9月23日	苏州市高新区中小企业服务联盟	高楼坪乡羊尾舟村
2019年9月23日	苏州市高新区中小企业服务联盟	敖寨乡中华山村

结对帮扶工作要求结对乡镇、村（社区）村、村企之间必须强化交流互访，共谋扶贫协作大计。要切实加强对此项工作的组织领导，结合自身实际，深入开展携手奔小康行动，结对帮扶工作要向深度贫困村倾斜，切实提高帮扶工作的成效。建立工作协商沟通制度，各对接帮扶村（社区）村、村企之间要互通有无、取长补短，协商解决村级经济发展相关事宜。加强村集体经济合作。各对接帮扶村（社区）、国有企业要加强在村集体经济发展壮大、专业合作社发展、村民增收等方面的合作，充分发挥两地资源、资金、人才、技术、信息、产业等方面的优势，互通咨询，加强合作，共同提升村集体经济竞争力。

2019年6月17日，苏州高新区镇湖街道对口帮扶高楼坪乡捐赠仪式在高楼坪乡政府举行。万山区委常委、高楼坪乡党委书记杨清林出席捐赠仪式。

自开展结对帮扶以来，苏州高新区先后多次到高楼坪乡开展对口帮扶工作，惠及全乡建档立卡户220户729人，进一步巩固提升了高楼坪乡的脱贫攻坚成效。同时，"大带小、强帮弱"结对帮扶携手共谋经济发展的方式，以及在人才交流、资金支持、劳务协作等方面的大力支持，极大地促进了高楼坪乡社会经济的蓬勃发展，农村面貌日新月异，群众收入不断提升，百

2019年6月17日,苏州高新区镇湖街道对口帮扶高楼坪乡捐赠仪式在高楼坪乡政府举行

姓获得感、幸福感节节攀升。在此次捐赠仪式上,苏州高新区镇湖街道分别向高楼坪乡政府、高楼乡龙田村、高楼坪乡赶场坝村捐赠了帮扶资金。

为进一步加强大坪乡与苏州高新区浒墅关镇的交流协作,寻找互促互进契合点,2019年7月,铜仁市万山区大坪乡考察团一行来到浒墅关镇,围绕产业发展、乡村振兴、基层组织建设、文化旅游等方面开展考察活动。

2019年7月4日,大坪乡考察团一行在苏州高新区浒墅关镇考察交流

7月4日,在考察交流会上,苏州高新区浒墅关镇主要领导向考察团介绍了全镇社会经济各方面的发展情况,双方围绕老镇改造、乡村振兴、民生保障、产业转型升级、生态环境保护等内容进行探讨交流。大坪乡党委书记袁郡率考察团一行来到浒墅关镇为民服务中心、文创家

园、派出所、蚕里展示馆，详细了解浒墅关镇在公共服务、文化传承、党建工作等方面的先进做法，双方就两地的人文历史、群众文化及风俗等进行了互动交流。考察团一行来到胜利精密、绿叶集团、舍弗勒、爱丽思等企业，了解浒墅关镇企业发展、经济运行、招商引资等方面的情况，针对如何推介乡镇资源优势、引进高质产业、招揽创新型人才等内容进行了讨论。

次日，袁郡一行来到苏州高新区浒墅关镇农村片区，参观考察"三村一体"建设项目，仔细聆听了浒墅关镇特色田园乡村建设工作的情况介绍，双方就如何更新发展理念、创新工作机制、改善人居环境等进行了深入探讨。考察团一行来到苏州高新区规划展示馆、镇湖刺绣馆、西京湾，了解苏州高新区在整体规划、文化旅游以及居民的休闲娱乐等方面的发展思路，并就挖掘本地优势、传承非遗文化、生态环境保护等话题进行了深入交流。

苏州高新区浒墅关镇与铜仁万山区大坪乡自建立"一对一"结对帮扶以来，双方一直保持紧密联系。大坪乡位于贵州万山区西北部，辖12个行政村、205个村民组，户籍人口7817户、24756人。除资金支持以外，胜利精密赴万山捐赠100万元，绿叶集团捐赠50万元，兴业化工认购1000斤大米。2019年，浒墅关镇完成大坪乡帮扶资金10万元，清塘村帮扶资金5万元，地慢村帮扶资金3万元。此外，浒墅关镇商会、企业也积极与当地贫困户结对帮扶。同时，浒墅关镇建立帮扶领导协调小组，围绕扶产业、促旅游、支教育、助医疗、育人才、接劳务等工作重点，有力、有序、有效推进对口帮扶工作。

2019年7月19日，苏州科技城党工委委员、管委会副主任、东渚街道党工委书记叶剑伟一行赴万山开展考察交流活动，对接东西部扶贫协作工作并在黄道乡召开帮扶工作座谈会。

2019年7月19日，苏州高新区东渚街道代表团调研黄道乡丹阳村蔬菜大棚

考察组一行分别考察了黄道乡幼儿园、中心小学，丹阳村蔬菜大棚、香柚基地等项目，详细了解每个项目的发展现状及规划情况，并提出了宝贵建议。座谈会上，考察组听取黄道乡产业发展、东西部扶贫协作等工作的情况汇报，详细了解香柚等本地水果蔬菜的种植和销售等情

况，并对黄道乡脱贫攻坚工作所取得的成果表示了肯定。同时，考察组还看望了谢桥街道冲广坪社区的东渚街道援万挂职社区工作人员，了解他们的工作生活情况。

2019年7月，苏州高新区东渚街道与万山区黄道乡对口帮扶工作座谈会

2020年5月16日，苏州苏大信息科技有限公司与铜仁市万山区旺家社区签订交接仪式，标志着铜仁市首个易地扶贫搬迁社区"移动公共数字文化空间"正式落户旺家社区。该文化空间是苏州高新区对口帮扶铜仁市万山区易地扶贫搬迁安置点的标志性建设项目，是苏州、铜仁两地人民文化友谊的象征。

苏州高新区援建的铜仁市万山区旺家社区"移动公共数字文化空间"

旺家社区"移动公共数字文化空间"项目是苏州高新区慈善总会（基金会）捐资80万元建设的一个集公共文化、科技普及、数字体验等功能于一体的"互联网+公共服务"公共移动数字文化空间，是铜仁市第一个社区量身打造的科技教育载体。空间设置了亲子阅读、地方文化展示、儿童科普体验、数字文化体验、远程教学、公共志愿服务等多功能模块，旨在满足居民的各类文化阅读需求，普及科学知识，提升文化素养，将带给搬迁安置居民一种全新的文化知识获取体验。

2020年5月，苏州高新区住建局到铜仁市万山区下溪乡报溪村、青龙村开展东西部扶贫协作调研并举行捐赠仪式，下溪乡主要负责同志陪同调研。调研组一行先后来到报溪村大棚蔬菜基地、梅花鹿养殖基地和青龙村万兴禽业养殖鸡场，详细了解产业销路问题、利益联结机制及效益情况，对两村的脱贫成果和结对帮扶所取得的成效给予充分的肯定和认可，并指出，下溪乡要牢牢抓住和用好东西部扶贫协作这一历史性机遇，用好用活帮扶资金、帮扶项目，发挥利益最大化，努力实现两地合作共赢，有力助推脱贫攻坚成效巩固提升。

3. 文明单位与贫困户结对帮扶

2018年9月，苏州高新区与铜仁市万山区文明办签订了两区文明共建协议，苏州高新区文明委成员单位与万山区所有未脱贫的贫困户进行一对一全面结对。结对帮扶贫困户的单位积极开展各类走访慰问活动，针对性组织技能培训、医疗卫生、文化生活等活动，各类捐助以现金、学习用品、生活用品为主。同时，苏州高新区志愿者协会发起设立"文明高新·情暖万山"大型志愿服务项目，发布志愿服务信息，招募扶贫志愿者，组织开展系列对口扶贫志愿服务活动。

4. 学校结对帮扶

表5 苏州高新区与铜仁市万山区学校结对帮扶表

结对时间	苏州高新区帮扶单位名称	铜仁市万山区被帮扶单位名称
2018年4月3日	苏州实验中学	万山区民族中学
2017年11月28日	苏州外国语学校	铜仁市第八中学
2018年4月8日	苏州高新区第一初级中学	铜仁市万山区仁山学校
2018年4月8日	苏州高新区实验初级中学	铜仁市第六中学
2018年4月8日	苏州学府中学校	铜仁市第二十一中学（原名铜仁市万山区茶店中学）
2018年4月3日	苏州高新区第二中学	铜仁市万山区鱼塘侗族苗族乡初级中学
2018年3月30日	苏州高新区第五初级中学	铜仁市万山区大坪侗族土家族苗族乡初级中学
2018年4月2日	苏州市阳山实验学校	万山区高楼坪侗族乡民族中学
2019年4月22日	苏州高新区实验初级中学马运路校区	铜仁市万山区黄道中学
2019年4月24日	苏州高新区实验初级中学青城山路校区	铜仁市万山区敖寨中学
2019年4月24日	苏州高新区实验初级中学金山路校区	铜仁市万山区下溪中学
2019年12月2日	苏州高新区第一初级中学校	铜仁市第十七中学
2019年4月9日	苏州高新区实验小学	铜仁市第四小学
2019年4月24日	苏州高新区文星小学	铜仁市第二十二小学
2018年4月10日	苏州市枫桥中心小学	铜仁市万山区冲脚小学
2018年4月8日	苏州市浒墅关中心小学	铜仁第三十四小学（原名万山区茶店街道中心完全小学）

续表

结对时间	苏州高新区帮扶单位名称	铜仁市万山区被帮扶单位名称
2018年3月30日	苏州高新区狮山实验小学	万山区万山镇完全小学
2018年4月9日	苏州高新区东渚实验小学	万山区鱼塘侗族苗族乡民族中心完全小学
2018年4月9日	苏州高新区秦馀小学	万山区大坪侗族土家族苗族乡中心完全小学
2018年4月3日	苏州新区枫桥实验小学	万山区高楼坪侗族乡民族中心完全小学
2018年4月10日	苏州市阳山实验小学	万山区黄道侗族乡民族中心完全小学
2018年4月13日	苏州科技城实验小学	万山区敖寨侗族乡民族中心完全小学
2018年4月8日	苏州高新区通安中心小学	万山区下溪侗族乡民族中心完全小学
2019年12月2日	苏州高新区成大实验小学校	铜仁市第二十四小学
2018年4月8日	苏州高新区狮山中心幼儿园	铜仁市万山区第一幼儿园
2018年4月8日	苏州高新区阳山实验幼儿园	铜仁市万山区幼儿园
2019年4月22日	苏州高新区成大实验幼儿园	铜仁市万山区茶店幼儿园
2019年4月1日	苏州高新区通安实验幼儿园	铜仁市万山区鱼塘侗族苗族乡幼儿园
2019年4月24日	苏州高新区文星幼儿园	铜仁市万山区大坪幼儿园
2019年4月10日	苏州科技城实验幼儿园	铜仁市万山区高楼坪幼儿园
2019年4月24日	苏州高新区竹园幼儿园	铜仁市万山区黄道幼儿园
2019年4月22日	苏州高新区实验幼儿园	铜仁市万山区敖寨幼儿园
2019年4月22日	苏州高新区新升幼儿园	铜仁市万山区下溪幼儿园
2019年12月2日	苏州高新区镇湖实验小学校	铜仁市第二十八小学
2019年12月2日	苏州高新区星韵幼儿园	铜仁市万山区第三幼儿园
2019年12月2日	苏州高新区文昌实验幼儿园	铜仁市万山区第十二幼儿园

2019年4月24日，苏州高新区教育工委委员、教育局副局长张文一行14人赴万山开展结对帮扶交流工作，并召开乡镇中小学幼儿园结对共建全覆盖座谈签约会。万山区委常委、副区长杨亮出席座谈会并讲话。

同时，为增强对口帮扶的工作成效，在着力推动结对学校之间互访互助有效机制的同时，整合区内教育资源，在2018年结对20所中小学（幼儿园）的基础上，新增结对中小学（幼儿园）11所，有效地促进了两地教育优势资源的交流共享，助力万山区教育事业稳步提升。

2019年12月2日，铜仁市万山区教育局党组书记、局长孙蕾携万山区教育局、教研室、教师服务中心及部分新启用中小学、幼儿园主要负责人和相关负责人

2019年4月24日，苏州高新区与铜仁市万山区教育局签订教育结对协议

参加在苏州高新区举行的结对帮扶交流座谈会。会上，铜仁市第十七中学等5所9月新启用的万山区学校在两地教育系统主要领导的见证下，与苏州高新区中小学（幼儿园）签订结对帮扶协议。至此，铜仁市万山区36所中小学、幼儿园已全部与苏州高新区中小学、幼儿园建立结对帮扶关系，实现了对口帮扶全覆盖。

2019年12月2日，苏州高新区与铜仁市万山区教育系统第三批结对签约仪式

5. 医疗系统结对帮扶

表6　苏州高新区与铜仁市万山区医疗系统结对帮扶表

结对时间	苏州高新区帮扶单位	铜仁市万山区受帮扶单位
2017年10月8日	苏州科技城医院	万山区人民医院
2018年10月20日	苏州市高新区人民医院	万山区中医院
2019年5月23日	苏州高新区疾控中心	万山区疾控中心
2019年5月28日	苏州高新区妇幼保健计划生育服务中心	万山区妇幼保健计划生育服务中心
2019年4月20日	枫桥街道社区卫生服务中心	万山镇社区卫生服务中心
2019年4月20日	浒墅关镇社区卫生服务中心	万山区大坪乡卫生院
2019年4月20日	通安镇卫生院	下溪乡卫生院
2019年4月20日	狮山街道社区卫生服务中心	敖寨乡卫生院
2019年4月20日	苏州科技城医院	谢桥街道办事处社区卫生服务中心
2019年4月20日	苏州科技城卫生服务中心	黄道乡卫生院
2019年4月20日	苏州西部生态城社区卫生服务中心	高楼坪乡卫生院
2019年4月20日	阳山街道社区卫生服务中心	鱼塘乡卫生院
2019年4月20日	横塘人民医院	茶店街道办事处社区卫生服务中心

6. 民主党派结对帮扶

2019年8月，农工党苏州高新区总支部赴铜仁市万山区开展帮扶结对活动，农工党苏州高新区总支部和万山区总支共建结对，并捐赠铜仁市第六中学3万多元的学习设备用品，同时资助万山区7名考取本一阶段的贫困家庭新生每人每年2000元生活补助，直到他们完成本科学业。

7. 苏州高新区与铜仁市万山区携手奔小康

自2013年苏州高新区与铜仁万山区结对帮扶以来，两地构建了完善的协作框架体系，以工匠精神筑实万山区脱贫小康路，深化组织领导、人才交流、资金项目、产业合作、劳务协作、携手奔小康等方面的合作。

2018年9月，经国务院扶贫办认定、贵州省人民政府批复，铜仁市万山区以零漏评、零错退，综合贫困发生率1.19%、群众认可度96.37%的优异成绩，实现贫困县整县出列。2018年11月初，在国务院扶贫办于广西河池举办的全国携手奔小康行动培训班上，苏州高新区与铜仁市万山区开展的东西协作工作作为全国携手奔小康行动经验典型做书面交流。

2019年底，万山区实现剩余贫困人口全面脱贫。2019年6月，国务院扶贫办在贵州省六盘水市举办全国东西部扶贫协作培训班，苏州高新区与铜仁市万山区携手共奔小康工作在培训班上做书面典型经验交流。2019年8月，国务院扶贫办在四川省宜宾市举办全国携手奔小康行动培训班，苏州高新区与铜仁市万山区开展的东西协做工作在会上做交流发言。2019年11月，国家发改委在苏州高新区举办全国消费扶贫市长论坛会，苏州高新区与铜仁市万山区"黔货进苏"助推消费扶贫入选全国消费扶贫经典案例。

（七）苏州高新区创新工作举措，形成可复制可推广的经验做法

自扶贫协作工作开展以来，苏州高新区与铜仁市万山区两地主动对接、紧密配合，围绕"优势互补、长期合作、精准聚焦、共建共赢"的思路，积极探索，发挥各自优势，不断创新扶贫协作新路子、新模式。

1. 创新实施"四个一"工作举措

"四个一"工作举措被《人民日报》社会版头条报道。两区结合实际，加强调研分析，深化劳务协作，创新实施"四个一"工作举措，有效提升劳务输出组织化程度，促进贫困人口外出就业和就近就业，真正实现一人就业全家脱贫目标。（1）健全一套工作机制。一是健全组织领导机制；二是完善合作协同机制。（2）建设一个输出平台。苏州高新区和铜仁市万山区两地人社局把携手共建人力资源市场作为解决易地扶贫搬迁家庭劳动力市场供需结构性矛盾的根本途径来抓。2019年7月，两地共建人力资源市场正式运营。（3）落实一揽子激励政策。一是落

实万山区东西部劳务输出补贴;二是兑现有组织的劳务输出补贴;三是完善援建项目与易地扶贫搬迁群众利益联结机制。(4)深化一批协作项目。一是积极深化实践校企(校)项目合作模式;二是开展订单式职业技能培训。通过创新实施"四个一"工作举措,两地人社局在提升贫困劳动力就业技能、推进贫困劳动力就业组织化程度上收到了明显成效。

2. "黔货进苏"助推消费扶贫

自结对帮扶特别是2018年以来,按照国务院办公厅印发的《关于深入开展消费扶贫助力打赢脱贫攻坚战的指导意见》要求,苏州高新区高度重视"黔货进苏"工作,主要领导多次专题调研考察万山区农业产业发展情况。铜仁市工作队万山区工作组也始终把"黔货进苏"工作作为东西部扶贫协作的一项重要工作来抓。近年来,万山区大力推进特色农业产业发展,大手笔创新电子商务产业发展,升级农产品上行渠道,通过搭建平台,不断开拓新思路、大胆尝试新模式,建立了线上线下全方位的"黔货进苏"销售渠道,让"苏铜专线"载着广大农民的农产品走向苏州等东部城市,推动万山区农业产业升级,助推建档立卡贫困户增收脱贫。2019年11月与2020年8月,"黔货进苏"助推消费扶贫入选全国消费扶贫经典案例。

3. 首创设立苏州高新区慈善基金会铜仁市万山区扶贫基金

2018年3月,苏州高新区党工委副书记、虎丘区区长吴新明考察万山期间,在两区高层联席会议上为苏州高新区慈善基金会铜仁市万山区扶贫基金揭牌。此项举措旨在引导和发动高新区商会、企业及企业家和爱心人士积极参与产业扶贫、就业扶贫和资金扶贫。该基金在"十三五"期间募集资金,用于支持铜仁市万山区扶贫事业发展,助推扶贫产业提升,资助助学、助困、助医、助老、助残等扶贫帮困项目。此外,积极鼓励有条件的民营企业通过设立扶贫慈善基金等方式参与脱贫攻坚。

4. 共建产业园区促进大型企业投资带动扶贫

2018年3月,万山经济开发区与苏州高新区浒墅关经济技术开发区签订了《共建产业园区框架协议》。随后,苏州高新区的苏高新集团、苏高新股份等公司领导多次到万山考察投资,推动三大国资项目落地。一方面,建设冷链基地,在万山投资建设"苏高新集团·食行生鲜供应链中心",打造武陵山片区"黔货出山"的集散地。另一方面,打造旅游新地标,在万山区投资重点建设牙溪村泰迪旅游综合体项目,打造西南首家泰迪农庄、铜仁旅游新地标。其三,在万山区建设"铜仁·苏州大厦",高标准、高起点打造铜仁地区带有苏式元素的精品旅游酒店,带动片区旅游发展。

两区通过共建产业园区,促进优势互补、实现互利共赢,协同完善产业转移合作共建机制,以建设万仁新能源汽车、九丰山地高效农业、万山朱砂工艺产业园等优势产业,推动共建园区建设取得新突破,现共建园区已落户东部企业8家,其中苏州企业3家。

5. 在苏州高新区设立万山区形象展示中心

该中心位于苏州高新区城际路 21 号汇融广场假日酒店，布展面积 470 ㎡，总投资 200 万元，年运营费 120 万元，苏州高新区和铜仁市万山区各承担一半费用，主要体现"展示"与"铜货出山"两大功能。展示中心紧扣万山区发展战略，以产业体系为核心，以文旅、农产为重点，以万山印象、携手共进为首尾，构建"千年丹都""产业升级""青山绿水""农商联动""共谋发展"五大版块，以契合知万山、看转型、享文旅、购特产、强协作的内在参观心理线索。运用展板、灯箱、射灯、发光字、立体字、多媒体流动播放屏、联动触摸屏等丰富的展示手段，将超高清信息发布系统、新型视觉互动体验系统等多媒体技术融入各项展示环节，全面展示了一个正在转型崛起的新万山形象，同时参观者在现场可通过扫描二维码直接采购万山的优质农产品，助推"铜货出山"。

6. 苏州高新区与铜仁市万山区签订文明共建协议

2018 年 9 月，苏州高新区和铜仁市万山区文明办签订了两区文明共建协议，苏州高新区文明委成员单位与万山区所有未脱贫的贫困村、贫困户进行一对一全面结对。结对帮扶贫困村的单位利用项目、资金、人才、技术、信息、市场等优势，帮助结对村发展特色产业等增收项目，实现优势互补、合作共赢目标。结对帮扶贫困户的单位建议多开展各类走访慰问活动，针对性组织技能培训、医疗卫生、文化生活等活动，各类捐助以现金、学习用品、生活用品为主，捐助现金每户每年不低于 1000 元。同时，苏州高新区志愿者协会发起设立"文明高新，情暖万山"大型志愿服务项目，发布志愿服务信息，招募扶贫志愿者，组织开展系列对口扶贫志愿服务活动。

7. 爱心企业与社会组织点对点精准扶贫

社会扶贫是政府、市场、社会新"三位一体"大扶贫格局中的重要一极，企业和社会组织是社会扶贫的重要力量。苏州高新区鼓励有条件的企业设立慈善基金，通过积极参与东西部扶贫协作助力万山区提升脱贫成效。据统计，苏州高新区已有 12 个企业与万山区 21 个贫困村建立了结对帮扶关系，点对点帮扶成效明显。自结对帮扶以来，铜仁市万山区获得苏州高新区社会各界爱心企业、组织、人士的各类捐赠物资、资金，这为万山区顺利通过国家第三方验收、巩固脱贫成果、提升脱贫成效做出了积极贡献。

8. 开设劳务协作贫困学生苏州企业"订单班"

劳务协作要以输出和培养相结合，促进在外就业和就近就业相结合，鼓励更多的企业家返乡创业，带动更多的贫困人口就业脱贫。两区人社、教育系统深入对接，促成苏州企业与贵州健康职业学院、铜仁市交通学校合作，采取产教融合"2+1"人才培养模式，向贫困学生倾斜，开办轨道交通、厨师、中药学等专业订单班 5 个，学生毕业后可根据意愿留在企业工作，从而大大提升了促进贫困人口就业的组织化程度。

9. 产业发展带动贫困残疾人口脱贫

2018 年，财政资金项目、社会帮扶资金项目和产业合作项目均倾向于带动残疾人口就业脱贫和利益联结脱贫，总计带动 178 名残疾人口脱贫，其中财政帮扶资金实施项目 16 个，又其中劳务协作项目 1 个，带动脱贫 1986 人，其中残疾贫困人口 120 人；社会帮扶资金实施项目 32 个，带动贫困人口脱贫 1800 人，其中残疾贫困人口脱贫 58 人。相关部门通过残疾人就业脱贫和利益联结脱贫有效促进了残疾人事业的健康发展。

10. 劳务协作促就业增收

通过劳务协作、就业培训和开展专场招聘会，促进贫困群众就业增收。苏州高新区与铜仁市万山区设立了劳务工作站，明确至少 1 名专人专职该项工作，苏州高新区与万山区签订劳务合作协议，委托万山区开展就业培训。苏州高新区多举措吸收万山籍工人到苏州高新区就业。2020 年，面对疫情特殊情况，苏州高新区和铜仁市万山区人社部门准确摸排建档立卡的万山籍劳动力岗位需求，通过专列、专车等方式直接将万山籍劳动力输送至苏州高新区企业就业。仅 2020 年上半年，铜仁市万山区就已经有数百人到苏州高新区就业，其中 260 名为建档立卡贫困群众，人均月工资 5000 元左右。这些劳动力到苏州高新区工作后，实现了一人就业全家脱贫。

11. 文旅开发合理打造旅游新地标

苏州高新区旅游产业集团有限公司一直致力于开发绿色文化旅游产业，先后多次到万山考察苏州高新区绿色文化旅游项目，通过实地考察和科学论证，最终确定在万山区投资重点打造万山牙溪村泰迪旅游综合体项目。该项目结合万山区自然生态资源和休闲农业特色，利用"苏州乐园"金字品牌、管理技术和人才输出，引入国际知名品牌"泰迪"，以打造西南首家泰迪农庄、铜仁旅游新地标为目标，建设集特色乡村庄园民宿、自然欢乐农场、快乐阳光牧场、侗族泰迪乐园等景观和休闲项目为一体的农旅休闲文化旅游项目。该项目于 2020 年 7 月正式开园，直接带动当地农户就业致富。

12. 学校医院结对创新合作新模式

苏州高新区与铜仁市万山区两地教育局签订帮扶框架协议，在此基础上苏州高新区 36 所学校与对方实现结对。同时，苏州科技城医院与万山区人民医院、苏州高新区疾控中心与万山区疾控中心、苏州高新区人民医院与万山区中医院苏州先后结成结对帮扶关系。两地强化在医疗、教育等方面协作互动。

第二章　从输血到造血

江苏省宿迁市泗阳县篇

一　泗阳县概况

江苏省泗阳县位于中国"十大新天府"之一的苏北平原，属长江三角洲地区，是淮海经济圈、长三角经济圈、沿运河城镇轴交叉辐射区。县域面积1418平方千米，是全国商品粮基地、优质棉基地和蚕桑基地，有"平原林海，世外桃源"之美誉。

泗阳县境内无山丘，一片平原，总的地势西高东低，属黄淮冲积平原，地面相对高程大多在12米至17米。主要河流有京杭大运河、六塘河、废黄河。全县境内大小河道有30多条，总长近700千米。中国大运河泗阳段（京杭大运河及古黄河遗产点）已入选世界文化遗产名录。境内气候温和，属北亚热带季风过渡性气候，光照充足，雨量充沛，无霜期较长。境内土壤分三个类型：潮土、砂礓土、黄棕壤土。潮土面积最大，分布最广，占当地总面积的80%左右。土壤质量较差，中、低产田面积较大。

泗阳是中国八大名酒之一洋河大曲的发源地，中国唯一的杨树之乡和中国洪泽湖青虾之乡。古今名片是"泗水古国""美酒之都""杨树之乡"。境内48%的森林覆盖率居全国平原地区第一。城区人均绿地面积达12.8平方米，每500米就有1个公园。泗阳建成区面积达51.37平方千米，城市化率提高到51.61%。

泗阳是全国著名的产粮大县、优质棉基地县、蚕桑基地县和重要的畜禽产品基地县。耕地面积有6.9万公顷，年产粮食76万吨（水稻、小麦、玉米）、蔬菜66万吨；日产优质食用菌300吨，是江苏最大的工厂化食用菌生产基地；桃树种植面积3.5万亩，年产桃果1500万公斤；年出栏生猪150万头、山羊87万只、肉牛3万头，奶牛存栏量1万头，蛋鸡饲养量320万羽、年产禽蛋6.5万吨；养殖水面26万亩，获批"中国洪泽湖·青虾之乡"称号，年产甲鱼、螃蟹、青虾、银鱼等绿色水产品8.5万吨。矿泉水资源分布广泛、储量丰富，酿造出中国八大名酒之一——洋河大曲。意大利杨树资源丰富。1972年，泗阳县在全国最早从意大利引进种植该树种，现有各类成片林60多万亩、林木1.2亿株，有全球唯一的杨树博物馆，是中国唯一的杨树之乡，并初步形成了杨树种植→木材加工→木地板→家具（厨柜）等终端产品较为完整的产业链条。蚕桑种植和丝绸生产历史悠久，专注于高品质绢丝系列产品及桑蚕丝家纺和服饰系列产品的苏丝品牌在国际市场上享有盛誉，被国际一线品牌作为主要绢丝原料供应商。①

泗阳县始终坚持稳中求进的工作总基调，全面落实"六个高质量""六增六强"发展要求，统筹做好各项工作，经济社会发展取得了新的进步。2018年，泗阳县实现GDP为479.22亿元，不变价同比增长6.9%，是全市的17.42%、全省的0.52%、全国的0.05%；全县人均GDP为56602元。泗阳县成功摘得"国家生态文明建设示范县"桂冠，跻身"全国文明城市"提名

---

① 数据引自泗阳县政府网（http://www.siyang.gov.cn/siyang/zrzy/wztt.shtml）。

城市行列，创成首批国家现代农业产业园、国家农村产业融合发展示范园，获评国家级标准化综合示范县，连续5届入选"中国百佳深呼吸小城"，为泗阳发展再添一批"国"字号荣誉。2018年，与中林集团、中集新材等一批央企、大型民企牵手合作，化纤产业垂直一体化家纺项目成功落户泗阳；成子河公路大桥获评"李春奖"，泗阳鲜桃创成国家地理标志产品，成子湖旅游度假区入选江苏省旅游重大项目库；新上榜"中国好人"1名、"江苏好人"4名，被列为江苏省新时代文明实践中心建设试点单位；率先在全省推行"2212"审批改革，被列为市级"不见面审批改革试点县"。

但泗阳县在发展过程中同时也存在一些问题。首先是历史和地理因素。泗阳县历史上处于黄泛区，是遭受自然灾害较多的地区；除了靠近洪泽湖的地区之外，其他区域优质自然资源较少；没有工业、特色手工业的基础；加之以前交通不便利，受经济发达地区辐射的影响较小，这些都造成当地经济欠发达，人民生活不富裕，且一遇自然灾害就会减产歉收，甚至给农民生命财产带来损失。缺乏资金、技术和市场信息不畅。贫困户家里没积蓄，信用社贷款难，使他们事业起步艰难，如兴办养殖业、扩大企业规模等，这些项目少则要投入万余元，多则几十万元。其次是缺乏科技指导。新品种植和特种养殖不仅投入多，对技术的要求也高。具体包括种养技术、病虫害防治技术，产品的保存、加工、运输等技术，这些技术，村民没有固定的渠道去获得，只能在实践中慢慢摸索。市场信息不畅，农民获得信息的渠道单一且速度慢，主要靠电视和电话，没有互联网。由于对新品种、新事物以及市场行情的了解滞后，农民不能及时根据市场来主动、超前地调整生产经营品种和规模，不能及时发现商机，容易吃市场变化的亏。

为打赢"十三五"脱贫攻坚战，在江苏省委驻泗阳县帮扶工作队的牵头协调下，苏州高新区与泗阳县形成挂钩帮扶以关系，努力通过"送项目、送岗位、送政策、送温暖"助脱贫，以开发造血为主、以帮扶输血为辅，对经济薄弱村实施分类扶持，并且建立健全体制机制，明确扶贫主体责任，最大限度凝聚脱贫攻坚合力，帮助泗阳县脱贫致富。

二 苏州高新区对口泗阳县帮扶背景和相关政策

（一）"五方挂钩"机制——开展定点帮扶

"五方挂钩"是江苏省实施脱贫攻坚工程探索创新出的帮扶工作机制，指省级机关、高等院校（科研院所）、大型国有企业、苏南经济相对发达的县（市、区）与苏北经济相对薄弱的县（区）挂钩帮扶。早在1995年，江苏省就建立了"五方挂钩"机制，在坚持省级财政投入为主体的基础上，组织省级机关部门、部省属企业、高校科研院所、苏南发达县市，与苏北经济薄弱村建立挂钩帮扶关系，开展"江苏模式"的定点扶贫。通过"五方挂钩"定点扶贫计划，大量曾经生活艰难的人们脱掉了贫困的帽子。

第二章　从输血到造血

江苏省确定了 12 个实施脱贫奔小康工程的重点县（区）：丰县、睢宁县、淮安区、淮阴区、涟水县、滨海县、响水县、灌南县、灌云县、泗洪县、泗阳县、沭阳县，并向每个县（区）派出省委帮扶工作队。在各个扶贫点上，帮扶工作都在积极行动。

2015 年底，江苏省委、省政府实施新一轮脱贫致富奔小康工程，要求深化挂钩帮扶机制，继续实行省直机关部门单位、苏南发达县（市、区）、省部属国有企业、高校科研院所与苏北经济薄弱县"五方挂钩"帮扶，加强 12 个重点县（区）的挂钩帮扶力量，发挥各方优势，强化帮扶举措，确保"一个不少、一户不落"地实现脱贫致富奔小康目标。省扶贫工作领导小组专门印发《关于做好新时期"五方挂钩"帮扶工作的意见》（苏扶〔2016〕3 号），明确规定参与"五方挂钩"帮扶的各单位要在切实做好到村到户精准扶贫、发挥优势开展专项扶贫、创新机制提高帮扶成效的基础上，不折不扣地完成出资任务。其中，省直机关部门单位每年不少于 20 万元，苏南县（市、区）每年不少于 500 万元，并纳入财政预算；省部属国有企业每年不少于 100 万元，高校科研院所每年不少于 10 万元，省级以上农业龙头企业和民营企业重在发挥企业优势给予挂钩县（区）大力支持。省扶贫工作领导小组每年对落实情况进行通报。"五方挂钩"单位认真按照党中央、国务院和江苏省委、省政府对扶贫工作的新部署、新要求，创新工作机制，拓展帮扶范围，加大帮扶力度。同时，采取措施进一步扩大、丰富"五方挂钩"帮扶机制内涵。

第一，在挂钩帮扶经济薄弱县的同时，向挂钩帮扶重点片区整体帮扶延伸。江苏省委、省政府将 6 个重点片区作为新一轮扶贫开发的主战场，实行整体帮扶、连片开发。为确保 6 个重点片区如期建成全面小康，江苏省委、省政府明确"五方挂钩"单位在继续做好苏北经济薄弱地区挂钩帮扶的基础上，由省四套班子办公厅和省发改委、省水利厅等 16 家省级综合部门担任牵头部门，省有关重点部门和市县为成员单位，建立片区帮扶联席会议制度，为 6 个重点片区制定帮扶规划，落实年度项目资金计划，推进实施重大关键扶贫项目。

第二，在选派扶贫队员驻村帮扶的同时，向组织机关企事业单位帮村、党员干部结对帮户延伸。紧扣精准扶贫工作要求，在继续派驻省委帮扶工作队的前提下，明确"五方挂钩"单位无论是否派驻队员，都要与所挂钩的经济薄弱村结对帮扶，机关党员干部全部与低收入农户结对帮扶，努力做到每个经济薄弱村都有 1 个"五方挂钩"单位帮扶，每个低收入农户都有党员干部或能人大户结对。"五方挂钩"单位所有处级以上干部每年定期到挂钩经济薄弱村定点调研，纾民情、解民困。

第三，在组织国有企业参与挂钩帮扶的同时，向民营企业和农业龙头企业共同参与延伸。在党政机关资源充分利用、财政投入前所未有的情况下，为加大社会扶贫力量，充分利用江苏民营企业数量多、实力强的优势，以"扶贫日"活动为契机，广泛组织动员民营企业参与扶贫。省扶贫工作领导小组制定出台开展村企挂钩的指导意见，落实扶贫捐赠税前扣除、税收减免、信贷支持、财政贴息、扶持资金倾斜等优惠政策，并向民企发出倡议，寄送报名表和有关政策文件，引导他们通过培育特色产业、发展公共事业、开展技能培训、吸纳就业、合作开发、救济救助、公益捐助等方式，帮助经济薄弱地区加快发展。全国知名民营企业苏宁云商集团加入"五方挂钩"帮扶工作序列。江苏省委、省政府组织受省表彰的100家优秀民营企业、30位民营企业家所在企业以及607家省级以上农业龙头企业,发挥带头作用,率先落实与经济薄弱村挂钩帮扶。

第四,在苏南县市挂钩帮扶的同时,向组织苏南发达乡村结对帮扶苏北经济薄弱乡村延伸。在南北市县对口合作、共建开发园区的基础上,将南北挂钩帮扶进一步向镇、村延伸,组织苏南发达镇(村)与苏北经济薄弱村实行结对帮扶,通过产业结构调整,将苏南地区的劳动密集型产业向苏北地区转移,把经济薄弱村的资源优势、劳动力优势与苏南发达镇村的项目、资金、人才、技术、信息等优势结合起来,实现优势互补,合作共赢。

(二)"五方挂钩"帮扶协调小组会议

2018年6月20日,泗阳县"五方挂钩"帮扶协调小组工作会议在泗阳县召开。江苏省科技厅厅长王秦、副厅长段雄,省扶贫办副主任朱子华、宿迁市委副书记宋乐伟及省"五方挂钩"帮扶协调小组成员,省委驻泗阳帮扶工作队全体队员和泗阳县主要领导及相关单位负责同志参加会议。江苏省科技厅副厅长段雄主持会议。

2018年6月,泗阳县"五方挂钩"帮扶协调小组工作会议现场

针对新一轮"五方挂钩"帮扶工作,王秦指出,要认真学习贯彻习近平总书记系列重要讲话精神及省委、省政府的决策部署,紧抓不放,带着责任、带着感情,继续围绕重点片区、经济薄弱村、低收入农户,加大投入力度,创新工作机制,实施精准扶贫,确保按时实现"一个不少、一户不落"的脱贫目标,努力走出新形势下精准扶贫的一条新路子。一是坚持扶贫攻坚与全局工作相结合,走统筹扶贫的路子。坚持统筹兼顾,在深入实施创新驱动发展战略中加快扶贫攻坚,在推进科技创新工程中带动扶贫攻坚,引导科技、教育、人才、资金等各类创新资源向贫困地区倾斜和布局,积极创新扶贫工作理念,努力走出一条具有地方特色的减贫之路。

二是坚持连片开发与分类扶持相结合，走精准扶贫的路子。坚持全面推进和重点突破相结合，深入推进精准帮扶"135"行动计划，系统精准制定脱贫计划和方案，把改善发展条件、增强发展能力的工作做细、做实、做足，真正实现对贫困人口的精细化管理，对扶贫资源的精确化配置，对贫困农户的精准性扶持。三是坚持行政推动与市场驱动相结合，走开放扶贫的路子。既要坚持政府主导、行政力量有效推动，也要注重发挥市场配置资源的决定性作用，更多地运用市场手段安排扶贫项目和资金，促进各类资源要素向贫困地区流动，同时建立扶贫项目和资金竞争立项机制，不断激发贫困地区的内生动力和活力。四是坚持各方帮扶与自力更生相结合，走"造血"扶贫的路子。既要坚持做好"输血"工作，在"五方挂钩"帮扶中充分释放叠加放大效应，在积极借助各方面资源中充分拓展和挖掘社会扶贫的空间与潜力，更要重视做好"造血"工作，在理清发展思路、培育主导产业、提升基础条件、抓好服务保障等方面展示作为，帮助贫困地区进一步提升发展内生动力，实现由贫穷变富裕。

三 苏州高新区对口帮扶泗阳县的举措和成效

（一）智力帮扶

1. 苏州高新区与泗阳县结对帮扶

自江苏省委、省政府提出实施区域共同发展战略、加强南北挂钩合作方针以来，苏州高新区与泗阳县两地交往日益频繁，双方党政领导多次组团互访交流、深化合作，建立了深厚感情，打造了苏州高新区支持泗阳产业发展的生动案例和"五方挂钩"单位帮扶泗阳的典型范例。"挂钩帮扶"，是苏州高新区加大帮扶力度的务实举措，对加强挂钩帮扶工作产生了积极影响。

2008年1月8日，在江苏省委驻泗阳县帮扶工作队的牵头协调下，为加强两地经济往来和人员合作，实现优势互补、南北共赢，苏州高新区与泗阳县5个省定重点经济薄弱村就挂钩帮扶事项达成一致，双方签订村企帮扶协议。

作为江苏省委驻泗阳县帮扶工作队的后方单位，苏州高新区下属的浒墅关经济开发区资产经营总公司、苏州高新区通安镇华通公司、苏州高新区狮山街道资产经营总公司、苏州高新区新浒投资总公司、苏州高新区枫桥投资总公司分别与泗阳县庄圩乡、八集乡、卢集镇、临河镇、南刘集乡签订村企挂钩帮扶项目协议。

2013年3月20日，苏州高新区管委会党工委委员、副主任、浒墅关经济开发区主任蒋国良带领相关部门和企业家代表赴泗阳县开展村企挂钩帮扶活动。泗阳县委副书记、江苏省委驻泗阳县帮扶工作队队长邱泽森，副县长、泗阳现代农业产业园党工委书记刘娟，泗阳县政府党组成员、江苏省委驻泗阳县帮扶工作队副队长孙学勤陪同。蒋国良代表苏州高新区管委会向江苏省委驻泗阳县帮扶工作队捐赠80万元帮扶资金，苏州高新区的6家企业与泗阳县的6个乡镇分别签署挂钩帮扶协议书。

2013年6月20日，苏州高新区"村村挂钩"帮扶项目签约暨捐款仪式在泗阳县裴圩镇举行。苏州高新区横塘街道青春社区、枫桥街道津桥村、狮山街道落星村分别与泗阳县裴圩镇东高居委会、单庄居委会、陶万村委会达成2013年"村村挂钩"帮扶协议并签约，且分别向3个经济薄弱村捐款8万元。

2014年3月6日，苏州高新区与泗阳县村企挂钩帮扶项目签约暨捐款仪式在泗阳县举行。苏州高新区党工委委员、管委会副主任蒋国良，苏州盐城沿海合作开发区党工委副书记、纪委书记郦思基及苏州高新区相关部门和企业负责人，泗阳县委副书记刘立新，江苏省委驻泗阳县帮扶工作队队长周恒新，副队长校登楼、陆惜春、周根表，泗阳县委农工办（扶贫办）及卢集镇、高渡镇、穿城镇、里仁乡、王集镇、张家圩镇等单位负责同志参加仪式。

2014年7月10日，苏州高新区农村发展局副局长叶枫一行8人赴泗阳开展"村村结对"帮扶工作，苏州高新区经济强村（社区）与泗阳县裴圩镇经济薄弱村签订"村村结对"帮扶协议。泗阳县委副书记、江苏省委驻泗阳县帮扶工作队队长周恒新，泗阳县政府党组成员、江苏省委驻泗阳县帮扶工作队副队长周根表出席活动并陪同考察。苏州高新区横塘街道青春社区、枫桥街道津桥村、狮山街道落星村分别与泗阳县裴圩镇东高居委会、单庄居委会、陶万村进行挂钩帮扶签约。

2014年7月10日，苏州高新区经济强村（社区）与泗阳县裴圩镇经济薄弱村进行挂钩帮扶签约

2015年1月7日，苏州高新区管委会副主任蒋国良一行13人到泗阳县就对口帮扶项目实施工作举行签约仪式。泗阳县委副书记、江苏省委驻泗阳县帮扶工作队队长周恒新，泗阳县副县长、江苏省委驻泗阳县帮扶工作队副队长校登楼、陆惜春，泗阳县政府党组成员、江苏省委驻泗阳县帮扶工作队副队长周根表等参加活动。

2015年3月26日，苏州高新区党工委委员、管委会副主任蒋国良带领相关部门和企业家代表一行10人考察泗阳县并签订对口帮扶协议。泗阳县委副书记刘立新，泗阳县委副书记、江苏省委驻泗阳县帮扶工作队队长周恒新，泗阳县副县长、副队长校登楼、陆惜春出席会议并陪同考察。在签约活动上，苏州高新区横塘街道办事处、苏州高新区浒墅关经济技术开发区资产经营公司、苏州新浒投资发展有限公司、苏州高新区枫桥街道资产经营公司、苏州高新区华通开发建设有限公司、苏州高新区狮山街道资产经营公司分别与泗阳县卢集镇、高渡镇、穿城镇、里仁乡、王集新城、张家圩镇签订对口帮扶协议。

2015年6月24日，苏州高新区管委会副主任蒋国良一行7人赴泗阳考察并开展对口帮扶工作，两地签订对口帮扶协议并组织捐赠。泗阳县委副书记刘立新，泗阳县委副书记、江苏省委驻泗阳县帮扶工作队队长周恒新，泗阳县副县长、江苏省委驻泗阳县帮扶工作队副队长校登楼、陆惜春，泗阳县政府党组成员、副队长周根表出席活动并陪同考察。在仪式上，苏州高新区与江苏省委驻泗阳县帮扶工作队签订对口帮扶协议，并捐赠140万元对口帮扶项目资金。

2015年3月26日，苏州高新区与泗阳县对口帮扶项目签约

2015年8月13日，苏州高新区农村发展局副局长叶枫一行赴泗阳开展"村村挂钩"结对帮扶工作，苏州高新区示范村先进村与泗阳县里仁乡经济薄弱村帮扶签约并捐款，泗阳县副县长、江苏省委驻泗阳县帮扶工作队副队长校登楼出席活动并陪同考察。活动期间，苏州高新区枫桥街道津桥村、横塘街道青春社区、狮山街道落星村分别与泗阳县里仁乡晏钱村、张郑村、幸福村进行结对签约。

2016年8月2日，苏州市虎丘区人大常委会副主任蒋国良一行10人赴泗阳开展对口帮扶工作，苏州高新区与泗阳县签订2016年结对帮扶和村企挂钩帮扶协议并捐款。泗阳县委副书记、江苏省委驻泗阳县帮扶工作队队长孟庆如，泗阳县委副书记刘立新参加活动并陪同考察。苏州高新区东渚镇政府、镇湖街道办事处、浒墅关开发区资产经营公司、狮山资产经营公司、枫桥联枫公司、通安镇华通公司、苏州新浒公司分别与泗阳县高渡镇、新袁镇、王集镇、临河镇、城厢街道、来安街道、史集街道签订村企挂钩帮扶协议。

2018年6月19日，苏州市虎丘区人大常委会副主任蒋国良率队赴泗阳开展对口帮扶工作，两地签订对口帮扶协议并组织捐赠。泗阳县委副书记钱向辉，泗阳县委副书记、江苏省委驻泗阳县帮扶工作队队长杨天和出席活动并陪同考察。

苏州高新区镇湖街道办事处、苏州科技城（东渚街道）、苏州高新区阳山街道办事处、苏州高新区通安镇华通公司、苏州高新区狮山资产经营公司、苏州高新区枫桥街道办事处、苏州新浒公司分别与泗阳县卢集镇、高渡镇、裴圩镇、庄圩乡、里仁乡、李口镇、来安街道签署帮扶项目协议书；蒋国良代表苏州高新区管委会与杨天和签署对口帮扶项目协议书。

蒋国良表示，多年来，苏州高新区与泗阳村企挂钩帮扶工作推进力度不断加大，协作不断增强，自觉把村企挂钩工作摆在重要位置，紧紧抓住经济薄弱村和贫困农民最现实的困难和问题，多出实招，多办实事。他表示，在今后工作中将一如既往地给予泗阳以更多的帮助，争取

2018年6月，苏州高新区与泗阳县挂钩帮扶协议签约暨捐款仪式在泗阳县举行

在资金和项目上给予更大力度的支持，全力帮助泗阳经济社会加快发展，推动两地优势互补、互惠互利，共谱新篇章。

2019年4月26日，苏州高新区与泗阳县挂钩帮扶协议签约暨捐款仪式在泗阳县举行。苏州高新区党工委委员、管委会副主任高晓东出席仪式并讲话。仪式上，苏州高新区管委会与泗阳县签署对口帮扶项目协议书。苏州高新区镇湖集体资产经营公司、苏州科技城管理委员会、苏州浒墅关经开区浒创资产经营有限公司、苏州高新区华通开发建设有限公司、苏州高新区狮山资产经营公司、苏州高新区枫桥投资发展总公司、苏州新浒投资发展有限公司分别与泗阳县卢集镇、高渡镇、裴圩镇、庄圩乡、里仁乡、八集乡、南刘集乡签署帮扶协议书。

2019年11月19日，苏州高新区党工委委员、管委会副主任高晓东一行5人赴泗阳县调研指导脱贫攻坚帮扶工作。高晓东一行首先实地调研卢集镇桂嘴村标准化厂房建设项目，详细了解厂房的招租、村入股分红、带动低收入户增加收入等情况，充分肯定卢集镇统筹兼顾镇工业经济发展与经济薄弱村、低收入户增收工作的有效做法，并强调要确保持续稳定增收。随后，高晓东一行调研卢集镇镇东村果蔬园、家门口就业厂房和高渡镇南果生态产业园等帮扶项目，听取项目建设和带动增收情况的汇报，并与有关同志做了交流。

2020年7月8日，受苏州高新区党工委委员、管委会副主任高晓东委托，苏州高新区党政办副主任朱飞一行到泗阳县开展对口帮扶工作和签约捐赠活动。江苏省委驻泗阳县帮扶工作队队长沈洪理、泗阳县副县长魏国参加签约活动并陪同考察。

签约仪式上，沈洪理介绍了江苏省委驻泗阳帮扶工作队进驻泗阳后的工作开展情况，魏国介绍了泗阳县经济社会发展和脱贫攻坚开展情况。朱飞表示，苏州高新区积极与泗阳县共同巩固好帮扶工作的阶段性成果，同时探索以产业项目为核心，结合当地资源禀赋，努力打造对口帮扶工作新亮点。苏州高新区与江苏省委驻泗阳县帮扶工作队签订2020年对口帮扶协议，苏州高新区7家企业分别与泗阳县卢集镇签订"村企挂钩"帮扶协议。

2020年7月8日，苏州高新区与泗阳县签订对口帮扶协议

2020年10月15日，苏州高新区城乡局党委委员奚昊婷一行8人，到泗阳县卢集镇开展"村村挂钩"帮扶签约暨捐款活动。江苏省委驻泗阳县帮扶工作队、泗阳县扶贫办和卢集镇相关负责同志陪同参加。

座谈会上，苏州高新区津桥村、落星村、青春社区分别与卢集镇颜勒村、陈洼村、镇东村签订"村村挂钩"帮扶协议，苏州高新区签订该协议的每个村分别出资10万元委托工作队统筹用于签约村项目建设。苏州高新区城乡局与江苏省委驻泗阳县帮扶工作队举行了资金捐赠仪式。

奚昊婷指出，自2012年确立挂钩合作关系以来，苏州高新区城乡局深入贯彻落实江苏省委、省政府关于做好"五方挂钩"工作的精神，全力支持泗阳县经济薄弱村脱贫奔小康。苏州高新区城乡局连续9年组织做好"村村挂钩"帮扶工作，积极组织相关村（社区）先后与裴圩镇、里仁乡、卢集镇等乡镇的兄弟村结对，开展帮扶工作，参与强村载体、民生设施、现代农业等项目的合作共建。下一步，苏州高新区城乡局将继续重点抓好三方面工作：一是建立完善长效机制，持续深入推进结对帮扶工作；二是拓宽方法路径，探索创新合作举措，吸引更多的资金、更多的项目投入；三是加强组织协调，形成强大工作合力，推进挂钩帮扶工作取得更多成效。

2020年10月15日，苏州高新区示范村先进村与泗阳县经济薄弱村结对帮扶签约暨捐款仪式

2. 党政干部交流

2006年5月10日，江苏省民政厅最低生活保障工作处处长、江苏省委驻泗阳县帮扶工作队队长、泗阳县委副书记张宝娟和泗阳县委常委、组织部部长房庆忠一行来到"五方挂钩"帮扶后方单位苏州高新区考察学习，与高新区领导进行了热情友好的会谈，双方各自介绍了所在地经济社会发展情况，并商讨苏州高新区与泗阳县南北合作事宜。

2010年4月24日，泗阳县"五方挂钩"帮扶协调小组工作会议在泗阳召开。苏州高新区管委会副主任蒋国良着重介绍了苏州高新区多年来挂钩帮扶项目的发展情况。他希望以召开"五方挂钩"帮扶协调小组成员会议为契机，在新一届帮扶工作队的共同努力下，拓展工作方式，创新工作机制，为促进泗阳县经济社会又好又快发展做出新的更大的贡献。

2010年4月29日，江苏省委驻泗阳县帮扶工作队队长、泗阳县委副书记赵文化，帮扶工作队常务副队长、泗阳县副县长赵凯，帮扶工作队副队长、泗阳县副县长肖文强，帮扶工作队副队长、泗阳县县长助理许咏一行4人，赴"五方挂钩"成员单位苏州高新区考察学习。苏州高新区党工委书记王竹鸣，苏州高新区管委会副主任、浒墅关经济开发区管委会主任蒋国良，苏州高新区发改局副局长郾思基及苏州高新区浒墅关开发区相关部门负责人参加了座谈会。

2010年9月7日至8日，苏州高新区管委会副主任、苏州浒墅关开发区主任蒋国良率苏州高新区帮扶工作组一行18人赴泗阳考察。泗阳县委副书记、泗阳县县长李荣锦，帮扶工作队常务副队长、泗阳县副县长赵凯，帮扶工作队副队长、泗阳县副县长肖文等陪同。

第二章　从输血到造血

苏州高新区代表团考察泗阳县帮扶项目

2012年4月11日，江苏省委驻泗阳县帮扶工作队与苏州高新区开展互访，泗阳县委副书记、江苏省委驻泗阳县帮扶工作队队长邱泽森带领沈军、孙学勤两位副队长，到苏州拜访"五方挂钩"成员单位苏州高新区。苏州高新区管委会副主任、浒墅关经济开发区管委会主任蒋国良，苏州市发改委副主任刘伟民，苏州盐城沿海合作开发管委会党工委副书记、纪委书记郦思基，苏州市发改委副调研员周治刚及苏州市发改委经济协作处的相关领导接待邱泽森一行。

蒋国良和郦思基先后介绍了近年来苏州高新区社会经济发展情况，特别回顾了苏州高新区在泗阳县实施脱贫攻坚工程中所做的工作。邱泽森对苏州高新区长期以来给予泗阳县的大力支持表示感谢，同时介绍了新一届帮扶工作队面临的新形势、新任务、新要求，并希望苏州高新区在新一轮的扶贫开发中给泗阳县以更多的支持和关心。蒋国良表示，通过与泗阳县多年的交往，已与泗阳县结下了深情厚谊，坚决按照江苏省委省政府的要求，做好帮扶结对工作，并现场落实当年帮扶资金。

2013年3月6日至8日，江苏省委驻泗阳县帮扶工作队队长邱泽森和副队长沈军、陈学军、孙学勤等一行5人赶赴苏州地区后方单位苏州大学、吴江区政府、苏州高新区管委会汇报工作，争取支持。

2014年2月25日至27日，江苏省委驻泗阳县帮扶工作队队长周恒新带领副队长校登楼、陆惜春、周根表走访"五方挂钩"后方单位苏州大学、吴江区政府、苏州高新区管委会，主动对接，争取支持，共谋发展。

2014年10月22日，江苏省委驻泗阳县帮扶工作队副队长陆惜春、周根表带领江苏省委驻泗阳县帮扶工作队部分队员与泗阳县张家圩镇、穿城镇、里仁乡、八集乡等乡镇的领导走访苏州高新区管委会。苏州高新区党工委委员、副主任蒋国良，苏州高新区经济发展和改革局副局长柳建洪等参加座谈会并陪同考察。

2015年12月1日，苏州高新区管委会副主任蒋国良等9人赴泗阳县考察帮扶项目。泗阳县委副书记、江苏省委驻泗阳县帮扶工作队队长周恒新，泗阳县副县长、江苏省委驻泗阳县帮扶工作队副队长校登楼、陆惜春，泗阳县政府党组成员、江苏省委驻泗阳县帮扶工作队副队长周根表陪同。

2016年3月31日至4月1日，江苏省委驻泗阳县帮扶工作队孟庆如队长率帮扶工作队5位同志走访苏州科技大学、苏州高新区管委会、苏州市吴江区政府等3家后方单位，汇报工作开展情况，争取支持，共谋发展。泗阳县委副书记刘立新，泗阳县委农工办、（扶贫办）主任张佳胜陪同走访。

2016年4月5日，苏州高新区党工委委员、虎丘区人大常委会副主任蒋国良一行9人赴泗阳县开展挂钩帮扶活动，并与江苏省委驻泗阳县帮扶工作队队长孟庆如共同举行《苏州高新区·泗阳县挂钩帮扶协议》签约暨捐款仪式。孟庆如和蒋国良分别代表江苏省委驻泗阳县帮扶工作队、苏州高新区管委会签订《苏州高新区·泗阳县挂钩帮扶协议》，同时苏州高新区向泗阳县捐赠首期帮扶款。

2016年7月21日，苏州高新区示范村先进村与泗阳县经济薄弱村挂钩帮扶签约暨捐款仪式在泗阳县卢集镇举行。苏州高新区城乡发展局党委书记王建良，苏州高新区城乡发展局副局长叶枫，泗阳县委副书记、江苏省委驻泗阳县帮扶工作队队长孟庆如参加捐款仪式。

2016年10月8日至9日，江苏省委驻泗阳县帮扶工作队第一、二党支部在泗阳县委副书记、江苏省委驻泗阳县帮扶工作队队长孟庆如等的带领下，前往苏州高新区通安镇考察。

2017年9月7日，苏州高新区党工委副书记、统战部部长宋长宝一行前往泗阳县开展"百企帮百村"扶贫活动。泗阳县委常委、统战部部长吴俊宁，泗阳县人大常委会副主任、县工商联主席陈远华陪同活动。

2017年9月，苏州高新区在泗阳县开展"百企帮百村"扶贫活动

2017年10月26日，苏州市虎丘区人大常委会副主任蒋国良一行赴泗阳县开展帮扶活动。蒋国良实地调研了泗阳县城厢街道陶圩居委会党群综合服务中心、农贸市场，卢集镇薛嘴村特色田园乡村建设，高渡镇高渡村1000亩生态水产扶贫示范基地等帮扶项目。

2018年，苏州市虎丘区人大常委会副主任蒋国良分别于5月、6月和10月先后3次率队赴泗阳县开展对口帮扶工作，签署帮扶协议，并投入帮扶资金用于泗阳县农业产业项目建设。5月22日，组织第三方媒体赴泗阳县开展帮扶资料收集和实地拍摄工作。10月，苏州高新区城乡发展局领导率相关村（社区）到泗阳县开展"村村挂钩"帮扶工作，捐赠资金用于村级民生工程项目建设。

2019年4月12日，苏州高新区管委会副主任、虎丘区副区长、狮山横塘街道党工委书记虞美华等13人赴泗阳县调研脱贫攻坚工作，同江苏省委驻泗阳县帮扶工作队、泗阳县扶贫办、卢集镇有关同志进行座谈交流，并向卢集镇桂嘴村捐赠洒水车辆，以及党建活动经费。

2019年11月19日，苏州高新区党工委委员、管委会副主任高晓东一行5人赴泗阳县调研，指导脱贫攻坚帮扶工作。高晓东一行首先实地调研泗阳县卢集镇桂嘴村标准化厂房建设项目，详细了解厂房的招租、村入股分红、带动低收入户增加收入等情况，充分肯定了卢集镇统筹兼顾镇工业经济发展与经济薄弱村、低收入户增收工作的有效做法，并强调要确保持续稳定增收。随后，高晓东一行调研卢集镇镇东村果蔬园、家门口就业厂房和高渡镇南果生态产业园等帮扶项目，听取项目建设和带动增收情况的汇报，并与有关同志做了交流。

多年来，苏州高新区管委会认真贯彻落实江苏省委、省政府扶贫开发工作部署，全力支持泗阳县脱贫致小康工作，管委会领导多次到泗阳指导帮扶工作，为泗阳县20多个经济薄弱村设立帮扶项目百余个，助推帮扶村村域经济发展，使贫困户实现脱贫，基本实现新"八有"目标。

2020年9月27日，共青团苏州高新区（虎丘区）委员会书记陈月娟一行10人，赴泗阳县卢集镇看望慰问江苏省委驻泗阳县帮扶工作队苏州高新区派出队员，与卢集镇开展帮扶工作座谈，并同该镇陈洼村签订共建帮扶协议。泗阳县扶贫办、团县委和卢集镇相关负责同志陪同参加。

2020年9月27日，共青团苏州高新区（虎丘区）委员会一行赴泗阳县卢集镇调研

陈月娟指出，苏州高新区与泗阳县有着多年的结对情谊，此次共建是认真贯彻全省扶贫工作会议精神，落实省"五方挂钩"和南北村企挂钩有关工作要求的具体行动，希望把团组织结

对帮扶共建作为重要工作交流平台,充分利用苏州高新区团委在人力、智力、文化、阵地、资金等方面的资源优势,以"立足当前、着眼长远、精准帮扶、深入交流"为原则,立足"南北扶贫协作—青年阵地共建工程"和"青年创新创业—农村青年致富带头人培育工程"两大帮扶项目,深化两地青年交流,探索南北挂钩长效机制,有效提升镇村在思想引领、人才培育、脱贫攻坚、青年创新创业等方面的工作水平,为泗阳各项事业又好又快发展贡献青春合力。

陈月娟一行还实地考察了卢集镇桃果种植示范基地、成子湖社区稻虾基地等青年创业项目。

(二)教育帮扶

2005年6月,泗阳遭受冰雹灾害,苏州高新区赴泗阳慰问团不仅慰问当地受灾群众,还到张家圩中心小学捐资,用于该校网络工程建设。2005年9月,苏州高新区援建的江苏省泗阳县张家圩小学智能化校园网工程落成揭牌,苏州高新区管委会副主任孙晓红与泗阳县政府有关领导参加揭牌仪式。张家圩小学校园网工程是由苏州高新区援助建设而成。

2008年8月13日,苏州高新区扶持泗阳县八集乡的"苏州高新区幼儿园"这一项目进行对接签约,苏州高新区管委会副主任蒋国良代表苏州高新区捐助扶持资金。

2010年9月8日,由苏州高新区牵线搭桥,苏州纽威阀门有限公司投资援建的纽威(八集)希望小学隆重举行竣工剪彩仪式。苏州高新区管委会副主任蒋国良及苏州纽威阀门有限公司董事长王保庆等出席仪式,仪式由赵凯主持。

2010年9月8日,纽威(八集)希望小学举行竣工剪彩仪式

2010年9月8日,苏州高新区管委会副主任蒋国良一行赴泗阳县卢集镇敬老院举行捐款活动,对卢集镇敬老院改扩建工程、泗阳县妇联"职教春蕾班"活动、泗阳县计生局"新农村、新家庭"活动捐助资金。苏州裕通木业有限公司总经理徐艳茂考察了泗阳县的投资环境。

2010年10月14日，泗阳"职教春蕾班"在霞飞中等专业技术学校举行揭牌仪式，泗阳县委常委、副县长、江苏省委驻泗阳县帮扶工作队常务副队长赵凯，苏州高新区发改局副局长郦思基出席仪式并一起为"职教春蕾班"揭牌。苏州高新区还为泗阳捐赠专款，创立"春蕾计划"基金。

2011年8月，苏州维德（木业）集团伸出援助之手，向泗阳县南刘集乡捐赠资金，用于社会公益事业综合文化站的建设，如站内外装修工程，购置电脑、图书资料、健身器材、办公桌椅等。苏州高新区发改局副局长郦思基到南刘集乡调研。他强调说，要将该综合文化站建成一个集学习、娱乐、健身、宣传、培训于一体的优秀文化站、标准文化站。南刘集乡党政领导向苏州高新区领导、苏州维德（木业）集团表示衷心的感谢和诚挚的敬意，并承诺管好、用好这笔资金。南刘集乡是

2011年8月，苏州维德（木业）集团向泗阳县南刘集乡捐赠20万元资金

经济薄弱乡，财力紧张，资金缺乏，曾经兴建的文化综合楼室内装修不到位，无健身器材、无办公桌椅，门前活动广场泥泞，8个功能室无电脑，"空壳"文化大楼无法投入使用，无法发挥乡镇综合文化站的宣传功能。此次援助，为进一步丰富群众文化生活，满足群众文化生活需求，提供了物质保障。

2016年9月，苏州歌者网络科技有限公司向泗阳县卢集镇小学捐款，捐赠电脑12台和体育器材若干，并成立歌者爱心基金会。

2016年9月，苏州歌者网络科技有限公司向泗阳县卢集镇小学捐赠仪式现场

2019年4月3日，江苏省委驻泗阳县帮扶工作队组织相关人员在泗阳县新袁镇开展教育信息化帮扶活动，来自南京、常州、上海等地的信息技术专家团队到新袁小学进行信息技术教育社团示范活动，带领孩子们向全县的中小学老师观摩团汇报展示了戏剧、古诗词诵读表演、仿生机器人、航模、3D打印等社团活动项目。

这是江苏省委驻泗阳县帮扶工作队继2018年在新袁小学开展教育信息化科技活动后，再次组织专家团队赴该小学开展教育信息化帮扶活动。在专家团队的积极倡导和大力协助下，学校新建了航模社团、3D设计和打印社团、仿生机器人社团等3个科技社团，将前沿的科技教育与学校社团活动相结合，在轻松愉快的活动中，开拓了学生的视野，激发了学生的学习热情。

（三）产业帮扶

1. 农业帮扶

2006年11月16日，泗阳八集乡花生产业化项目、八集乡雪菜产业化项目、南刘集乡苔韭产业化项目等3个扶持农业产业化项目在苏州高新区举行了项目集中签约仪式。泗阳县委副书记张宝娟、苏州高新区管委会副主任蒋国良等出席了签约仪式。这次签约的3个农业产业化项目，有利于发挥泗阳地方资源优势，加快泗阳县的农业产业化进程。

2016年3月23日，在江苏省委驻泗阳县帮扶工作队的协调下，苏美达集团园林管理工具农田应用专项测试在泗阳县卢集镇谷嘴村桃树种植基地顺利通过测试。

该园林管理工具是出口欧美的畅销型产品，相对于传统耕作机械，具有功耗低、重量轻、体积小、易操作和安全性高等特点。经严格测试，该园林管理工具在适应性和实用性等方面能够很好地对接和满足当地需求，将对提高特色农业的机械化水平、提高生产率、促进村民增收致富起到积极的推动作用。

苏美达集团在此次测试的基础上，通过论证实施"机械赠送+资金补贴+技术指导"等合理方式，推广应用该机械产品，为泗阳经济发展、脱贫致富奔小康服务。

江苏省委驻泗阳县帮扶工作队提供帮扶资金用于建设钢架大棚等基础设施，租赁给专业大户，从事红椒、包菜、大豆、西瓜等蔬果的生产。驻村以来，帮扶工作队队员围绕项目开动脑筋，项目引进后流转农民土地，由工作队出资，村集体建设大棚，再租赁给专业大户。专业大户通过基地向合作社社员传授技术，推动结构调整，用工优先聘用流转土地的农民和低收入户。这种围绕项目设计的"1+N"扶贫模式，形成了较好的利益联接机制，兼顾了各方利益，激发了实施主体和低收入户的内生动力，从而有效整合了土地、人力、资金等生产要素，促进了高效农业生产，同时也实现了村集体和农户的持续增收。

种植特色蔬菜效益较高，一亩特色蔬菜地的收益能超过3亩小麦的收益。通过流转土地，建设大棚并租赁，成立合作社，调整产业结构，"1+N"精准扶贫模式真正实现了多方共赢，大众村的造血式扶贫正在希望的田野上落地生根，结出累累硕果。

2. 成立泗阳万盛农机专业合作社

据当时江苏省委驻泗阳县帮扶工作队队员余建康讲述，其帮扶地点为泗阳县卢集镇薛嘴村，全村有9个村民小组1216户5395人。现有耕地面积8700亩，长期以来村里的农民一直以一麦一稻轮作为主，全村没有稳定的支柱产业和优势产业，由于各方面条件制约，村内贫困状况尤为突出。

2016年3月，苏州高新区向泗阳县薛嘴村捐赠农机

在余建康驻泗阳县帮扶的两年多时间里，随着精准扶贫工作的深入开展，帮扶工作队积极帮助薛嘴村加快产业培育，促进农民增收。充分运用"合作社+贫困户"模式，利用苏州高新区向薛嘴村捐赠的4台拖拉机、3台收割机，成立泗阳万盛农机专业合作社；并通过承租发包的方式将拖拉机与收割机分别以每年1.5万元/台、1.4万元/台的租金承租给当地种植大户，每年可增加村集体经济收入约18.9万元。同时利用捐赠的拖拉机为本村村民服务，对本村75户贫困户免收45元/亩的工地耕作费用，相当于每户每年增加1200元左右的经济收入；对其他农户由原来每亩收45元农机耕作费用降至20元/亩，大大减少了当地群众的农业生产性成本支出，也为贫困群众减轻了经济负担，拓宽了一条脱贫致富的路径。

3. 扶贫产业园

泗阳县卢集镇薛嘴村是"十三五"期间省定经济薄弱村，为帮助薛嘴村尽快脱贫致富，围绕"林果产业+低收入户"的发展思路，江苏省委驻泗阳县帮扶工作队不断优化产业结构，着力打造以林果采摘、滨湖旅游为特色的田园乡村。由该村村支部、村委会领办土地股份合作社，将86名农户513亩土地、村集体资产、上级财政资金及江苏省委驻泗阳县帮扶工作队资金量化入股，建设桃果扶贫产业园，以桃果、稻虾混合种养为主。

该项目体现了四新：一是品种新。引进近年最优品种玉霞桃、艳红桃、金艳猕猴桃等6种

苏州高新区援建泗阳县产业园

秋桃，有效错开上市时间，确保收取良好效益。二是技术新。成立"精品桃果"微信群，加强技术交流，实行精细化管理，按照无公害、绿色、有机食品生产技术规程要求，建立果品质量安全体系，推行果品标准化管理。通过合作社形式以及"基地+电商"生产销售模式，带动本地产业结构调整和林果产品销售。三是装备新。合作社采购操作简单、使用方便、工作效率高的打药喷雾机、果枝修剪机、履带机、粉碎机、割草机、搬运机等10余种新型果园机械，以提高林果业综合机械化水平，减轻果农劳动强度，提高生产效益，降低生产成本，提高果品质量和产量，促进合作社经济发展，增加收入。四是模式新。在土地股份合作社运行基础模式上，探索实施"合作社+低收入户"模式，通过宣传发动鼓励低收入户参与桃果种植，合作社专门划出30亩地前三年免费分配给低收入农户，合作社提供技术、苗木和土地供其种植。

4. 工业帮扶

2006年2月3日，苏州高新区银光照明电器有限公司等4家企业的投资项目在泗阳举行项目集中签约仪式。宿迁市委常委、泗阳县委书记侍鹏等有关方面负责人出席签约仪式。苏州高新区积极贯彻江苏省委、省政府加快南北产业转移的工作要求，积极做好南北挂钩、对口扶贫工作，加快意向项目的推进转化工作，最终促成4个产业转移项目落户泗阳。这次参加签约的4个项目，分别由苏州银光照明电器有限公司、苏州光明纸箱有限公司、苏州吴中区宝带光源材料厂和无锡市梅新电器塑料有限公司投资建设。

2007年4月，落户宿迁市泗阳县经济开发区的江苏光阳照明电器有限公司、苏灯照明器材有限公司举行隆重的投产仪式。泗阳县委常委、组织部部长房庆忠，县委常委、副县长韩锋等出席仪式。

2008年4月，在宿迁举行的苏宿投资贸易洽谈会上，苏州高新区15家民营企业集中亮相，积极寻求合作商机，推动南北挂钩工作再上新台阶。会后，与会15家民营企业的企业家专门赴泗阳县进行投资考察。其中，狮山街道3家企业与泗阳县卢集镇达成投资意向，签订了投资意向协议书。自苏州高新区与泗阳县开展对口经济协作活动以来，苏州高新区发改局积极组织区内企业参与南北挂钩合作。

2010年5月，苏州高新区产业转移项目——江苏建达恩电子科技有限公司在泗阳县建成投产。该公司新设立的宝浦莱半导体有限公司也已建成投产，主要产品为二极管和塑封二极管，其中塑封二极管主要用于智能手机。

2014年3月，苏州高新区对宿迁市泗阳县2014—2015年援建项目——泗阳县"家门口就业"标准化厂房配套建设项目在泗阳县签约。根据协议，苏州高新区将帮助泗阳县做好"家门口就业"工程，为卢集镇标准化厂房进行配套建设。泗阳县卢集镇年轻人外出打工，村里大多是留守老人和儿童。为帮助他们实现就业，增加收入，苏州高新区出资建造了一个"家门口就业"厂房，作为村集体资产，并引进编织厂，招收留守人员入厂工作，按件计费，帮助当地村民增加收入。

苏州高新区援建的泗阳县编织袋标准化厂房

（四）社会民生事业

一是慰问受灾群众。2005年6月，泗阳县李口镇地区遭遇罕见的飓风、冰雹和强降雨天气，大量农房倒塌，大面积农作物倒伏，直接经济损失大，受灾群众多。苏州高新区管委会领导闻讯后十分关切，立即与江苏省委驻泗阳县帮扶工作队及泗阳县政府取得联系，了解当地受灾情况，并专门委派区扶贫办及党政办有关同志赴灾区慰问当地群众，表达苏州高新区人民对泗阳人民的兄弟深情，并将慰问金送到受灾最严重的农户手中。

2005年12月，苏州高新区将过冬棉被送到了泗阳县灾区困难群众的手上，为灾区群众送上冬日里暖暖的一抹阳光，并对城乡低保、边缘低保中4种大病的特困家庭、低保家庭、五保户、优抚对象进行走访慰问。

二是捐建养老院。2012年4月，苏州高新区与泗阳县2012—2013年援建项目"泗阳县八集乡敬老院改建工程"在泗阳县签约。苏州高新区领导蒋国良、泗阳县县长刘海红、泗阳县委副书记邱泽森出席签约仪式。为帮助泗阳县老年人提高生活保障水平，苏州高新区与泗阳县政府对八集乡敬老院进行改建，这是苏州高新区援助泗阳县的又一个扶贫援建项目。

三是实施"广告牌"创收项目。苏州高新区援外干部徐建红介绍，卢集镇桂嘴村缺乏经济产业，为尽快帮助当地实现脱贫致富的目标，经过调研，结合当地实际商定选择"广告牌"项目——沿着330省道制作一个高炮式广告牌，在进镇的地方设置8块站立式广告牌。该项目由江苏省委驻泗阳县帮扶工作队出资建成，所得收益归村集体，村集体收入因此大幅增加。

四是向卢集镇城管队捐赠装备物资。驻泗阳县的苏州高新区援外干部余建康表示，自己作为帮扶干部被委派至泗阳县，代表的是苏州高新区的集体形象。他不仅在平时的工作中兢兢业业，在日常工作之余也心系帮扶。他发现卢集镇城管队员装备条件落后，正常的巡逻也缺乏交通工具的保障。为此，余建康主动联系苏州高新区通安镇的企业，向卢集镇城管队捐资，购买12辆电动摩托车，作为执法队员的巡逻工具。此外，他还联系身边朋友，为当地派出所提供帮助，捐助制服34套。

苏州高新区通安镇企业向泗阳县卢集镇城管队捐赠电动摩托车

苏州高新区援建的泗阳县薛嘴村支部委员会、村民委员会新办公大楼

五是实施洒水车租赁项目。驻泗阳县卢集镇桂嘴村的帮扶干部徐建红为帮助桂嘴村更快脱贫，与原单位商议，由苏州高新区狮山街道出资购买一辆洒水车捐赠给桂嘴村，再将洒水车承租给卢集镇，租金第一年7万元，第二年6万元，第三年6万元，余下的金额每年按一定比例返还，直至全部返还完毕。每年所得资金都归桂嘴村村集体收入，以保证村集体获得长期有效的经济收入。

第三章 真情援疆

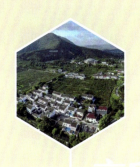

一　新疆概况

新疆贫困区域较为集中，其中新疆南部贫困人口占了全疆贫困人口的多数，是全国14个集中连片最特殊、最困难的地区之一，也是新疆扶贫攻坚的主要地区。

新疆贫困地区自然资源匮乏，大多自然环境恶劣，耕地资源亦较匮乏，生存生产条件恶劣。如17个边境贫困县水资源时空分布不均，普遍存在自然性缺水、结构性缺水及工程性缺水问题。塔城地区托里县、裕民县和布克赛尔县全年60%的来水集中在4月至6月，因无终年积雪和冰川调节，多数河流为季节性河流，春季有水，夏季断流，造成夏秋季干旱缺水。阿勒泰地区吉木乃县无一条常年性河流，年降水量120毫米左右，蒸发量2870毫米，是全疆地表水资源最少的干旱贫水县；同属阿勒泰地区的青河县境内虽有5条河流，水资源丰富，但由于河床极低，水资源无法有效利用。和田地区和田县来水量分布极不均匀，每年夏季6月到8月的山洪水量一般占全年来水量的70%至80%，由于缺乏山区控制性水利工程，到春秋季农业用水极为紧缺。

新疆贫困地区与周边区域的经济联系难度大、成本高。新疆贫困地区大多处于较为封闭的区域。新疆南部地区交通不便，和田市、喀什市和阿图什市到乌鲁木齐市的平均运距为1464千米，距离我国东部沿海发达地区更是有数千里之遥。尤其是和田，遥远偏僻，信息闭塞，与外界沟通不畅。地理上的阻隔，加上其他因素的影响，使得新疆南部地区在地域上相对封闭，成了一个经济上分散单一的"孤岛"，与周边区域的经济联系难度大、成本高。

新疆贫困地区经济结构有待改善。由于受自然条件以及历史因素积累等的影响，贫困地区经济基础薄弱，经济呈封闭的自给半自给状态，商品化程度低，市场竞争力弱，产业结构不合理，不论是产值结构还是就业结构，都属于非对称"U"型结构，经济发展处于以内向为主的低层次，缺乏吸引外资、引进先进技术、开拓市场的竞争意识和能力。贫困县产业结构普遍具有传统型、消费型、输血型特征。由于第二产业尤其是工业相当薄弱，农牧业的产业链条较短，许多特色资源难以转化为特色产品。服务业层次低、规模小，稳定吸纳就业能力有限，直接影响了农牧民的增收。[1]

---

[1] 引自韩林芝：《新疆贫困现状与扶贫开发对策建议》，《农村经济与科技》2014年第8期。作者单位是新疆维吾尔自治区发展改革委员会经济研究院。

二　援疆背景与政策

自中华人民共和国成立到改革开放前,为解决区域发展和资源分布不平衡问题,按照"全国一盘棋"的指导思想,中央政府依靠计划经济体制对各种资源进行全国性的调配。从20世纪50年代中期到60年代初期,中央和各省区在人员、资金、技术等方面支援新疆建设,并与新疆开展协作与交流,且已形成一定的规模和延续性。比如国家机关及上海、湖南、山东等省区派出数万名干部、工人和知识分子支援新疆建设,为新疆的经济社会发展做出了重要贡献。

对口支援政策的提出,主要是针对发达省市对少数民族地区的支援和经济技术协作。1987年4月,中共中央、国务院在批转的《关于民族工作几个重要问题的报告》中进一步指出:大力发展横向联系"这是加快发展少数民族地区经济,促进民族交往和进步的重要途径。发达地区应当继续做好对少数民族地区的对口支援。这是一项历史使命,应当坚持做好"。

1995年9月,中共中央十四届五中全会通过的《中共中央关于制定国民经济和社会发展"九五"规划和2010年远景目标的建议》专门提出了缩小东西部差距的措施,其中就规定了沿海发达地区对口帮扶中西部的10个省区。

1996年,第一轮援疆正式启动。1997年2月,由北京、天津、上海、山东、江苏、浙江、江西、河南等8省市和中央及国家有关部委选派到新疆工作的首批200多名援疆干部陆续抵疆。此后,全国范围的对口支援规模不断扩大。2010年3月,中央召开全国对口支援新疆工作会议,决定举全国之力支援新疆发展。2011年,中央又召开了第二次全国对口援疆工作会议,新疆迎来了历史上最大规模的对口支援,新一轮援疆起点更高,力度更大,意义重大而深远。2019年,第7次全国对口支援新疆工作会议召开,充分体现了党中央对新疆工作的高度重视,对新疆各族干部群众的亲切关怀。

2010年,中央确定苏州市自2011年开始对口支援新疆,其中苏州市对口支援北疆的霍尔果斯经济开发区,张家港市对口支援北疆的巩留县、昆山市对口支援南疆的阿图什市,新一轮对口支援工作期限为2011年至2020年。援助资金的安排办法,苏州市的出资比例为2010年度苏州市财政一般预算的5‰。援助资金基数和递增率,2011年的支援资金基数,按2009年地方一般预算收入执行数并预计增长10%的比例确定。2012年至2015年,上年地方一般预算收入增长率高于8%的,当年援助资金按8%递增;低于8%的按实际增长率递增;负增长的,除发生特大自然灾害以外,按上年援助资金量安排。

三 援疆举措和成效

自 2011 年苏州市承担对口援疆工作以来，苏州高新区按照苏州市委、市政府的统一部署要求，认真贯彻中央新一轮的援疆工作部署，紧紧围绕新疆经济社会跨越发展和长治久安两大目标任务，把援疆工作列入重要议事日程。苏州高新区作为苏州援疆工作组的一个重要组成部分，紧密结合受援地实际，坚持把保障和改善民生放在优先位置，突出重点、创新方式、扎实推进，按计划圆满完成对口援疆的各项任务，援疆工作取得了阶段性成果。

（一）教育人才援建

苏州高新区不断加大对受援地干部人才培养的力度，多举措并行，积极推进干部人才交流，使受援地各族干部群众的思想观念发生了可喜的变化，求发展、谋富裕、思稳定、促和谐的积极性空前高涨，受援地各族干部群众对新疆实现跨越式发展和长治久安充满了信心。

第一，强化教育培养，全面提高"新疆班"毕业生的发展潜力。苏州高新区发挥自身教育资源优势，将教育培养新疆高中毕业生作为援疆工作的重中之重，专门设立了 1 个"新疆班"，由苏州高新区第一中学选派优秀教师承担"新疆班"的教育培养任务。苏州高新区先后接收并完成了两批共计 1293 名新疆籍克州、伊犁州普通高校毕业生的在苏培训任务，接收并完成了 1265 名新疆受援地岗位实习学员的在苏实习任务。定向培训和实习，使未就业高校毕业生进一步增进了民族感情，增强了对祖国、对中华民族的认同感，增强了加快建设新疆的责任感、使命感和紧迫感，也增强了受援地区基层组织的创造力、凝聚力和战斗力。

2000 年 8 月，苏州高新区第一中学开始承办内地新疆高中班。其间，新疆班规模从最初的两个班 80 人，到 2018 年扩大到 4 个年级 16 个班，共计 600 名左右学生。这些学生来自全疆各地州和兵团系统，包括维吾尔族、哈萨克族、回族等近 20 个民族。从 2004 年首届新疆班学生毕业，至 2018 年已有 15 届 1600 多名优秀高中毕业生从这里走出。其中先后有 29 名同学光荣加入中国共产党，19 名同学考取清华、北大，连续多年摘取全省"内地新疆高中班"学生高考第 1 名，2018 届又有 30 多名学生考取"985 工程""211 工程"重点高校。此外，学生在体艺等特长方面的发展也很突出，其中 2010 届毕业生达吾力江考取北京大学，并进入中国成语大赛全国 12 强。

第二，选派优秀教师赴新疆支教。为全面贯彻党的十九大精神，深入落实习近平新时代中国特色社会主义思想，按照《教育部等四部门关于印发〈援藏援疆万名教师支教计划实施方案〉的通知》和江苏省教育厅等四部门《关于选派首批"援藏援疆万名教师支教计划"支教教师的通知》的要求，苏州市选派优秀教师到新疆支教，帮助受援地提升教育发展水平。

2018年8月，苏州高新区6位老师启程赶赴新疆阿图什市进行为期一年半的支教，支援当地基础教育发展。这6名教师分别来自新区实小、新区一中、实验初中、学府中学等学校，涵盖小学语文、数学，初中化学、体育及高中语文和物理等学科。这些老师中既有50后，也有90后。

8月21日，苏州高新区举办援疆支教出征动员大会，教育局相关负责人强调，各派出学校要切实做好支教教师的服务工作，严格跟踪管理，严格考核考察，严格落实待遇，为老师们发挥作用创造良好条件、提供坚强保障，让大家安心、放心、静心地投入援疆支教工作。

支教队伍中有位名叫王运帮的老师，他出生于1959年，此前长期担任新区一中新疆班班主任。在即将退休之际，他主动请缨前往阿图什市一中任教，希望继续帮助当地提高基础教育和师资队伍水平。

来自苏州高新区实验初级中学的徐中昊出生于1995年，是支教队伍中最年轻的一位教师。徐老师表示，援疆支教本身就是十分有意义的事情，可以帮助他接触当地学生，了解不同的风土人情，对年轻教师开阔眼界很有帮助。

在新疆支教期间，这些老师参与受援学校的学科教学和班级管理任务，组织教研活动，开展业务培训和教学指导，帮助受援学校提升教学水平和育人管理能力，为新疆经济发展、社会稳定和长治久安提供坚强保障。

此次支教工作是苏州市教育历史上选派人数最多、支教时间最长、行程最远的一次支教任务，援疆支教的老师们积极帮助受援地提升教育发展水平。

2018年8月，"新疆班"学生在苏州高新区援疆支教出征动员大会上演出

（二）苏州高新区妇联组织新疆"绣娘"赴镇湖交流学习

2016年10月，18名来自新疆额敏县的少数民族学员专程来到中国刺绣艺术之乡——镇湖，向江苏省工艺美术大师姚梅英学习苏绣技艺，希望融苏绣之长，创新当地的民族刺绣。作为精准扶贫项目，18名绣娘获得公益款项的支持来苏进修。组织此次活动的苏州高新区妇联表示，活动的初衷是为了帮助新疆绣娘在苏州学到更多、更丰富的刺绣技能，以更好地拓展新疆的民族刺绣，创新出更多的优秀工艺绣品。

18位少数民族绣娘在姚梅英的指导下，从苏绣的最基本针法学起。时年32岁的哈萨克族绣娘努尔达娜介绍，她从9岁开始就跟着妈妈学本地民族绣，自己已在家乡开了家民族绣品店，但是苏绣与她们以十字绣针法为主的绣法不同，她们的民族绣用针、用线都要比苏绣粗得多。

18个绣娘中最年轻的才20岁，最大的近40岁，大多是哈萨克族，还有两名是维吾尔族和蒙古族。在新疆地区，几乎超过60%的妇女都从事与刺绣有关的工作。当地人都喜欢在服装、鞋帽上绣花卉图案，她们绣制的蒙古包工艺品、桌垫工艺品以及床单手工绣花等，以粗犷的针法与艳丽的颜色见长，很受游客欢迎，但作为民族工艺品，也需不断推陈出新。

2016年10月，苏州高新区妇联组织新疆绣娘赴镇湖进修

近年来，苏州高新区的刺绣工艺师姚建萍、沈德龙、张黎星、姚惠芬、陈红英等都曾前往新疆、青海等省区的少数民族地区传授刺绣技艺。卢梅红、蔡梅英、孙秋英等刺绣工艺师也在自己的绣庄接待来自西藏、新疆、青海等地区的少数民族学生。镇湖苏绣，已经成为苏州高新区的一座民族友谊桥。

（三）苏州高新区援疆干部参与阿图什市建设

2010年，苏州高新区委派援疆干部王奇学对口支援阿图什市。王奇学到阿图什市后，马不停蹄到各个乡镇实地调研、考察，积极参与援疆项目五年规划的制定。在当时的这份规划中，援疆干部重点考虑的是阿图什市的民生、基础设施、旅游项目、城市建设、医院、学校等内容。

在考察阿图什市的一个学校项目时，苏州高新区援疆干部王奇学发现该校缺乏长期规划意识，不仅未建停车场，且认为新疆地多路宽，不太需要停车场。王奇学则指出："我们的昨天，就是你们的将来；我们昨天碰到的问题，你们将来也会遇到。"在考察整个停车场情况后，王奇学建议将停车场修建在大楼底下，既节省空间又可以避免极端天气带来的不利影响。

在阿图什市某地，当地8000户农户都是以养奶牛为生，一头奶牛一天大概产奶35.7公斤，再供给喀什市牛奶公司加工，牛奶公司又将加工好的牛奶销售给阿图什市的中小学。在一次实地调研时，当地向王奇学反映农户的牛奶已经倒掉近两周。经调查了解，原因是教育系统供应的早餐奶在采购环节要招投标，但牛奶公司没有收到相关招标的通知，没有中标，销量就会减少，也就无法再收购农户的牛奶，当地农户因此损失严重。王奇学发现，这件事的发生与各方沟通不畅有直接关联。他提出有效建议，帮助当地妥善解决了问题。

苏州援疆干部在工作中曾遇到过诸多困难。在阿图什市时，苏州援疆工作组花了近4个月的时间，完成了整个阿图什援疆项目的5年规划初步方案。这项工作难度很大，因为阿图什市的面积是1.61万平方千米，包括水域面积，几乎是两个苏州市大小。为此，苏州援疆工作组走遍了8个乡镇，工作十分辛苦。2010年，当地发生了较为严重的洪涝灾害，出现了人员伤亡，有些房子被淹没，老百姓财产遭受了严重损失。为重建受灾地方，苏州援疆工作组专门到实地进行调查。但从居住地到乡里开车需要3个小时，从乡里到村里开车又需要3个小时。调查地与苏州援疆工作组的住处距离遥远且路况较差，外加洪涝影响，苏州援疆工作组经受了严峻的考验。

苏州高新区援疆干部与阿图什人民的关系非常融洽，一方面是因为援疆干部谦虚认真的工作态度让当地工作人员感到亲切，另一方面也是因为苏州援疆工作组务实细致的工作作风感染了当地工作人员。另外，阿图什市的当地人也十分热情，对援疆干部非常关心。

（四）苏州高新区援疆干部参与霍尔果斯经济开发区建设

2010年，中央决策在新疆喀什和霍尔果斯建设两个国家级经济开发区，并要求苏州重点参与霍尔果斯经济开发区的开发建设，于是苏州市委市政府将当时正在阿图什工作的苏州援疆工作组调到北疆，由对口支援伊犁州尼勒克县的昆山市对口支援阿图什市。因为在开发区建设方面苏州较有经验，于是决定由苏州对口支援霍尔果斯，连云港配合。援疆队伍中的王奇学，由苏州高新区委派，与援疆工作组的其他同志一同致力于援建工作。2012年3月，王奇学任霍尔果斯经济开发区党工委委员、规划建设局党组书记。

霍尔果斯原来是一个口岸，中央决策建立霍尔果斯经济开发区，从国家战略的高度来定位，是要建成通向中亚和欧洲的大通道、桥头堡。2010年12月，冰天雪地之时，苏州援疆工作组到达伊犁，当时气温约为零下28度。霍尔果斯从口岸到经济开发区的变化，不仅仅是名字的变化，最主要的是全方位的提升。苏州高新区委派的援疆干部王奇学主要参与了以下几方面的工作。

一是参与霍尔果斯经济开发区3个示范项目的规划建设。当时的霍尔果斯，周末人口总量约为9000人，不满10000人，工作日每天平均人口在15000人左右。在一个人口偏少的地方兴建开发区，存在着很多困难。开发区由3个部分组成，核心在霍尔果斯口岸，但开发区功能没有得到良好体现，基础设施建设薄弱，没有形成一定的气候，支柱产业不突出，无法吸引投资。苏州援疆工作组经过研究后决定通过建设示范性项目，推动霍尔果斯经济开发建设，主要包括3个项目——苏新中心、工业园、集宿区，共投资二十多亿元，为纯国资项目。

苏新中心是位于中哈霍尔果斯国际边境合作中心的一个商业项目，此项目的建成对整个国际边境合作中心的发展有带动作用。集宿区是职工宿舍区，这是考虑到引进工业项目时的载体，并且也考虑到以后员工的住宿安全问题。项目的运作极大提振了当地干部群众发展霍尔果斯的决心和信心，当地逐渐出现了繁荣景象，最明显的是塔吊多了，工作的人也多了，人气增加了，温州客商也加入到了建设市场的行列，效果显著。

二是参与规划中哈霍尔果斯国际边境合作中心。中哈霍尔果斯国际边境合作中心的中方面积约为3.41平方千米，是一块狭长地带，战略性明显。当时国家赋予中哈霍尔果斯国际边境合作中心较为宽泛的政策，包括经济政策和产业政策，但一些优惠政策没有被有效利用。王奇学所在的苏州援疆工作组参照苏州工业园区的做法，参与制定了有利于霍尔果斯经济开发区发展的政策。

三是参与霍尔果斯经济开发区人才培训。霍尔果斯经济开发区建设初期，供暖、供水、污水处理等基础设施建设滞后明显，无法承载发展需要，更缺乏相应的管理和技术人才。苏州援疆工作组由水利、财政、建设、发改、招商等方面的专业人才组成。苏州援疆工作组多次组织管理人员赴新加坡、苏州、深圳、福州等地学习培训，拓宽当地工作人员的视野，提升其工作理念、工作能力、工作水平，取得了很好的效果。例如，华能热电公司的模式是一个师傅带一个徒弟，霍尔果斯经济开发区污水处理厂也是采取一个师傅带一个徒弟的模式，效果明显。

四是参与霍尔果斯行政服务中心的项目建设。伊犁州援疆计划原先并没有霍尔果斯行政服务中心这一项目。原本整体计划是"15+1"，即整个伊犁州是15个援疆工作组，再加霍尔果斯。2011年苏州援疆工作组到位后，江苏省援疆指挥部和伊犁州党委对原计划做了较大修改，

苏州高新区参与援建的霍尔果斯行政服务中心

改为"1+15",霍尔果斯成为援助重点,目标是建设成为伊犁州援疆项目的标杆。在具体项目方面,霍尔果斯行政服务中心的建设被当作任务中的重中之重。最初援疆资金是三年一定,援疆项目每一年也有明细,每个项目拨付的资金也是固定的,苏州援疆工作组从其他地方拨出资金专门建设霍尔果斯,形成了后来大开发的格局。霍尔果斯行政服务中心的建设,对霍尔果斯的发展起到了良好的作用。

苏州高新区援疆干部王奇学即负责此项目的建设。硬件方面,项目建设面积大,投资多。软件方面,当时有六大块软件系统,最核心的是办事体系。为此,2012年王奇学专门带队到深圳、福州、绍兴、苏州工业园区参观考察行政服务理念和服务系统。

五是在民生方面积极办实事。例如,解决部分保洁人员的社保问题。苏州的保洁工作人员都有社保,但霍尔果斯不少保洁员工作了十几年并没有社保,这不利于稳定保洁人员队伍,也会造成一定的社会问题。2012年,在援疆干部王奇学的争取下,霍尔果斯50多名保洁人员的社保问题得了解决。此外,在霍尔果斯工作的本地人其实并不多,很多是来自河南、山西、甘肃等地的夫妻两口,他们居住的房子较为简陋,生活也比较困难。在当地领导的支持下,王奇学帮助这部分人员将社保问题解决了。再如,景区厕所问题的解决。作为一个旅游景点、旅游目的地,当时霍尔果斯的公共厕所运行效果欠佳。虽然景区设有公共厕所,状况却比较糟糕。王奇学发现该问题后,积极着手解决,带领工作人员统计存在故障的设施,一一进行维修,并对公共厕所的收费细节等管理问题也制定了相关规定。

关于对口支援工作的感受,苏州高新区委派的援疆干部王奇学表示,他是抱着学习的心态开展对口支援工作的。每个地方都有每个地方的优点和优势,内地或沿海地区的发展,也离不开边疆地区的支持,对口支援其实是双向的,双方共同学习、共同进步。

苏州高新区参与援建的霍尔果斯经济技术开发区集宿区

第四章　凝心聚力

第四章　凝心聚力

一　西藏概况

西藏是全国"三区三州"中唯一的省级集中连片特困地区，多数地区还处于深度贫困，是全国贫困发生率最高、贫困程度最深、扶贫成本最高、脱贫难度最大的区域。西藏贫困地区和贫困人口主要集中在偏远地区、高海拔地区、灾害频发多发地区，具体集中在日喀则、昌都和那曲，呈现出面积大、分布广、贫困发生率高的特征。

西藏贫困地区生存环境差与自然灾害频发相互交织，生态环境脆弱制约了当地经济社会发展。西藏地处高原，空气稀薄，气压低，氧气少。气候类型复杂，气温较低，空气干燥。西藏高原环境变化和人类活动引起的灾害风险主要有滑坡、泥石流、山洪、堰塞湖、积雪、森林火灾等，具有突发性、季节性、准周期性、群发性、地带性等特点。在气候变暖和人类活动加强的背景下，西藏高原自然灾害趋于活跃，特别是冰湖溃决灾害增多，冰川泥石流活跃，特大灾害频率增加，巨灾发生概率增大，潜在灾害风险进一步增加。

西藏贫困地区基础设施薄弱，公共服务匮乏。西藏自治区的高等级公路仅占全国公路通车里程的0.37%，仍有9个县未通柏油路，5个乡镇和50多个行政村不通公路，乡镇、行政村通油路比率仅为54%和23%；铁路网密度仅为全国平均水平的7.3%；支线航空线路只有3条。西藏自治区内的主要电源仍为中小型水电站，丰枯出力悬殊且与负荷需求不匹配，还有15个县处于电力孤网运行的状态。此外，城镇基础设施不完善，对人口和产业的承载力弱，城镇化率比全国平均水平低30%。每千人人口卫生技术人员、医疗卫生机构床位分别比全国平均水平少1.4人、0.78张。根据西藏自治区提供的建档立卡数据，有24.13%的贫困户未能稳定解决饮水安全问题，16.53%的贫困户未通生活用电，17.27%的贫困户未通广播电视，15.92%的贫困户的住房属于危房，43.46%的贫困户无卫生厕所。如"三岩"片区人均耕地仅0.8亩，为西藏自治区农牧民人均的40%，且80%坡度在25度以上，生产生活处于"刀耕火种、二牛抬杠、三个石头一口锅"的状态；出行难、用电难、饮水难问题突出，季节性未通电达11000余人、未通水达11200余人、未通路达3600余人。

西藏贫困地区收入型贫困严重，城乡差距、中心边缘差距明显。西藏城乡居民收入比，到2012年基本持平。然而事实上，城镇居民的可支配收入并不是其全部收入，因此，西藏和全国城乡居民的实际收入差距比应该更大。如果考虑到区域成本等要素，西藏城乡居民收入的绝对差距要远远高于全国城乡居民收入平均差。按照国家脱贫摘帽标准，2016年西藏有14.7万贫困人口、1008个贫困村、10个贫困县脱贫。即便如此，西藏仍是国家新一轮扶贫攻坚14个集中连片贫困地区之一。西藏自治区的人均GDP仅为全国平均水平的62.7%（比全国平均水平低17264元），农村居民人均可支配收入仅为全国平均水平的70.2%（相差3130元）。西藏自治区农牧区贫困人口有近69万人，占农牧区人口的28.75%。[①]

[①] 引自高飞、向德平：《找回集体：西藏治理深度贫困的经验与启示》，《中国农业大学学报（社会科学版）》2018年第5期。

二　援建背景和政策

1994年，中央召开第三次西藏工作座谈会，确定了由江苏省对口支援西藏拉萨。同时，根据"分片负责、对口支援、定期轮换"的战略决策，苏州市对口支援拉萨市林周县。从此，苏州与林周，这两个相隔数千千米的地方，便心手相连。苏州坚持以"苏州理念"深耕雪域高原，为推动林周经济社会发展和维护稳定做出了积极贡献。苏州高新区认真落实苏州市委市政府工作要求，在援藏资金及干部选派等方面积极贡献高新力量。

为进一步贯彻落实中央第四次西藏工作座谈会精神和江苏省政府要求，苏州市于2003年出台了《关于加强对西藏林周县对口帮扶工作的通知》，就乡镇对口支援工作提出了具体的工作要求，明确所辖五市、四区各安排下属的一个经济实力较强的乡镇与林周县的9个乡镇结为友好乡镇，建立结对支援关系，加大对口支援力度。其中，苏州高新区枫桥街道办对口支援林周县旁多乡。

2017年5月，苏州市政府办公室印发了《关于进一步加强苏州市和林周县乡镇结对帮扶工作的通知》，要求两地充分利用乡镇结对平台，认真落实通知精神，强化互访交流、充实合作内容。

三　援建举措和成效

（一）对口支援西藏林周县

1. 资金支持："输血"援藏

援藏，主要进行针对性的"输血"，其中资金项目援藏是主要形式。自援藏工作开展以来，苏州市全面整合援藏资金力量，先后组织实施了林周县城行政管理、商务以及教育、医疗等公共服务功能设施建设，实现了林周县城市功能设施提升优化的历史性跨越。县城构架正式拉开，各项功能设施逐步配套齐全，同时组织实施了部分县通乡、乡通村柏油路建设，完成了苏州路、澎波路、太湖路等县城主干道、机关大院道路建设及配套工程，南部7个乡镇柏油路通达率100%，横贯南北的县域交通网基本形成。林周全县城乡居民最低生活保障、养老保险、医疗制度等公共服务体系达到100%全覆盖，教育、卫生等社会事业走在西藏全区前列。同时，通过组织实施农业、青稞生产基地、高标准农田建设等，不断改善农牧业基础条件，为现代农业、净土健康产业奠定基础。对于生活在林周的老百姓来说，这些年的变化，最切身的感触是县城里的道路越建越漂亮，百姓看病、小孩上学、老人养老等条件也越来越好。

2. 干部援藏：为林周"造血"

2004年7月，江苏省派出第四批援藏干部，其中一位是苏州高新区选派的邢文龙，当时挂职林周县副县长，与其他江苏干部、当地干部一同开展工作。援藏干部以增强林周自身"造血"功能为目标，充分利用林周的资源优势，为促进林周的社会经济发展做出了积极贡献。邢文龙作为苏州高新区选派的援藏干部，主要参与了以下援藏工作。

一是结合地方实际，发展特色农牧业与旅游业。林周南北狭长，跨度达180千米，念青唐古拉山支脉——恰拉山将全县分割为南北两部，北部平均海拔4200米，年均气温2.9℃，南部平均海拔3860米，年均气温5.8℃。全县辖9乡1镇，总面积4512平方千米，有45个行政村6.15万人，耕地18万亩，天然草场505万亩，人工草场8万亩，水域5.4万亩，是拉萨市所辖7县1区中的第一产粮大县、第二牧业大县。但是，林周虽然自然资源丰厚，但基础条件落后，县城功能设施欠缺，县域经济发展滞后。

结合林周的实际情况及资源优势，援藏干部决定：一是发展特色农牧业，二是发展旅游业。林周县有大量的农田，青稞种植得非常好，全县耕地面积18万亩，占整个拉萨市耕地面积的三分之一，各类牲畜30万头（匹、只），粮食总产1.2亿斤，是拉萨市的第一农业大县，也是整个自治区的粮仓。在西藏，海拔4000米以上的区域不长树，3000米以上的区域不长草。唯独林周北部（热振）一带，海拔在4000米以上，树木郁郁葱葱，边上有宗教寺庙，而且拉萨河贯穿林周县北部，其中有两个山脉。林周县从南部到北部要突破一个海拔5800米的山口，自然环境非常好。为充分挖掘当地环境资源，发展当地旅游业，援藏干部积极参与建设热振国家森林公园，苏州高新区援藏干部邢文龙也投身到此项工作中，积极奉献。目前该国家森林公园已成为拉萨的一条旅游热线。

二是发展以矿业为主的产业。林周有丰富的铜、锌、铅等金属矿物资源，为了发挥林周的资源优势，援藏干部引进了一些大企业入驻林周，如上市公司西部矿业的一个分公司就在林周县，中信国安在林周也开了一家分公司。这些企业规模比较大，企业落地以后，一家企业一年交税达1000多万。在农业、旅游业、矿业中，财政收入增长最大的是矿业。矿业的税收比较高，又可以带动本地劳动力就业，并推动交通运输、餐饮业、服务业等的发展。

三是有序开展土地拍卖。原先林周当地用地基本只要找乡镇领导签字，交钱后即可拿地。当时林周县城边计划建造一些两层或三层的门店。援藏干部提出改变原有的土地出让方式，以土地拍卖代替。林周县县长听取了援藏干部的汇报，并表示支持。援藏干部因在当地已做了很多基础工作，获得了老百姓的支持、理解，特别是当地机关干部也逐渐理解了他们的良苦用心。土地拍卖也因此获得了较多的支持。这次土地拍卖仿照苏州的土地拍卖模式进行，是整个西藏自治区第一拍。当时国土局也有专员出席，林周县政府会议室座无虚席。通过土地拍卖，整个城市的活力被带动起来，有些先富起来的老百姓愿意购买土地，一家人就定居到县城来了，同时读书、就业等问题也都能得到解决。土地拍卖这一举措，在林周甚至西藏具有重要意义。

四是实施人畜饮水工程（安全饮水工程）项目建设。西藏山高谷深，加上降水分布不均，工程性缺水问题十分突出。一些农牧民因长期饮用矿物质严重超标和毒性较大的水源而患病。为此，国家出台了"人畜饮水工程"，也称为安全饮水工程。在此背景下，援藏干部整体规划了林周县的人畜饮水工程，林周县被列入人畜饮水工程的试点。

由于林周地域辽阔，水源距离较远，找水源主要依靠林周当地人，因为他们知道哪里有水源点。找到水源点后，建造一个自来水厂，管道将水源从山上接到山下。为避免水源在流动过程中遭到污染，还搭建了沉砂池、滤水池。山下的村里则集中建几个背水台，当地老百姓可以将自来水一勺一勺地舀到桶里，再背回家饮用，非常方便。以前当地人因取水不便，不经常洗澡，现在这种情况也得到了改善。

该项目在建设期间需要投入大量资金，一个村需投入20万元到30万元。苏州高新区援藏干部邢文龙也从苏州方面争取到了部分资金。项目建成后，全村老百姓聚集在取水处，表达对援藏干部的感激，有老人甚至拿出珍藏多年的青稞酒赠给援藏干部。

五是积极发动社会力量，多方面支援林周县。援藏干部在林周县工作期间，通过各自的牵线搭桥，争取社会力量支援林周。苏州高新区援藏干部邢文龙积极联系、动员自己的亲戚朋友，并且发动苏州的企业家，特别是民营企业家，与林周县进行结对帮扶，建造了多所希望小学。

3. 苏州高新区枫桥街道与林周县旁多乡开展结对支援

乡镇结对支援，是苏州在全国援藏工作中的首创。2003年，苏州市做出了加强对林周对口支援工作的决定，苏州所辖县级市、区的相关街道（乡镇）分别与林周各乡镇结为友好乡镇，其中苏州高新区枫桥街道与林周县旁多乡建立了结对关系。2013年，苏州市发改委下发《加强对西藏林周县结对乡镇帮扶工作机制》，要求每年帮扶额度不低于30万元，并逐年增长。乡镇对口帮扶工作还进一步延伸到村一级，对加强林周基层建设、发展特色产业发挥了重要作用。苏州高新区枫桥街道与林周县旁多乡开展结对活动，结对帮扶10多年来，双方携手共进，增进了两地之间的友谊，更好地促进了两地的发展，达到了相互学习、共同提高的目的。近年来的工作主要有以下几个方面。

一是资金帮扶。枫桥街道与旁多乡自2003年建立结对关系以来，积极开展交流互访，截至2019年年底，共捐助资金380余万元。目前，每年援助资金45万元，包括乡镇结对40万元、村村（社区）结对5万元。①

二是干部交流。枫桥街道组队赴林周县旁多乡交流对接，旁多乡在条件允许的情况下也会适时到访枫桥街道。基层干部乡党委书记、乡长或者县级其他乡里的同志到枫桥街道对

---

① 数据由枫桥街道统计。

接,已形成常态化。林周县年轻干部赵光超曾赴枫桥街道交流学习,该同志现已成长为旁多乡的主要领导。枫桥街道经常邀请旁多乡人员赴枫桥考察,开阔工作视野。2012年,枫桥街道组织教育、招商、经济等方面相关工作人员赴旁多乡交流,为当地的社会事业、经济发展出谋划策。

2018年10月12日,苏州高新区枫桥街道办事处主任周晓明率代表团一行9人赴旁多乡考察交流并召开座谈会。林周县委副书记、林周县人大常委会主任格旦次仁,旁多乡党委书记扎西普拉陪同考察。座谈会上,格旦次仁首先代表林周县委、林周县政府对苏州高新区枫桥街道办事处代表团一行的到来表示热烈的欢迎。格旦次仁指出,枫桥街道办事处自2003年与旁多乡结对帮扶以来,每年都派代表团来西藏考察交流,真正把援藏工作摆在重要位置,把工作落到了实处,圆满完成了苏州市发改委交付的任务,为旁多乡的发展做出了重要的贡献。双方签订了《苏州高新区(虎丘区)枫桥街道办事处与林周县旁多乡开展村级结对帮扶的意向协议书》。

2018年12月,苏州高新区枫桥街道办事处与林周县旁多乡正式发起辖区内宁布村、加格村、达龙村、日布村、帮多村与枫桥街道5个社区结对帮扶的合作项目,通过双方村社对接,每年以人员互访培训、援藏资金、扶贫脱贫等形式进行经验交流,培养致富能手,助力旁多乡实现2020年全面建成小康社会的奋斗目标。

2018年12月,苏州高新区枫桥街道与林周县旁多乡举行村、社区结对帮扶仪式

此次来访中发生了一个突发事件。旁多乡党委书记扎西普拉长期在西藏工作,缺氧和高原反应导致他的心血管系统存在健康隐患,但他因一直忙于工作,没有进行系统的身体检查。在考察期间,枫桥街道突然接到扎西普拉突发心梗的消息,于是紧急联系医院,及时将扎西普拉送往苏州大学附属第二医院,经全力抢救,终于挽回了扎西普拉的生命。在扎西普拉住院期间,枫桥街道帮助考察团其他成员在苏州高新区人民医院做了一次全面体检,又及时发现考察团有一位年轻同志也存在类似的病患。这件事对双方人员触动颇多,双方都意识到了西藏干部身体健康的重要性。于是双方达成共识:往后每年旁多乡来访人员的第一件事情,就是到苏州

医院进行全面体检，特别是心血管系统和脑神经系统方面的检查。

经过此事后，双方表示除了原有的经济帮扶外，还应注重双方往来人员的健康。目前，枫桥街道与旁多乡每月都会保持密切联系，若旁多乡需要相关药品，又在西藏无法购买到，枫桥街道社会事业办主任会定期代买并寄过去，在力所能及的范围内给予旁多乡人民最大的帮助。

此外，目前双方帮扶手段日趋多样化，且已由简单的资金援助拓展为医疗设备援助与项目帮扶。例如，在旁多乡的牦牛短期育肥及乡村道路维修等项目上，枫桥街道都及时给予专项支持。再如，根据林周县中药材红景天资源较为丰富这一情况，枫桥街道与辖区的中医药企业沟通，积极促成旁多乡和枫桥街道辖区企业在红景天的收购、开发上进行合作。

（二）对口支援拉萨经济技术开发区

2001年9月，国务院批准西藏拉萨经济技术开发区（以下简称"开发区"）为国家级开发区。开发区位于西藏自治区首府拉萨市西郊堆龙得庆县境内，地处金珠西路以南，东至西干渠、拉萨河南至军队岗沙库，西至乃琼镇德吉村，距市中心约10千米，距贡嘎机场50千米，距拉萨火车站2千米，318国道穿过开发区，交通便利。开发区规划控制总面积为5.46平方千米。拉萨经济技术开发区是西藏地区唯一的国家经济技术开发区，按照商务部和自治区、拉萨市两级党和政府的指示及要求，开发区坚持高标准规划，高起点建设，市场化运营和规范化管理，坚持贯彻国务院批复的"三个为主、一个致力于"的方针，即坚持以工业项目为主、以吸收外资为主、以出口为主和致力于发展高新技术产业，积极改善投资环境，进一步完善综合服务功能。

1. 苏州高新区委派援藏干部华建男支援拉萨经济技术开发区

2013年7月，苏州高新区委派华建男赴西藏拉萨经济技术开发区开展援藏工作，华建男被任命为拉萨经济技术开发区党工委委员。在支援拉萨经开区的三年间，华建男把拉萨当作第二故乡，把藏区同胞当作自己亲人，把援藏工作经历当作人生最宝贵的财富。华建男克服高原缺氧、身体不适、远离亲人等困难，做到坚定信念、坚守岗位、吃苦耐劳、务实奋进、争作贡献，发挥了苏州高新区援藏干部的应有作用。

引领观念转变，提升分管部门服务意识。他以真诚、务实、谦虚的态度把苏州高新区的管理理念和方法向拉萨经开区同志做宣传。2014年10月，他分管规划建设工作后强调，规划建设部门一定要以营造良好的投资环境和营商环境为己任，对落地建设的企业要真诚服务，要把管理融合在服务中，做企业的"贴心人"，以务实的作风为企业纾困解难，提升企业的发展活力。

勇于担当作为，促进分管工作做实做细。例如，在迎大庆环境综合整治、安全生产工作等方面，他先后召开10余次会议，推进绿化、地块围墙、市政设施维护、环卫保洁、灯光亮化等整治工作，而且亲自带队到工程现场检查督促，保证了全区以良好面貌迎接大庆；同时按照拉

第四章 凝心聚力

萨经开区工委、管委会安排，他还临时牵头负责安全生产检查工作专班，在他的带领下，专班通过一个月不间断的全覆盖现场检查，督促企业整改安全隐患20多处及4家企业停工整改，积极营造全社会关心、支持、参与安全生产的浓厚氛围，保证了大庆期间安全生产形势的平稳。临时专班任务结束前，华建男编写工作小结，既整理临时分管工作成果，又实事求是分析安全生产管理方面存在的突出问题，比较详细地制定了改进安全生产管理工作的若干建议，供当地工委、管委会决策参考。2014年年末和2015年3月是维稳重点期，除了做好日常维稳工作外，他还根据拉萨经开区管委会临时安排，积极细致推进建材市场、圣地阳光项目劳资纠纷的调查和调处工作，不畏避矛盾，不惧怕风险，亲自约谈相关项目负责人，直接面对上访群众，主动帮助协调实际困难，保证了敏感节点的社会稳定。2016年，针对因多方面原因造成的闲置、非法用地问题，华建男不畏惧矛盾和压力，召集各部门成立土地清理专班，研究制定逐宗闲置土地的处理方案和具体措施。在实施过程中，华建男鼓励大胆工作，并督促专班全体同志要坚守既定的处理原则，注重工作技巧，把原则性和灵活性结合起来，完成清理或达成协议12宗、1332亩土地。这既为经开区下一步转型升级创新发展腾出了可观的土地空间，又给经开区营造了依法依规用地、规范建设程序的良好氛围。

注重制度建设，促进各项工作规范管理。华建男分管规划建设工作以后，针对规划建设用地等方面存在的突出问题，为拉萨经开区管委会拟定了规范入区项目建设程序的方案，进一步健全了经开区入区项目"会审会办"制度；结合土地审计中发现的问题，为拉萨经开区管委会拟定了进一步完善土地合同管理、土地出让金管理、经营性土地出让方式等方面的工作方案。这些制度都被拉萨经开区工委、管委会吸取，以纪要等形式予以明确。华建男一直要求分管部门规范管理意识，从管理流程入手，确保各项审批管理的制度化；同时督促和指导分管的工商局加快落实新商事改革措施，完善注册登记服务大厅服务流程，提高服务质量，在全区率先完成了"三证合一"改革工作，得到了企业的一致好评。

发挥纽带作用，不断密切两地交往交融。华建男认真参加拉萨经济技术开发区区组织的赴内地投资说明会、专题招商会等活动，同时也积极组织内地企业参与其中。有一个典型案例，江苏鱼跃集团是我国医疗器械行业龙头企业，国内最大的医疗器械产品服务提供商，也是国内最大的制氧机制造企业。在华建男的大力争取下，2014年鱼跃集团顺利落户西藏，目前已成功服务高原兵站哨所、农业银行西藏分行等数十家军地单位，为西藏提升医疗健康服务水平做出了积极贡献，同时也为企业发展开辟了新的领域。2016年，鱼跃集团又在拉萨经济技术开发区投资10亿元，用于医疗设备产品的生产、销售、服务以及医疗信息化和金融租赁等产业。

2015年11月，经多方争取，促成拉萨经开区赴苏州高新区考察，举办专题招商会，苏州高新区30余家知名和特色企业参加了招商会。考察团实地考察了苏州高新区经济发展、科技创新、人才建设、生态建设、投资公司建设等方面的情况，听取苏州高新区在转型升级、创新发展方面的情况报告，并且签订了两个区战略合作框架协议，取得了很好的成果。

在拉萨经开区期间，华建男还热情帮扶林周县一名贫困大学生和墨竹工卡县莫冲村一户贫困家庭，鼓励帮扶大学生珍惜难得学习机会、珍惜党和政府给予的优惠政策，全身心投入学习，今后用自己的本领为藏区发展服务。面对结对的困难家庭，华建男鼓励他们自力更生，借助优惠政策加上辛勤劳动尽快改变家庭面貌，并出资帮助他们把孩子教育好。

2. 苏州高新区援藏干部徐礼华支援拉萨经济技术开发区

2016年7月，苏州高新区选派徐礼华到西藏拉萨经济技术开发区挂职担任党委委员兼管委会副主任，至2019年7月援藏结束，共3年时间。援藏期间，徐礼华的工作主要涉及以下几个方面。

一是积极参与当地基础设施建设。如工业中心、双创中心、弥散式供氧人才公寓、天文公园、污水管网改造、精准扶贫易地搬迁安置小区、建筑物藏式风貌改造、道路沿线亮化工程、食品药品简易检测中心等项目（其中人才公寓、检测中心两项目由江苏援建）的开展，（德吉康萨）搬迁安置小区至主城区免费便民服务班车专线的开通，这些基础设施建设工作的实行以及成效的取得，都有苏州高新区援藏干部徐礼华的无私奉献。

二是积极促进拉萨经济技术开发区与苏州的交流。徐礼华曾协调和组织拉萨经济技术开发区10多批次人员赴苏州，学习综合保税区筹建工作，学习"双创中心"的设立与管理，同时挂职学习建设项目管理、融资担保管理、食品药品检验等事项，均取得了很好的效果。此外，在援藏干部的推动下，拉萨经济技术开发区和林周县多次选派干部和基层工作人员赴苏州细致观摩、深入考察，并参加多种类型的技术培训。这些干部和基层工作人员返回拉萨后，大多成长为当地的重要领导干部。

三是积极推动西藏食品药品简易检测项目的开展。国家食品药品总局曾专门为拉萨市拨款，用以建立食品药物检测机构，但当时仅有硬件到位，机构工作人员缺口较大。援藏干部根据实际情况设立了一个检疫机构，以检疫为主。对于西藏来说，这个高精尖的行业，设备贵是困难的一方面，而找到合适的技术人员则是困难的另一方面。西藏的地理条件对于设备的要求、人员的要求都比较高，西藏特殊的地理环境成为高精尖行业难以在当地长期发展的一个阻碍因素。徐礼华认为，如果没有操作人员，只有机器的话，不出三五年，机器就很容易报废。徐礼华当时建议先从简单的做起，先让一些技术人员操作设备，熟悉设备。援藏干部从西藏选拔和招聘技术人员，再送到苏州进行无偿培训，充分利用苏州的资源。

此外，"全国净土健康产品知名品牌创建示范区"的申报和获批，中央环保督察、国土专项督察的顺利通过，土地、工程等历史性遗留问题的成功处置，也都有苏州高新区援藏干部徐礼华的辛勤奉献。

第五章 扶贫先扶智

第五章 扶贫先扶智

一 云阳县概况

云阳县位于重庆东北部、三峡库区腹心地带，因"四时多云、山水之阳"而得名，是长江经济带上的重要节点，辖区面积3649平方千米，辖42个乡镇（街道）、478个村（社区），云阳县的三峡工程动迁移民人口和淹没实物指标居库区各县之首。其西距重庆主城300千米，东距湖北宜昌260千米，是重庆人口最多的县、渝东北三峡库区城镇群重要增长极、中国西部百强县。有户籍人口133.73万人，常住人口92.66万人，城镇化率45.46%。有汉族、土家族、回族、蒙古族、苗族等24个民族。2000年7月14日，云阳县由重庆市直接管辖。2019年年末，实现地区生产总值431.24亿元；一般公共预算收入完成16亿元，同比增长7.3%；城乡居民人均可支配收入20780元，同比增长10.8%。

三峡工程蓄水后，云阳县形成了"一江四河六大块，七山两水一分田"的地貌特征。县城依山傍水、山清水秀，宜业、宜居、宜乐、宜游，有"万里长江·天生云阳"之美誉。先后获得全国文明县城、国家园林县城、国家卫生县城、中国优秀旅游城区、中国最具幸福感城市、中国人居环境范例奖、全国平安建设先进县等殊荣。

人文美。云阳于秦时置县，名朐忍，建县史有2300多年。西汉时扶嘉在云安凿井取卤制盐，云阳因此而成为中国井盐文化的重要发祥地。诗圣杜甫曾寓迹云阳，在那里留下了30余首不朽诗篇。李远、程德全、彭聚星等人才辈出，云阳人辛寅逊写下了中国历史上第一副春联——"新年纳余庆，佳节号长春"。云阳曾是下川东游击纵队主要活动阵地，江姐、彭咏梧在这里浴血奋战、播撒革命星火。

生态美。长江在云阳过境的长度为68千米，这一段的长江两岸森林覆盖率为73.5%。云阳有自然保护区2个，自然保护区面积23.8万亩。森林面积297万亩，森林覆盖率55.7%。全年空气质量优良天数保持在95%以上。"一江四河"水质满足国家水域功能的要求。拥有龙缸5A级旅游景区、张飞庙和三峡梯城两个4A级旅游景区及普安世界级恐龙化石群等4张名片。

城市美。云阳县把城市按景区打造、把城区当客厅管理，"50平方千米、50万人口"中等规模城市初具规模。云阳县是重庆唯一的4A级旅游景区城市，1999级世界城市最长人字梯屹立在长江之滨，3.7平方千米龙脊岭公园横卧城市中央，33千米环湖绿道环绕两江四岸，有超过10平方千米的城市绿肺，市民可"10分钟进公园、5分钟观景点"。沪蓉高速和郑万高铁自西向东横贯县境，万吨级船舶通江达海。

云阳县的发展变迁，伴随着30多年的扶贫历程。1986年，云阳县被确定为国家级贫困县。"八七扶贫攻坚计划"，让35万贫困群众过上了吃饱穿暖的日子；秦巴山区的连片开发，有效解决了区域性贫困问题；整村脱贫计划，让110个贫困村实现了"七有四通三解决"。但由于多方面原因，云阳县的贫困状况仍未得到根本性改变。一是贫困群体大、程度深。2014年建档立卡贫困村162个，占全县478个村（社区）的34%；动态建卡贫困人口14万人，动态贫困发生率高达14.2%，因病、因残致贫1.9万户，占贫困户总数的50.6%；部分贫困户是多种致贫原因叠加，自我发展能力较弱。二是基础设施落后、任务重。2014年，162个贫困村中公路通畅率只有55%，贫困村中的135个撤并村通畅率仅为18.5%。有6.75万贫困人口未解决饮水问题。有37个行政村不通网络。三是主导产业薄弱、增收难。贫困村产业结构单一，以传统种养殖业为主，高效益经济作物少，商品化、市场化程度低。

2015年新一轮脱贫攻坚启动以来，云阳县深学笃用习近平总书记关于扶贫工作的重要论述，始终以脱贫攻坚统揽经济社会发展全局，完善县、乡、村三级指挥体系，以超常的决心、超常的办法、超常的投入，补短板、攻堡垒，江苏省、山东省、中国进出口银行、重庆市渝北区等对口支援单位倾情帮扶，齐心协力坚决打赢脱贫攻坚战。2018年6月，云阳县通过国家专项评估检查，实现高质量整体脱贫摘帽。截至2019年底，云阳县累计减贫13.2万人，贫困发生率降至0.3%。

二　援建背景和政策

在三峡工程即将开工前夕，考虑到三峡库区19个移民区县多数地处贫困山区，移民数量大，搬迁安置任务艰巨，在这样的背景下，按照中央和江苏省的决策部署，自1992年开始，苏州市对口支援云阳县。特别是1994年国务院明确由江苏省重点对口支援云阳以来，苏州市委、市政府积极响应党中央、国务院号召，高度重视对口支援云阳工作，对云阳县给予了全方位、多层次、多形式的支援。1998年前，苏州全市对口援助云阳县12个乡镇和云阳县城。1999年后，对口支援三峡工作进入新阶段，江苏省为集中各地的分散资金办大事，改为各对口支援城市筹措援助资金后，由省统一安排在云阳县援建比较大的公益性项目。作为江苏省委、省政府确定的对口支援重庆云阳县挂钩单位，苏州高新区一直十分重视和云阳县的合作交流，除每年完成江苏省委、省政府下达的对口支援任务以外，还特别关注云阳县教育事业的发展。

2011年4月，苏州高新区对口支援云阳捐赠仪式

三　援建举措和成效

为支持三峡库区建设，改善库区办学条件，2007年以来，苏州高新区领导先后17次率相关部门负责人和企业家到云阳对口帮扶，援建了云阳苏州高新区特殊教

育学校、苏商光彩小学教学楼、新津小学教学楼等爱心工程。

（一）捐助云阳苏州高新区特殊教育学校

云阳县特殊教育学校于2007年4月在新县城建成，占地面积13亩，建筑总面积7266平方米。自2007年始，苏州高新区不断捐赠资金及设备，帮助该校解决实际困难。随着学校办学条件的不断完善，云阳残障儿童的入学率大大提高。为了使残障儿童接受公平教育，云阳县政府整合培训资源，于2009年在紧邻云阳县特殊教育学校的地方投资新建了残疾人康复中心，并将县残联搬至该中心办公。云阳县妇联则在县属部门启动了一对一的"爱心妈妈"工程，让每个残障孩子在校读书期间都能受到"爱心妈妈"的关心和帮助。云阳县特殊教育学校始终秉承为每个特殊孩子创造幸福和价值的办学理念，坚持尊重差异、强化补偿、多元发展的办学策略，以"阳光的方向最好的自己"为校训，编纂校本教材，施行"三段育德"，着力抓好教育、康复、技能三个重点，依托语训室、感统室、陶艺室、生活技能室、心理咨询室、按摩室、律动室、缝纫技能室、康复训练室等功能室开设多种特色课程，让一大批学生实现了康复、升学、就业，聋生升学率年年位居渝东北片区第一。

云阳苏州高新区特殊教育学校先后被评为云阳县师德师风先进集体、云阳县教育教学质量优秀学校、云阳县特殊儿童艺术教育特色项目学校、重庆市"个别化教育"基地、重庆市优秀基层党组织、重庆市安全文明校园。学校本着"不求人人成才，但求人人进步，力求自食其力"的育人观，近年来办学成效显著。学生美术作品有16人次分获市级奖项和全国二等奖；在重庆市残运会田径赛上2人次分获银牌、铜牌；在第十三次全国特奥日活动中获得了9金、4银、3铜的好成绩；学校编排的舞蹈《折耳根》在北京人民大会堂参演并一举获得金奖；16位同学分别获得国

2007年4月，云阳苏州高新区特殊教育学校挂牌

家级金星奖，学校被命名为"全国青少年艺术人才培训基地"。

2008年汶川大地震后，国家全面启动了全国校舍安全工程，正是因为有了苏州高新区的爱心捐赠，云阳县教委率先在全市排除D级危房3860平方米，使受捐学校的师生从此消除了对危房的恐惧心理，享受了优美的学习环境，使用上了先进的教学设备。

2007年9月，苏州高新区首次捐款，为云阳县修建学生食堂和学生宿舍1300平方米。

2008年4月再次捐款，解决云阳苏州高新区特殊教育学校资金债务紧张问题；云阳县政府授予苏州高新区管委会副主任蒋国良为云阳苏州高新区特殊教育学校名誉校长。2008年9月，苏州高新区为该校学生捐赠30台电脑，赠送学生冬装和秋装校服136套，为26名教职工每人定做了一套工作服。2010年4月，苏州高新区捐款用于购买教学设备和设施（同时受捐学校有新津小学）。2011年4月，苏州高新区捐款用于购买教学设备和设施。

2012年，全国校舍安全办公室、教育部在全国范围内征集校安工程实施以来的典型案例，云阳县教委将云阳苏州高新区特殊教育学校接受苏州高新区捐资助学改善办学条件、县政府聘请蒋国良为学校名誉校长的事例，以"大爱无疆、情暖特教"的主题予以上报。

2012年5月20日，苏州高新区管委会副主任、云阳县特殊教育学校名誉校长蒋国良等一行在云阳县副县长杨清华的陪同下，到特教学校指导工作。蒋国良在听取学校关于教育教学管理、设备设施配备等的情况汇报后，实地察看了校园环境、学生手工作品和学校各种功能室设备，对学校管理和发展工作给予了充分肯定和高度赞扬。他表示，苏州高新区将一如既往地支持学校的发展，把江苏的教育资源引到云阳特教中来，把云阳苏州高新区特殊教育学校的老师邀请到江苏学习深造。蒋国良还代表浒墅关开发区管委会向特教学校捐赠10万元，用于教育设备的优化。

2013年，苏州高新区管委会副主任蒋国良等一行到云阳县特殊教育学校考察，并捐款用于添置教育设备。

2014年9月28日，苏州高新区管委会副主任蒋国良一行7人在云阳县委常委、宣传部部长、统战部部长胡文军，云阳县政府副县长朱锡祥的陪同下来到云阳特校开展对口帮扶活动。蒋国良代表苏州高新区向云阳苏州高新区特殊教育学校捐赠资金，用于改善办学条件，建设学生宿舍楼。

在此次考察中，胡文军代表云阳县委、县政府接受捐赠并致欢迎词。她讲道，蒋国良主任亲自带队前来捐资，帮助建设学生宿舍，实现学校扩建增容，这不仅仅是对山区特殊教育的拳拳关爱，更是对西部欠发达地区、国家级贫困县社会事业发展的关心、支持和鼓舞。双方座谈会由朱锡祥主持，云阳县教委主任陈洪荣、特教学校校长邹威分别与苏州高新区领导签订捐赠协议，云阳县政府办、县教委、县对口支援办等相关部门的负责人参加了上述活动。

2015年5月26日，苏州高新区管委会副主任蒋国良一行10人，在云阳县政协副主席熊玉梅的陪同下到云阳县特教学校看望全体师生，关心残障学生的学习和生活。蒋国良先后参观了校园文化园地和教学楼、宿舍楼，深入了解学生的学习和生活情况。蒋国良说，他作为云阳县特教学校的名誉校长，每次到特教学校都能发现可喜的变化。他讲道，学校虽然规模不大，但布局合理、特色鲜明、教学效果好，教师富有爱心和耐心，让他们一行人很受感动。他对当年县特教学校两名听障学生考上大学表示热烈的祝贺，还对学校近年在教师专业比赛、特色学校建设、文明礼仪等方面所取得的成绩给予充分肯定。随后，蒋国良一行还实地了解了学生宿舍的筹建情况，并表示尽可能提供包括资金和内部设备在内的爱心援助，给残障孩子创设一个更加优美、宜居的学习和生活环境。

2017年的国际儿童节，对云阳苏州高新区特殊教育学校的师生们来说很难忘，因为他们收到了一份特殊的礼物。当天，苏州市虎丘区人大常委会副主任、云阳县苏州高新区特殊教育学校名誉校长蒋国良，率苏州高新区相关部门一行，到云阳苏州高新区特殊教育学校开展对口支援工作。

苏州高新区援助的云阳县特殊教育学校

当天在特教学校操场，以"撑起爱心伞，快乐庆六一"为主题的活动现场气氛热烈，特殊教育学校的小朋友们在老师的带领下为大家表演了精彩的节目。急促又富有动感的《青春修炼手册》展现出特殊教育学校学生跳动的热情；舞蹈《爱在人间》，一群怀揣美好心愿和梦想的聋哑孩子在悠扬的歌声中翩翩起舞，展现出孩子们的感恩之心；精彩的武术表演，展现了孩子们自强不息的精神。在孩子们的邀请下，蒋国良一行与孩子们一起"抢"凳子，与孩子们亲切互动，现场充满了欢声笑语。

当天座谈会上，云阳县委常委、常务副县长刘晓云详细介绍了近年来云阳的经济社会发展情况、苏州高新区对口支援云阳县特殊教育学校的相关情况。蒋国良说，作为云阳县特教学校的名誉校长，他每次到云阳进行对口帮扶，都能发现当地经济社会发生了翻天覆地的变化，学校的发展有了长足的进步，学生技能提升显著，他们进入社会后一定会成为有用之才。蒋国良表示，将一如既往地提供支援，希望云阳和苏州继续保持友好关系，加强农业、工业、人力资源等方面的合作与互动，携手共进，共同发展。苏州高新区向云阳县特殊教育学校捐赠30万元，用于学校学生宿舍楼建设。

2018年5月6日，苏州高新区组织赴对口支援地区重庆云阳县开展相关帮扶工作，后又分别于当年9月和11月赴云阳开展帮扶工作，捐资用于云阳县特教学校学生宿舍楼设备添置等项目，并专门设立"蒋国华奖学金"和"喜洋洋助学金"，对云阳县苏州高新区特殊教育学校考入大学的病残学生提供一次性奖学金2万元和每年助学金5000元，助力贫困学生圆大学梦。

2019年5月，苏州高新区党工委委员、管委会副主任高晓东一行赴云阳考察对口支援工作，并捐资用于云阳苏州高新区特殊教育学校学生食堂扩建及校园文化项目。

2019年5月12日，苏州高新区代表团考察云阳县特殊教育学校

2020年8月12日至13日，苏州高新区党工委委员、管委会副主任高晓东率领对口支援考察团到重庆市云阳县开展对口支援帮扶工作，向云阳特殊教育学校捐赠资金，用于支持特殊教育发展。云阳县委常委、常务副县长刘晓云陪同考察。

高晓东一行深入云阳特殊教育学校教学楼、学生寝室、食堂等场所，实地参观学校校园文化建设、观摩师生作品展，并举行对口支援云阳座谈会暨捐赠仪式。苏州高新区及江苏银行苏州新区支行向云阳特殊教育学校无偿捐赠资金，用于校园文化项目和"师培师训项目"的实施。

2020年8月，苏州高新区党政代表团考察云阳县特殊教育学校

（二）捐助苏商光彩小学

云阳苏商光彩小学的前身是高阳电站村校，地处小江电站大桥南岸，属三期移民迁建学校。这座修建于20世纪80年代初的学校，由于经费不足，校舍年久失修，显得十分陈旧。

2007年，苏州高新区代表团到该校考察，发现学校办学条件艰苦，决定由江苏省苏州市企业家王玉南先生、邵荣林先生、游宗武先生共同捐资，整体搬迁该校。

2007年，苏州高新区代表团与云阳学生交流

现在的苏商光彩小学坐落于山清水秀、交通便利的澎溪河畔，学校功能齐全，布局合理，其办学条件、设备设施在全县同类学校中堪称一流。学生不但能在宽敞明亮的教室里学习，还能享受到国家免费提供的牛奶和午餐，学校的教研和教学工作也取得了十分可喜的成绩——学校连续3年被云阳县教委考评为"常规管理示范学校""云阳县健康校园"，并荣获信息技术与装备考核一等奖。该校毕业生张蔚以724分的高分勇夺2010年云阳县中考状元，被重庆市南开中学选招入学；2013年被北京大学生命科学学院生物学专业录取。

（三）捐建新津小学

新津小学位于磨刀溪畔的新津乡和平村，学校占地面积7173平方米，建筑面积6022平方米，学生活动场地2800余平方米。现有教职工52人，有18个教学班，在校学生有878人。

2010年4月，苏州高新区为新津小学捐资用于教学综合楼项目建设。该项目的建成投入使用，消除了该校近1000平方米的D级危房和每班有70名以上学生的大班现象。在新建的教学综合楼中，学校完善了教育教学必备的功能房，添置了35部电脑，建起了计算机网络教室，建立了留守儿童视频聊天室，让留守儿童定时与父母通过视频交流在校期间的学习、生活状况，从而拉近了孩子与在外务工父母间的距离。学校添置了近5000册图书，建起了图书室、阅览室，丰富了留守儿童的课余文化生活。2011年，该校通过走足球特色学校之路，促进学校发展，培养的学生姚冰冰于2013年被广州恒大足球学校录取。

苏州高新区援建的云阳县新津小学

（四）建立中日康养人才培育示范基地

2019年年初，苏州高新区引荐全国养老产业高级人才培养单位上海耄耋春教育科技有限公司在云阳探索针对养老产业职业教育帮扶的创新模式。5月28日，上海耄耋春教育科技有限公司和云阳职业教育中心共同举办中日康养人才培育示范基地授牌仪式，苏州市虎丘区人大常委会副主任蒋国良出席仪式并讲话。

该基地的建立，有利于深化和推动云阳县职教中心与上海耄耋教育科技有限公司合作培养康养领域高端管理人才项目的持续开展，同时为当地贫困学生提供海外学习及就业机会，帮助他们提高市场竞争力，实现贫困家庭整体脱贫。2019年5月基地已录取学生23名，其中10名于当年7月结束国内课程，前往日本继续深入介护专业的学习、实习及就业。

2019年5月28日，中日康养人才培育示范基地授牌仪式在云阳职业教育中心举行

第六章　医疗与教育先行

陕西省榆林市定边县篇

一 定边县概况

定边县位于陕西省西北部，陕、甘、宁、内蒙古四省区交界处，地处鄂尔多斯草原向陕北黄土高原过渡地带，素有"旱码头"和"三秦要塞"之称，与靖边县、本县安边镇合称"塞上三边"。定边县历史悠久，秦时纳入版图，北魏时属大兴郡，又称盐州。北宋时，著名政治家范仲淹取"底定边疆"之意将此地命名为"定边"。革命战争时期，这里是中央工农红军长征入陕第一站，老一辈无产阶级革命家在这里留下了光辉的战斗足迹。定边县域面积6920平方千米，位列陕西省第三位，现总人口35.21万，辖14个镇、4个乡、1个街道办事处、1个便民服务中心、226个行政村。

文化底蕴深厚。边塞文化、黄土文化与草原游牧文化在这里汇聚交融，形成了许多自然人文景观。境内有270多千米隋代和明代古长城遗址、384座长城墩堠，37座宋代、明代古堡关寨遗址，32座清代、民国时期烽台堡寨遗址。剪纸、说书、皮影等非物质文化丰富多彩。被命名为中国民间文化艺术之乡、中国剪纸艺术之乡、全国文化资源共享工程示范县、陕西省文化先进县、省级卫生县城和省级文明县城。曾涌现出明末农民起义领袖张献忠、北伐战争将领郑思诚、抗日爱国将领高桂滋，以及全国劳模李守林等一批具有重要影响的人物。近年来又涌现出党的十八大代表、治沙英雄、全国劳动模范石光银，全国劳动模范、新时期石油"铁人"张林森等一大批杰出人物。

气候环境独特。全县海拔1303米至1907米，为典型的温带半干旱大陆性季风气候。县域南部为白于山区，占全县总面积的52.8%；白湾子镇魏梁山海拔1907米，为陕北最高峰。北部为平原草滩区，占全县总面积的47.2%。定边县属资源性严重缺水的县，年平均降雨量325毫米，无定河、泾河、洛河源头分别位于定边县学庄乡、白湾子镇和杨井镇境内，八里河是一条全长54.5千米的内陆河。全县森林保有面积314.6万亩，森林覆盖率29.4%。

物产资源丰富。定边是全国县级区域石油产能第一大县。石油探明储量16.18亿吨，含油面积5000平方千米，天然气探明储量3000亿立方米，含气面积4992平方千米，按目前开采量测算，预计还可开采50年以上。县境内共有油气井2万多口，采油气井场7000多个，原油年产800万吨以上，天然气年产16亿方以上，油气年产超过1000万吨。定边是"西北前列、陕西第一"的新能源产业示范县，有300多万千瓦风电装机容量。按照省、市"建设陕北百万千瓦风电基地"和"打造陕北大型光伏电站"的战略构想，规划到2020年全县风力、光伏发电总装机规模达到6600兆瓦，总产值达到83亿元。目前风电装机并网1380兆瓦，在建1630兆瓦，光伏装机并网870兆瓦，在建870兆瓦，被财政部等部门命名为"国家首批绿色能源示范县"，被国家农业产业协会命名为"绿色环保节能示范县"。华能狼尔沟9兆瓦分布式风电场是全国首个分布式示范发电项目，国电繁食沟49.5兆瓦风电场是陕西省第一座风力发电场，建成的870兆瓦光伏电站是目前陕西省规模最大的光伏发电站。

定边是陕西省唯一的湖盐产地。有天然盐湖14个，盐湖面积100平方千米，2011年以来由延长石油盐化工公司实施盐湖综合开发利用项目，由于受市场环境影响和延长石油对非油项目的处置，目前项目处于暂缓实施状态。定边是陕西现代特色农业大县。全县有耕地380多万亩，基本农田280多万亩，人均耕地10多亩，是世界红花荞麦原产地保护区、中国马铃薯六大生产县之一、中国马铃薯特产之乡、中国马铃薯美食之乡。近年来，定边县连续获得玉米、马铃薯、球茎甘蓝、地膜辣椒等10多项全国单产最高纪录，无公害农产品生产通过国家整县环评，马铃薯、荞麦、羊肉分别于2008年、2011年、2016年被国家质检总局批准受地理产品标志保护，其中定边荞麦粉被国家标准化委员会评定为国家标准。定边县被农业农村部命名为"全国农业高产创建活动示范县"，被农业农村部、中科院、中国种子协会联合命名为"西北旱作区马铃薯主粮化示范基地县"。①

二 援建背景和政策

扶贫协作和对口支援是改革开放以来党和国家动员组织东部经济较发达省市对西部欠发达地区提供经济援助和技术人才援助，促使贫困地区发展和贫困人口脱贫致富的一种扶贫方式，是改革开放以来党中央、国务院依照邓小平关于共同富裕理论所制定的一项重大战略决策。

1996年10月，党中央和国务院颁布的《关于尽快解决农村贫困人口温饱问题的决定》指定东南沿海的13个发达省市协作帮扶西部的10个经济欠发达省区。作为我国特色的扶贫制度之一，长期以来，东西协作扶贫通过开展文化交流、互派干部挂职学习、技术以及劳务双向输出和双方互相考察、参观等多种形式的扶贫方式，使东西部省份充分挖掘利用了各自的资源优势，增强了彼此的合作。

1996年，党中央、国务院决定东南沿海发达省市协作帮扶西部经济欠发达省区，②江苏与陕西被确立为结对省份，苏州市负责对口支援陕西省榆林市。其中：昆山市—清涧县；常熟市—横山县；张家港市—子洲县；吴江市—绥德县；太仓市—米脂县；吴中区—靖边县；苏州工业园区—吴堡县；苏州高新区—定边县。自此，苏州高新区与定边县建立了对口支援关系，定边县也是苏州高新区最早结对援建的地区。

1997年，陕西定边县是苏州高新区开展对口帮扶支援协作工作的起点。医疗和教育作为民生事业的两大重心，开启了苏州高新区对口帮扶支援协作的征程。从定边县人民医院到定边县妇幼保健医院，从定边县苏州新区希望小学到定边县职教中心，苏州高新区支援了对口地区的医疗、教育基础设施改造升级。同时，苏州高新区还积极委派优秀医生和教师前往定边支医、支

---

① 引自定边县官网（http：//dbzf.zgdb.gov.cn/gm/5624.htm）。
② 参考自苏州高新区新闻网（http：//news.snd.gov.cn/news/4431.html）《苏州高新区十年聚力对口帮扶促发展》。

教，组织当地医生、教师来苏培训学习，通过人才的双向交流，提升对口地区医疗教育水平。

三 援建举措和成效

苏州高新区与榆林市定边县自1997年建立结对关系以来，双方密切合作，在对口交流、援建项目等合作上进展顺利，成绩显著。苏州高新区从资金、技术等方面给予定边县诸多支持。同时，苏州高新区领导多次赴定边县考察指导工作，定边县也多次组织教育、卫生等部门的业务骨干及部分领导到苏州高新区学习和培训。两地的交流合作，充分体现了苏州高新区对定边县的深厚情谊和关心支持，有力地促进了定边县经济社会的发展。

（一）卫生医疗援建

1. 定边县人民医院

自2004年以来，苏州高新区对定边县人民医院在医院管理、科室建设、医疗技术、资金援助等方面给予了大力扶持。在苏州高新区的扶持下，定边县人民医院各方面工作取得了良好发展，医院管理不断加强，医疗设备不断更新，医疗服务质量显著提高，就医环境大大改善，也取得了良好的社会效益和经济效益。

定边县地处陕西北部、榆林市最西端，自然环境条件差，经济文化落后，人民生活艰苦，医疗条件差。2000年前，定边县人民医院基础差、底子薄、业务用房短缺、设备陈旧落后，不能满足广大群众的就医需求，每年有万余本地及周边地区患者因医院条件限制被迫到外地医院就医，但因路途远、费用高，患者家庭经济负担过重，因病致穷、因病返穷的问题尤为突出。

2001年，定边县人民医院计划修建主体五层、局部六层的门诊大楼，该项目占地面积912平方米，建筑面积4386平方米。门诊大楼于2001年7月9日动工，2002年7月9日竣工，工期365天，有效工期180天，2002年7月25日经有关部门验收为优良工程并投入使用。

定边县人民医院门诊大楼投入使用后，一改过去门诊楼狭小拥挤、破旧简陋的窘况，从根本上解决了群众看病难的问题，极大地改善了定边县及其毗邻地区人民群众的医疗保健条件。2001年至2008年，门诊由8万人次增至19.8万人次；住院病例由2100例增至1.1万余例；业务收入由860万元增至5100余万元。据测算，每年为定边县境内的广大患者减少外出就医医疗费700余万元，从根本上解决了定边及其周边地区广大群众因病治贫、因病返贫的问题。

门诊大楼建成后，苏州高新区又赠送给定边县人民医院1辆金杯牌救护车及监护仪、呼吸机等车载设备。定边县人民医院成立了120急救中心，医务人员全天24小时应诊，能迅速及时地抢救危重病人，从而挽救了很多生命垂危的患者，赢得了广大群众的一致好评。2015年，苏州高新区还追加援助定边县1辆新救护车及相关车载设备,有效地改善了定边县的医疗急救状况。

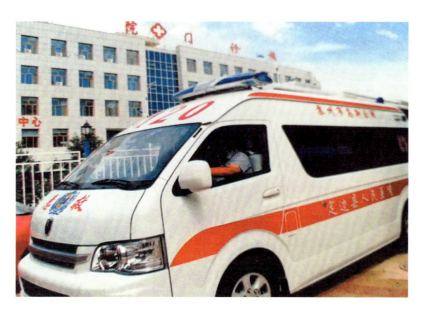

2015年苏州高新区援助定边县人民医院的救护车

2004年至2009年,苏州每年选派医疗队援助定边县人民医院,共派出6期,先后援助定边县人民医院的苏州医疗专家有17名。医疗专家们克服水土不服、气候干燥、饮食不习惯、生活条件差等困难,不嫌脏、不怕苦、不怕累,甚至带病工作。为了满足广大患者的就医需求,他们放弃休息时间,双休日、节假日照常上班,每天早上班、晚下班,24小时全天候为陕北老区人民服务,不论白天晚上,随叫随到。他们的医德、医技和敬业精神,赢得了定边县广大群众的一致好评。来自苏州的医疗专家们怀着一颗颗赤诚之心,用实际行动表达了苏州人民对陕北老区人民的深情厚谊和无限关爱。

苏州医疗队还带去了新的管理理念和管理方法,直接参与定边县人民医院的科室管理和建设,开展学术讲座、教学查房、病案讨论,在接诊或手术过程中耐心带教身边的医务人员,通过传帮带,为定边县人民医院培养了一批学科带头人和业务骨干,有效提高了整体医疗技术水平和服务质量,使定边县人民医院的管理进一步制度化、规范化、科学化。

在资金方面,定边县人民医院将捐赠款全部用于医院事业发展,进一步改善了定边及其周边地区广大人民群众的就医条件,取得了良好的社会效益和经济效益。

总之,苏州高新区的大力支持,特别是医疗队的无私援助,有

2018年,苏州高新区代表团考察定边县人民医院

效提高了定边县人民医院乃至全县整体医疗技术的水平和服务质量，改善了定边县及其周边地区广大群众的医疗条件，造福陕北人民。

2. 定边县妇幼保健院

2006年，苏州高新区心系定边发展，不断加大对口支援定边力度，为夯实定边县妇幼保健院的发展基础，捐资修建完成了保健院发电机组，解决了医院用电问题；修建完成了保健院的监控工程，提升了医院的安全设施建设。2006年，定边县妇幼保健院综合大楼刚刚建成，医疗资源和后勤保障设备匮乏，无法达到医疗安全要求，通过实地查看后，苏州高新区进行了捐赠帮扶，为定边县妇幼保健院的发展提供了坚实基础。

3. 定边口腔医院

2016年9月1日至2017年6月30日，定边口腔医院为定边县28所幼儿园在校儿童进行了免费口腔检查及龋病预防，其中窝沟封闭项目8062人次，涂氟保护项目3157人次。此项活动的开展，得到了苏州高新区的大力支持。

儿童口腔健康检查、教育及龋病预防公益活动得到了幼儿园领导的高度重视和家长的认可，普及了口腔健康理念，让孩子们形成了良好的口腔卫生意识。下一步，定边口腔医院将自筹资金继续开展此项公益活动，并将此活动逐年开展下去，倡导健康生活方式，提高广大群众的口腔健康水平和预防口腔疾病的能力。

苏州高新区对口支援资金的及时援助，解决了定边口腔医院开展口腔公益活动资金困难的问题，部分专业医疗设备的购进，提升了定边口腔医院的医疗技术服务质量，有效降低了少年儿童的牙齿龋坏率，进一步增强了孩子们的口腔预防保健意识，为定边口腔医院今后做精做细高新技术医疗服务夯实了基础。

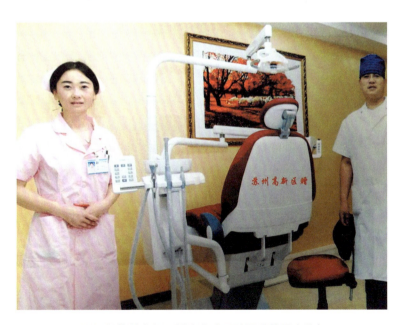

2016年苏州高新区援建定边口腔医院的医疗设备

（二）教育援建

1. 援建定边县第五中学

2014年，苏州高新区向定边县第五中学提供资金，主要用于校园信息化建设。这些资金为定边县教育教学电子信息化奠定了基础，对定边县第五中学的信息化建设起到了积极的推进作用。定边县第五中学充分利用这些资金进行校园信息技术设施改造，安装了多媒体白板，提升了校园网络建设水平。

2018年，苏州高新区代表团考察定边县第五中学

资金支持是推进学校发展的重要组成部分。为确保资金使用安全，定边县第五中学严格按照相关部门关于资金管理的要求，切实加强资金监管。第一，专户专账，严格执行专项资金报账制。认真执行资助资金管理规定，建立资金专户。第二，阳光操作，全面推行公示制。在使用这项资金的过程中，各个建设都是首先在校委会形成决议后，再经过全体教师大会通报才开始实施，在实施的过程中，学校派专人负责监督与管理，确保资金用到实处和项目建设质量达到高标准。第三，跟踪问效，建立多方监督、检查制度。定边县第五中学依据上级部门关于资助资金的相关要求，积极配合纪检、财政、审计等部门的检查，加强对资助资金计划执行、资金使用、财务管理等环节的监督、检查。

信息化教育环境的改善，从根本上改变了传统的教学模式，加快了各种信息的传递速度，为广大教师、学生以及管理人员提供了一个全新的应用环境，有效地促进了信息交流、资源共享、科学管理和科研合作，信息技术所运用的各种设备已经成为学校最重要的教育基础设施，推动了教育事业的迅速发展。

苏州高新区教育援助的定边县第五中学

2. 援建定边县苏州新区希望小学

苏州高新区援建的苏州新区希望小学位于定边县新区献忠路南50米处，其前身是定边镇南园子村小学，创建于1954年。在建校初期，校园校舍简陋，硬件设施不齐全，师资队伍和生源都比较薄弱。1998年，由苏州高新区捐资，村委会自筹资金，建成了一栋面积为1363平方米的教学楼（北），学校从此更名为"苏州新区希望小学"。

此后，苏州高新区管委会领导多次回访苏州新区希望小学。2015年，苏州高新区援助资金40万元，用于定边县苏州新区希望小学学生营养餐厅的建设。该项目的建设，解决了定边县苏州新区希望小学学生就餐条件困难的问题。

在苏州高新区的关心和支持下，这所村办小学脱颖而出，学校面貌焕然一新，成为定边县的一所窗口示范学校。师资队伍与生源不断扩大，学校声誉和办学水平逐年提升，2004年9月学校顺利通过陕西省政府"两基"工作验收。援建后，这所学校的各个硬件设施得到进一步充实完善，给学校的教育教学工作注入了新的生机和活力。学校有26间多媒体教室，配有液晶触摸显示屏，实现了班班通多媒体教学，并接通50兆光纤，为教师扩大信息渠道、备写教案、查阅教学资料、进行教学交流等提供了方便。

苏州新区希望小学不负苏州高新区以及援助各方的期望，以学校的发展、教师的发展、学生的发展为着眼点，全面实施素质教育，彰显亮点工程；以转变观念为切入点，结合现代先进教育手段，深入开展校本教研，扎实稳步推进教学改革。在全体师生的共同努力下，苏州新区希望小学先后获得"双常规管理先进集体""德育工作先进集体单位""教研教改工作先进单位""综合治理先进单位""校园文化建设先进单位"等十几项荣誉称号。2014年又被授予省级"文明校园"荣誉称号。学校教育教学质量稳步提高，各类活动有效开展，办学规模逐步扩大，社会声誉逐年提升。

苏州高新区援建的定边县苏州新区希望小学

3. 援建教学设施建设

2008年至2009年，苏州高新区捐资用于定边职教中心校园网络项目建设。项目建成投用后，为定边县职教中心的教学发挥了巨大作用。

2011年，苏州高新区捐资用于定边中学校园网络项目建设。该项目的建设，使定边县在远程教育、校园广播、校园自办电视节目及电子化教学等方面的现代化程度有了明显提高，特别在远程教学中广泛吸收各大高校的先进教学经验，对提升定边的教学工作起到了积极作用。

2012年，为加强定边县党建基地建设，苏州高新区捐资援建党员干部教育培训示范基地一处。

2013年，为了进一步加强定边县科普基础设施建设，配合教育体制改革，促进定边县青少年科普教育工作实现教育教学电子化，苏州高新区捐资帮助定边县建设校园科技馆3处，提供了8套多媒体设备及18块教室投影幕。

（三）干部学习交流

2012年，为加强定边县党建基地建设，苏州高新区援建党员干部教育培训示范基地1处，援助资金30万元。

定边县还先后委派乡镇领导、部门领导以及卫生、教育系统的骨干力量赴苏州进行学习交流，将苏州高新区先进的理念引入定边县各行各业。2015年9月，定边县党政领导干部带领教育骨干到苏州高新区进行学习交流，一行学习了苏州高新区先进的教育教学管理工作以及在教师培训培养、学生发展指导等方面好的做法，开阔了定边县教师的视野，提升了定边县的教育教学水平。

苏州高新区领导高度重视对口支援定边工作，区领导多次组织赴定边开展对口支援工作，实地了解当地需求，组织教育、医疗专家赴定边考察交流，为定边经济社会发展做出了积极贡献。

2018年5月9日，苏州市虎丘区人大常委会副主任蒋国良率队赴陕西省定边县考察对口项目建设发展情况，两地共叙20年的对口支援情谊，商谈合作事宜。定边县委副书记、县长焦利民，县人大常委会主任蒋亚东，县委常委、副县长马俊飞参加活动。双方达成以下共识：一是要进一步加强文化交流。力争把定边的特色文化产品推向东部沿海，同时苏州高新区将东部沿海的先进文化理念带到定边，推动定边县各行各业的发展。二是要进一步加强两地间的教育交流。在"十三五"期间，苏州高新区派出教育骨干赴定边指导交流，定边也要派出教育骨干赴苏学习交流，学习苏州高新区先进的教育教学管理经验以及在教师培训培养、学生发展指导等方面好的做法。三是要进一步加强两地医疗卫生交流，共同推动定边医疗卫生发展。

其间，蒋国良一行先后参观考察了定边县白泥井镇沃野农业开发有限公司企业党员干部教育培训示范基地、定边县苏州新区希望小学、定边县中学、定边县第五中学、定边口腔医院、定边县人民医院等帮扶项目。考察团认真参观，详细了解各项产业事业发展情况，对企业项目带动周边农户致富，学校稳步提升教育教学质量，以及医疗项目给全县及其周边群众带来的高质量医疗便利和外地就医支出减少等帮扶实效倍感欣慰。

第七章 对口协作

宁夏石嘴山市平罗县篇

第七章 对口协作

一、平罗县概况

平罗县，隶属宁夏回族自治区石嘴山市，地处国家丝绸之路经济带、呼包银能源金三角、宁夏沿黄城市带等经济区前沿地带，是石嘴山市唯一的建制县。平罗东衔黄河水，西依贺兰山，具有回族、汉族、蒙古族文化底蕴。平罗县是历史文化古城，也是一座以发展商贸流通、轻工业、农副产品加工、科技环保型产业和旅游业为主的生态型城市，县域面积2086.13平方千米，是西北的鱼米之乡，有"塞上小江南"的美誉。2015年11月，平罗县被列为第二批国家新型城镇化综合试点地区。2018年10月，入选全国投资潜力百强县市。2018年12月29日，被国家民委命名为第六批全国民族团结进步创建示范区。

平罗县下辖7个镇、6个乡，141个行政村，县政府驻城关镇。7个镇分别是城关镇、黄渠桥镇、宝丰镇、头闸镇、姚伏镇、崇岗镇、陶乐镇；6个乡分别是高庄乡、灵沙乡、渠口乡、通伏乡、高仁乡、红崖子乡。

平罗县交通、通信条件便利。距自治区首府银川60千米，距河东机场80千米，每周有40多个航班飞往北京、广州、上海等10多个大中城市。包兰铁路、京银高速公路、109国道、110国道、滨河大道、203省道南北平行纵贯县境，是沟通西北与华北的战略要地。平罗在明清时期就被誉为"旱水码头"，是以路而兴、以商而兴的经济型城市。平罗通信功能齐全，京呼银兰通信光缆形成了宽带信息主干线。

旅游资源独具魅力。贺兰山岩画，古朴典雅，栩栩如生，为中外专家学者所瞩目；西夏田州塔、明长城、烽火台、古城堡巍然屹立；钟鼓楼、玉皇阁建筑精巧，巍峨壮观；贺兰山，峰峦叠嶂，甘泉清冽；康熙饮马湖、朔方湖、明月湖、平原水库、西沙湖等湖泊湿地遍布县境；全国35个王牌景点之一的沙湖犹如一颗璀璨的明珠镶嵌其中。

矿产资源丰富。主要有煤、黏土、硅石、大理石、铁矿石、硫矿石等10多种矿产资源，其中煤炭资源丰富，优质煤储量大，"太西煤"被誉为"世界煤王"，储量达9亿吨。陶乐地区煤炭开发，已初步探明储量达10亿吨，煤田工业经济迅猛崛起。依托煤炭、电力等能源优势，全县初步形成了以煤基碳材、特种合金、精细化工、能源化工、装备制造、新能源、农产品加工为主导的龙头强大、配套完善、分工合理、运转高效的现代产业体系。原煤、精洗煤、活性炭、焦炭、电石、石灰氮、双氰胺、水泥、轴承、碳化硅、硅铁等产品市场销售走俏，其中有10多种产品打入国际市场，出口东南亚地区及美、德等国家。

农业资源丰富。境内土地肥沃，山、川、水并存，黄河过境流程45.3千米。平罗的农业得黄河灌溉之利，有配套的自流灌溉和提黄灌溉系统。平罗现有耕地近90万亩，初步形成了以优质粮为基础，清真牛羊肉、制种业、设施蔬菜、生态水产、枸杞五大优势特色产业齐头并进的发展格局，其中菠菜和芸豆种子年销售量居全国前列。贺兰山东麓地区的自然条件可与法国波尔多优质葡萄产区的自然条件媲美，是世界优质葡萄栽培的最佳生态区之一。

平罗地处国家丝绸之路经济带、呼包银能源金三角、宁夏沿黄城市带等经济区前沿地带，区位优势明显。多元合金、电石化工、精细化工、煤化工、新能源、装备制造、生物医药和优质水稻及制种、草畜、瓜菜、生态水产是平罗县的优势特色产业，先后吸引了中钢、中粮、汇源、丽珠等国内500强和行业领军企业落户平罗。平罗城区面积20平方千米，城镇化率达到52%。文化展览中心、体育健身中心、人民会堂、金融大厦等标志性建筑物相继投入使用。康熙饮马湖、威镇湖、韩苑湖、明月湖、瀚泉海交相辉映，形成了城在湖中、湖在城中的生态格局。生态植物园、广场、景观水系、供热、供气及垃圾、污水无害化处理等基础设施完善，城市功能不断升级。一座舒适便捷型、宜居宜业型、生态田园型的现代化城市傲然矗立，成为宁夏沿黄经济区的一颗璀璨明珠。"置业金岸，宜居平罗"的品牌享誉区内外，成为城市对外开放合作的亮丽名片。①

二 苏州高新区对口协作平罗县的背景和相关政策

平罗县与苏州高新区开展对口协作是以实际行动贯彻习近平总书记关于扶贫工作的重要论述和落实国家、省、市关于打赢脱贫攻坚战三年行动决策部署的真实体现，是两地发挥各自优势携手并进的创新举措。

（一）建立干部挂职交流机制

为深入贯彻全国东西部扶贫协作工作会议精神，落实江苏省与宁夏回族自治区商定的关于促进两省区区域合作、增进两地的交流交往、助推宁夏与全国同步小康的合作协议和2018年8月27日第十二届苏州市委第70次常委会决定，鼓励两地互派干部（尤其是年轻干部）挂职学习，为进一步在长三角区域开展招商活动奠定基础，苏州高新区委派杨志平赴石嘴山市平罗县挂职工作，开启了平罗县与苏州高新区协作共进的新征程。

（二）2018年签订《石嘴山平罗县与苏州高新区合作框架协议》

2018年，平罗县和苏州高新区签订《石嘴山平罗县与苏州高新区合作框架协议》，内容主要如下。

一是搭建共享平台。按照国家"一带一路"发展战略，结合平罗县的优势，将平罗县搭建

---

① 参考平罗县人民政府网站（http://www.pingluo.gov.cn/hlpl/plgk/201805/t20180531_773587.html）。

成为承接苏州市虎丘区产业升级转移的平台,以进一步发挥双方特色优势,搭建两地沟通交流平台,动员和组织社会各界共同参与,创新合作理念,加强党政干部互学交流,融合两地优势,开创全面合作发展新局面。

二是加强经济技术合作。两地开展传统产业、现代农业等方面的合作,推进两县区特色产业优势互补;探索两地在新兴产业、现代服务业方面的合作;交流两地产业园区的建设经验;平罗县积极承接苏州高新区产业转移项目。推进两地人才、技术交流,支持两地教育、研发机构等方面的合作。

三是加强文化旅游合作。两县区共同推动互为旅游目的地和客源地,共同开发旅游资源,相互支持在对方城市举办旅游推介活动。双方鼓励当地旅游企业组织游客赴对方旅游,根据实际情况推出优惠政策,加大客源互动,支持双方旅游企业通过各种方式加强合作与互动。苏州高新区支持区内企业参与平罗县文旅产业的合作开发。

四是加强城建领域合作。积极推动两地在城市开发、建设、管理等方面的交流合作,交流园林绿化、水资源利用、污染防治、城市景观等方面的工作经验,探索在智慧城市、特色小镇、美丽乡村建设等方面共同提升,提高和谐宜居水平。

五是加强党建和精神文明建设领域合作。加强精神文明建设领域合作,推进两区文明城市创建水平上台阶。加强基层党建领域务实合作,提升城市街道、企业"两新"组织等的党建水平。

三 苏州高新区对口协作平罗县的举措与成效

(一)签订友好合作框架协议

2018年11月26日和27日,平罗县县长马莉方带领县委宣传部、县财政局、县商务经合局、县发改科技局有关负责人及部分企业负责人到访苏州高新区,重点考察苏州高新区的优势特色产业和新兴产业。

在苏州高新区与平罗县对口协作座谈会暨签约仪式上,双方就工业项目、康养产业、职业教育、文化旅游等进行了座谈交流,并签订了《石嘴山平罗县与苏州高新区合作框架协议》。这是两地开展深度紧密合作的又一创新举措。

(二)双方总工会结为友好工会

2018年12月6日至7日,苏州高新区考察团一行15人赴平罗县进行对口合作考察交流,在平罗县委七楼会议室举行了苏州高新区总工会、石嘴山平罗县总工会对口协作座谈会暨签约仪式。苏州高新区党工委副书记、统战部部长宋长宝,平罗县委常委、统战部部长刘超,县委

2018年12月，苏州高新区与平罗县签订对口协作协议

常委、副县长杨志平等出席活动。

在平罗期间，苏州高新区与平罗县举办对口协作座谈会，并签订友好合作协议。双方一致认为苏州高新区和平罗县互补性强，有着广阔的合作空间，明确在经济发展、文化建设等领域加强合作交流，实现共赢发展。会上，苏州高新区总工会与平罗县总工会举行签约仪式，正式缔结成为友好工会。两地工会表示，将进一步发挥各自优势，在干部培训、科技创新、劳模疗养等方面相互学习借鉴，开展长期交流与合作。

2019年7月18日，苏州高新区总工会党组书记金海兴率区内劳模和先进、基层工会人员共15人到平罗县开展结对帮扶学习交流活动。双方参会人员还就工会组织建设、维权帮扶、普惠服务、职工宣传教育、红色工匠培育、职工服务中心建设等进行了座谈交流。

活动期间，金海兴一行先后参观走访了平罗县泰金种业园、宁夏吉元集团公司等单位，并与平罗县总工会召开交流座谈会。两地部分劳模代表、乡镇企业工会主席参加了座谈会。座谈会上，苏州高新区总工会再次向平罗县总工会捐资，用于建设平罗县总工会基层职工服务中心。

2019年7月18日，苏州高新区总工会与平罗县总工会交流座谈

(三) 互访交流

2018年9月，苏州高新区委派杨志平赴平罗县挂职，任平罗县委常委、副县长，兼宁夏平罗工业园区党工委副书记、管委会副主任。主要职责有：协助县长工作，协助常务副县长抓好招商引资、工业经济和信息化建设、园区建设与开发、非公有制经济等工作；负责协管领域安全生产和信访维稳工作；协管商务局、工信局、工业园区管委会、煤炭集中区服务中心。

2018年12月，苏州高新区党工委副书记宋长宝率队赴平罗县考察并看望慰问苏州高新区援外干部。其间，双方召开对口协作座谈会，两地总工会签订工会友好合作协议，并考察了平罗县产业项目。

2019年6月，苏州市虎丘区人大常委会主任袁永生率队赴平罗县开展对口协作工作并看望苏州高新区援外干部。其间，召开座谈会并考察了平罗县相关产业项目。

2019年6月，苏州高新区党工委委员、管委会副主任高晓东率队赴平罗县看望慰问区派驻干部并开展对口协作工作。其间，双方召开座谈会，进行座谈交流，商定下一步开展深层次协作的相关事项，并考察了平罗县产业项目。

2019年6月17日至18日，苏州市虎丘区人大常委会主任袁永生率考察团一行到宁夏平罗县开展对口帮扶考察交流活动。袁永生一行首先来到平罗县学习考察，深入交流人大工作，召开考察工作座谈会。平罗县委副书记、县长马莉方，平罗县人大常委会主任马长青，县委常委、副县长杨志平陪同考察并参加座谈。在座谈会上，双方一致认为两地在很多领域都具有很强的互补性，有着广阔的合作前景，产业协作、人才交流等都可以加大合作力度。同时两地就人大如何紧紧围绕本地经济社会发展目标，依法运用综合监督形式，大力督促和支持政府开展工作进行了广泛交流。在平罗县期间，考察团一行还看望了苏州高新区挂职干部，实地考察了平罗县现代农业产业发展等有关情况。

2019年6月，苏州高新区代表团考察平罗县产业项目

（四）苏州高新区企业爱心敬老

2018年12月7日，苏州高新区党政考察团走进平罗县幸福院，将爱老敬老的温暖带进老人的心田，爱心企业为幸福院捐赠暖心慰问金。

考察团来到幸福院生活区，了解敬老院运行模式，走进老人的宿舍，与各位老人亲切交流，详细了解老人的身体状况和生活情况，送上了党和政府及社会各界的关怀及祝福。随后在幸福院食堂举行爱心敬老捐赠仪式，苏州路之遥科技有限公司董事长周荣为幸福院捐赠公益金60万元，同时，幸福院负责人向苏州路之遥科技有限公司回赠锦旗。

2018年12月7日，苏州高新区企业爱心敬老捐赠仪式在平罗县幸福院举行

（五）苏州高新区援外干部为平罗县招商引资

苏州高新区派驻干部杨志平在平罗挂职期间，积极为当地经济发展贡献力量，先后组织17批小分队前往江苏、浙江、上海、天津、辽宁等省市开展招商活动，对接永钢集团等大型企业及江苏部分精细化工企业到平罗县考察项目。在疫情期间，充分利用现代化的传媒手段和网络资源进行招商。利用网络媒体，发布招商引资项目及配套的投资环境、政策法规、投资导向等宏观经济信息，全过程推进项目的对外合作，为做好招商引资工作奠定坚实的基础。

苏州高新区援外干部杨志平充分发挥自身优势和资源优势，全力推进两地人才交流、经济发展和园区建设等工作，进一步增强平罗县的招商引资能力，提高当地经济社会管理理念创新和各类干部人才综合水平，为平罗经济社会发展做出了不懈努力，并取得了较好成绩。

第八章 打造"飞地经济"

江苏省盐城市篇

一　盐城市概况

盐城市位于江苏沿海中部，东临黄海，南与南通市、泰州市接壤，西与淮安市、扬州市毗邻，北隔灌河与连云港市相望。盐城有着得天独厚的土地、海洋、滩涂资源，是江苏省土地面积最大、海岸线最长的地级市。全市土地总面积16931平方千米，拥有江苏最大、最具潜力的土地后备资源。盐城海、陆、空交通便捷，基本形成了高速公路、铁路、航空、海运、内河航运五位一体的立体化交通运输网络。

盐城是沪、宁、徐三大区域中心城市300千米辐射半径的交会点，是江苏沿海中心城市，长三角新兴的工商业城市，湿地生态旅游城市，是江苏省委、省政府确定的"重点发展沿江、大力发展沿海、发展东陇海沿线"的三沿战略及"海上苏东"发展战略实施的核心地区，是"京沪东线"的重要节点，也是国家沿海发展和长三角一体化两大战略的交汇点，盐城在区域经济格局中具有独特的区域优势。

为主动策应国家沿海开发战略，发挥南北两地优势，推进产业转型升级，促进区域协调发展，拓展新的发展空间，由江苏省政府牵头，苏州和盐城两市共同投资、共同开发带有鲜明特点的苏园区。

盐城市下辖东台1个县级市和建湖、射阳、阜宁、滨海、响水5个县，以及盐都、亭湖、大丰3个区，设有盐城经济技术开发区和盐南高新区。共有26个街道、96个镇，2432个村（居、社区）。

盐城资源丰富，生态独特。沿海滩涂总面积683万亩，海岸线总长582千米，沿海及海上风电资源1470万千瓦，分别占江苏省的67%、56%、70%。拥有太平洋西海岸最大的滩涂湿地，有野生麋鹿和珍禽（丹顶鹤）两个国家级自然保护区，为联合国人与自然生物圈成员。耕地总面积78万公顷，占江苏省的16.7%，粮棉的种植规模和产量均居江苏首位。

盐城区位良好，交通便捷。地处黄海之滨，与日本、韩国隔海相望。公路、铁路、水运、航空等立体交通体系逐步完善，新长铁路盐城站开通了全国客货运，盐城南洋机场开通了直达首尔、香港和北京、广州、昆明、哈尔滨等地的国际国内航班，盐城港大丰港区开通了至韩国、日本的国际班轮航线，并被国家列为两岸直航港口，成为江苏唯一、全国第10家同时拥有海港、空港两个一类开放口岸的地级市。高速公路通车里程全省最长，所辖各县（市）半小时内都能上高速。沿海、宁靖盐、盐徐3条高速公路贯穿全境，经苏通大桥到上海仅有两个半小时车程，盐城已成为长三角经济区的新成员，正全面融入长三角经济圈。

盐城是江苏的后发展板块，过去经济基础薄弱，社会事业相对滞后，与苏南、苏中地区的差距比较大。近几年来，盐城积极抢抓江苏沿海地区发展上升为国家战略、江苏省委省政府加快振兴苏北等历史性机遇，大力实施新型工业化和城市化战略，积极转变经济发展方式，加快产业结构调整力度，全市经济社会发展驶上了快车道。

二 苏州盐城沿海合作开发园区

（一）苏州盐城沿海合作开发园区的开发背景及发展历程

1. 苏州盐城沿海合作开发园区的开发背景

江苏沿海地区地处我国沿海，是长江三角洲的重要组成部分，其区位优势独特，土地后备资源丰富，战略地位重要。在新形势下加快江苏沿海地区发展，对于长江三角洲地区产业优化升级和整体实力提升，完善全国沿海地区生产力布局，具有重要意义。2009年6月，国务院常务会议正式将江苏沿海开发战略上升为国家战略，要求到2020年，该地区人均GDP超过东部地区平均水平，成为重要经济增长极和辐射带动能力强的新亚欧大陆桥东方桥头堡。2011年7月，江苏省委书记罗志军在全省沿海地区发展工作会议上表示，经过两年时间的努力，江苏沿海地区开始步入后发快进、加速崛起的快车道，成为全省增长速度最快、发展活力最强的区域之一。

2016年9月，江苏省委书记李强调研沿海开发时指出，沿海地区作为江苏重要的经济增长极，要抓住"一带一路"建设等机遇，推进重大项目建设力度，搭建重大载体平台，抓好重大项目引进，将绿色发展理念内化于心、外化于行，不断提高沿海地区增长的质量和效益，更好地推动可持续发展。

党的十九大报告明确指出："创新引领率先实现东部地区优化发展，建立更加有效的区域协调发展新机制。"这是对沿海及江苏深化南北合作工作的肯定，更是一种激励和鞭策。苏州是全国最早探索"飞地经济"的地区之一，也是江苏省内对外合作共建"飞地园区"最多、经验最丰富的地级市。进入新时代后，如何更好地发展"飞地经济"，正是当前需要认真谋划、思考和推进的一个课题。

2017年11月10日，江苏省委书记娄勤俭在苏州调研时指出，苏州打造先导产业创新集聚区，从帮助苏北发展的角度，可以考虑通过"飞地经济"的关系，把一些产业进行产业链的部署。在苏州部署先导产业，在苏北有些地方，比如在宿迁帮助他们建的工业园区，可以部署一些配套的产业，也可以在全国配套部署。

苏州、盐城建立沿海合作开发园区，是两市贯彻落实江苏省委、省政府沿海开发战略的率先之举和创新之举，是打破行政区划界限、实施联动发展的重大举措，对于两市经济社会发展具有十分重要的现实和长远意义，省委、省政府主要领导予以了充分肯定，省有关部门也给予了大力支持。这既有利于苏州市充分发挥在产业、技术、管理、人才等方面的优势，加快经济转型升级，率先基本实现现代化；也有利于盐城和大丰充分发挥土地、环境、人力等比较优势，加快新型工业化和现代服务业发展步伐，促进苏州和盐城在更高层面上实现优势互补和产业互动，进一步推动江苏全省区域共同协调发展。

苏州盐城沿海合作开发园区位于盐城大丰，规划总面积50平方千米。2010年9月27日，苏州盐城沿海合作开发座谈会暨苏州盐城沿海合作开发园区框架协议签约仪式在盐城市举行，苏州市委副书记、市长阎立，盐城市委书记、市人大常委会主任赵鹏等出席座谈会暨签约仪式。

2011年2月13日，《苏州盐城沿海合作开发园区协议》在南京签约。江苏省委常委、苏州市委书记蒋宏坤，副省长徐鸣出席签约仪式。

2011年9月29日，苏州盐城沿海合作开发园区奠基仪式在大丰市举行，这是江苏省南北合作推动沿海开发的又一创新之举。在奠基仪式上，苏、盐两地签订了商务协议和产业转移项目协议。5家银行与苏州盐城沿海合作开发园区签订战略合作协议。首批落户园区的企业与苏州盐城沿海合作开发园区签订了产业转移项目协议和企业投资项目协议。

2013年底，3平方千米土地指标落实到位；2014年，启动基础设施和项目建设。

2. 苏州盐城沿海合作开发园区的组织架构

借鉴苏州建设开发区的成功经验，苏州盐城沿海合作开发园区建立了联合协调理事会和双边工作委员会、园区党工委和管委会、园区开发公司等三个层次的管理机构和开发主体。

第一，联合协调理事会和双边工作委员会。联合协调理事会由苏州和盐城两地市政府主要领导共同主持，由两市相关部门和单位组成，是园区的最高协调决策机构，负责协调解决开发建设有关方向、目标和政策等方面的重大问题。双边工作委员会由苏州和盐城两市分管领导牵头，两市相关部门和有关建设单位等参加，负责协调处理具体开发建设中的重大问题，并对联合协调理事会负责。

苏州盐城沿海合作开发园区基础设施

第二,苏州盐城沿海合作开发园区党工委、管委会。正处级建制,作为盐城市委、市政府的派出机构,代表盐城市委、市政府行使园区内党的领导、经济管理及其他相应的行政管理权。

第三,苏州盐城沿海合作开发有限公司。该公司是园区的开发主体,苏州、盐城两市按6∶4的比例出资,负责园区的开发建设工作,并按照《中华人民共和国公司法》等法律法规规定,建立现代企业制度。

(二)苏州盐城沿海合作开发园区的相关政策

1. 苏州与盐城签订《苏州盐城沿海合作开发园区协议》

2010年8月初,江苏省委常委、苏州市委书记蒋宏坤一行到盐城大丰考察,明确积极响应实施沿海开发战略,构筑苏、盐两地合作新平台,两地领导频繁对接,密切往来,形成了合作开发沿海园区的初步方案,双方签订了《苏州盐城沿海合作开发园区协议》。

2011年9月30日,苏州盐城沿海合作开发园区奠基仪式在盐城大丰举行。这是苏、盐两地积极响应国家沿海开发战略、不断深化南北合作、加快产业转型升级、推进区域融合发展的创新之举。

2013年8月2日,江苏省委常委、苏州市委书记蒋宏坤,苏州市长周乃翔率领苏州党政代表团到盐城大丰暨园区视察指导工作,明确要求加大相关协调力度,加快园区开发建设,力争走在全省沿海开发与南北共建的前列。

苏州盐城沿海合作开发园区管理委员会

2. 双方定期开展园区规划汇报会、推进会

园区先后组织在南京召开苏盐园区规划汇报会，举行基础设施项目集中开工仪式、引进重大项目集中开工活动，召开配套项目建设推进会。苏州和盐城签订《关于加快推进苏州盐城沿海合作开发园区建设工作的备忘录》，为不断深化两地合作创造良好的环境。在各级领导的关心与社会各界的大力支持下，园区各项工作顺利推进。

2017年6月15日，盐城市委常委、大丰区委书记王荣主持召开专题会办会，听取苏盐园区建设发展情况汇报，研究解决园区建设发展面临的具体问题。大丰区区长宋勇及大丰区有关部门主要负责人参加会议。会上王荣对苏州市委、市政府，苏州高新区党工委、管委会给予大丰和苏盐园区的关心支持表示感谢，对苏盐园区开发建设所取得的成绩给予充分肯定。王荣要求全区上下要充分认识加快推进苏盐园区建设的重要意义，指出苏盐园区是苏州市主动关心盐城及大丰建设发展的成果，是两地合作共建的重要载体和平台，是大丰对外开放的重要窗口，更是引领产业发展的一个示范，展现的是两地的良好形象。

苏州高新区的主要领导对园区的发展倾注了很多精力，特别是最近专门研究出台了项目转移到苏盐园区的扶持政策，为园区加快发展带来了新的契机。苏州高新区派驻到园区的同志，胸怀大局、心系大丰，吃住在港区，与落户企业一道，贴近服务、埋头苦干、真抓实干，成为推进沿海开发与发展"飞地经济"的学习标杆。

三 苏州盐城沿海合作开发园区援建的主要举措和成效

（一）资金支持

苏州盐城沿海合作开发有限公司是园区的开发主体，苏州、盐城两市按6∶4的比例出资。

为加快推动产业转移，努力打造全省南北合作新典范及沿海高质量发展的排头兵，2018年5月28日，苏州盐城沿海合作开发园区举行2018年重点项目集中签约开工投产仪式。此次集中签约开工投产的项目共有10个，其中签约项目4个，开工项目2个，投产项目4个。

新签约项目主要涉及高端制造、电子电器等领域。其中，中宏融通创业投资（苏州）有限公司拟在苏盐园区围绕汽车及零部件、高端装备、新能源、新材料等产业发展，打造日资项目集聚区。苏州宝馨科技实业股份有限公司利用数控钣金技术，研发设计、生产、销售数控钣金结构件产品，给国内外各种知名品牌的终端设备制造商提供配套服务。

2018年，苏州盐城沿海合作开发园区举行重点项目集中开工投产仪式

新开工项目涉及精密电子制造、功能配套领域。江苏成源精密电子有限公司项目预计投产后年销售额2亿元。苏盐园区商业广场是园区重点公共配套设施项目之一，该项目集商务商贸、人力资源、餐饮、超市等服务设施为一体，将为进区企业提供全方位的生活和商务服务。投产项目主要涉及新型材料、木业、绿色食品等领域。江苏英伦倍健有限公司项目致力于利用国外先进技术研发生产天然健康食品，其中：一期项目已进入试生产；二期全面投产后预计产值达100亿元。江苏维德木业科技有限公司项目，主要生产经营各类新型建材、木制品及防火阻燃材料，发展和完善新型建材制造加工体系，达产后，预计年产出规模有20亿元。

2017年5月，苏州高新区派驻苏盐园区同志实地调研工程建设情况

2019年1月，"低碳金属材料智造产业园"项目确定落户苏盐园区。该产业园投资近百亿

元,计划用地1000亩,一期由苏信特钢投资,建设以产业链横向延伸为主、纵向延伸为辅的苏信特钢生产基地;二期将依托特钢龙头引领下游制造业集聚,依托创元集团引导旗下企业以特钢母材为核心的相关配套企业落户。园区将围绕新材料、新能源、先进制造业等主导产业,加强南北合作共建,以主动承接苏南转移项目为目标,为苏州的高质量发展腾挪出更多的发展空间。

2020年3月28日,苏州盐城沿海合作开发园区举行2020年春季项目签约暨集中开工仪式。大部分为科技转化型、基地型高质量项目,主要涉及新材料、新型机电、高新精密电子等领域,部分产品在国内乃至国际同行业中处于领先地位,有些项目填补了我省沿海经济的空白,也有的项目在新科技上具有独特的竞争优势,如拥有诸多世界品牌企业一级供应商的精密机电、电子信息产品,再比如利用陶瓷新技术新材料发展的5G产品、医疗器械用品等,这些都为推进绿色增长、绿色跨越以及加快沿海开发注入了新的活力。

(二)干部交流

苏州盐城沿海合作开发园区是苏州和盐城两市的重大战略合作项目,园区的开发管理和具体推进工作主要由苏州高新区负责,干部总体上也主要由苏州高新区选派,首批任职一直至今的园区党工委书记蒋国良代表苏州、代表高新区,在苏州盐城沿海合作开发园区主持工作至今。

2011年7月,苏州高新区委派承建新等一行5名中层干部支援苏州盐城沿海合作开发园区,一批任职3年,负责组织协调推进工作,目前已经是第三批,从当初的一无所有到如今园区的顺利推进,倾注了委派干部的心血。据历任援外干部介绍,苏州盐城沿海合作开发园区领导班子成员主要围绕以下几个方面开展工作。

第一,整体规划,解决土地指标。苏州盐城沿海合作开发园区属于"飞地经济"模式,即两个相互独立、经济发展存在落差的行政地区打破原有行政区划限制,通过跨空间的行政管理和经济开发,实现两地资源互补、经济协调发展的一种区域经济合作模式。苏州高新区派驻到苏州盐城沿海合作开发园区的干部来到大丰后的第一件事就是完成土地指标。大丰虽然区域很大,但是土地指标依然非常紧张,要将3平方千米启动区的土地性质调整为建设用地,难度相当大。在大丰市政府以及帮扶干部的共同努力下,终于在2013年解决了土地指标的问题,随后开始大力推进基础设施建设。

第二,拓宽渠道,筹措启动资金。3平方千米启动区一片贫瘠,水、电、路等基础设施几乎为零,苏州盐城沿海合作开发园区的开发公司启动资金所需较多。在这种情况下,苏州高新区管委会给予了大力支持,成立苏州市沿海合作开发建设投资有限公司,多方筹措资金,才将3平方千米的基础设施建设得有模有样。

此外,驻盐城的苏州高新区干部们也面临诸多困难。2014年冬天的某个星期五,天下着大雪,他们一行人晚上7点半从苏州出发,途中遇到苏通大桥堵车,直至次日凌晨5点左右才到

2017年6月,苏州高新区代表团在盐城大丰调研

达大丰。雨雪天气,高速路段车辆易打滑,且容易遭遇封路,考虑到安全和不影响工作,后来驻盐城的苏州高新区干部们改成每周周一早晨出发,从而避免了夜晚出行的风险。选派干部们在驻派期间始终将安全牢记心中,幸运的是,援建期间,选派干部们各地奔波不曾出现安全问题。

两地奔波的生活经常使得干部们难以顾全家庭,驻派期间发生了诸多令人感动的事情。据承建新介绍,苏州与盐城相距将近300千米,开发区位于大丰的港边,苏州与开发区之间单程需要3个多小时车程。苏州高新区选派干部蒋国良至今还坚守在苏州盐城沿海合作开发第一线。蒋国良作为班子成员的带头人,以身作则,率先垂范;工作有魄力、有干劲,想干事、能干事,而且能够办成事。苏盐沿海合作开发园区事情繁杂,经常不分白天黑夜地开会。一次开会时,蒋国良收到母亲病危的通知,他关照家里的亲戚赶快抢救,然后自己安排好工作,再连夜赶回去。到家已是凌晨1点多,遗憾的是没能看到自己母亲最后一眼。这件事情对两地选派干部的触动都非常大。

(三)招商引资

"合作新区"要在沿海地带立足,招商引资是关键。过去,项目审批要跑去盐城。如今,盐城市已将规划建设的有关审批权限直接下放到了园区。园区已集聚起一批业务协调能力强的服务团队,合作区机关人员吃住都在园区,通过建立"马上办、网上办、一次办"机制,为项目提供"零距离"服务;通过建立联合预审、集中审批、统一代办,加快了项目落地。

2014年4月3日,在盐城大丰市,苏州盐城沿海合作开发园区举行重大项目集中开工仪式,共有总投资20亿元的10个项目集中开工。

2017年下半年,先期兴建的创业大厦、青年公寓、商业广场、污水集中处理设施等为园区提供了更加完善的配套设施,一期16幢6万平方米的标准厂房也已全部出租。截至2019年年底,苏州盐城沿海合作开发园区已累计完成基础设施投入达7.72亿元,社会固定资产投入13.85亿元,签约落户亿元以上项目21个。

园区立足后的发展必须依托重大项目、强势项目的落地建设,在苏盐园区形成产业集聚,发挥带动作用。苏州高新区选派的干部们将招商引资作为管委会工作的重中之重,招商局的同志们远赴苏州、上海、南京等地举行招商发布会。在木材制造、铝合金新材料、饮料及食品生产等传统产业的基础上,"日资工业坊"项目已完成签约并落户。在手推进的11个建设项目正在紧锣密鼓的推进中。

苏州盐城沿海合作开发园区的基础设施

苏州盐城沿海合作开发园区根据苏州日资企业相对较为密集、大丰港条件优越、土地储备空间潜力较大等优势，通过建立"区中园"的方式，与当地的投资公司合作，吸引社会资本投入来培育项目。该"区中园"计划用地800亩，总投资30亿元，重点围绕智能制造、汽车及零部件、高端装备、新能源、安防等产业打造日资项目集聚区，首家日资企业已经落户。酒店、料理店等占地约100亩的"日资工业坊"项目配套设施正在规划建设之中。

（四）具体成效

1. 标准厂房九成使用率

苏州盐城沿海合作开发园区境内，常熟路、昆山路、张家港路等，一条条以苏州下辖城市名命名的道路，让人倍感亲切。沿着整洁优美的道路行驶至阳山工业园，首期16栋崭新的标准厂房映入眼帘，6万平方米的标准厂房中九成已经出租，现已有8家企业入驻。

2019年下半年，瑞邦陶瓷新材料企业充分利用阳山工业园的孵化功能，租用了两幢厂房，迅速扩大了市场、提升了产量，被广东一家上市公司看中，年前成功签约注资。在耐火新材料领域，这家公司具有独特的优势，已经拥有6项专利，其中1项为发明专利，正在申报的专利有6项，这家公司因此成为园区的一家"独角兽"。康贝新材料公司在阳山工业园区租用了3幢厂房，经过不到两年时间的发展，该公司克服疫情的重重影响，2020年的销售有望突破1亿元，成为园区的一家"小巨人"。

首期3万平方米苏盐青年公寓、创业大厦，7000平方米的苏盐商业广场均已交付使用；5600平方米的研发中心已为先期落户企业提供便利服务；二期2万平方米的集宿楼正在规划设计中；园区监控网络实现全覆盖，苏州盐城沿海合作开发园区已逐步展露出蓬勃发展的新面貌。

苏州盐城沿海合作开发园区的基础设施

2. 上下游产业链共聚园区

近年来，苏州加快产业结构调整步伐，大力推进"退二进三"，担负着苏州产业转移重任的苏州盐城沿海合作开发园区，为一批优质传统产业找到了扩大发展、上下游产业一体化的新路。

维德木业是一家从苏州高新区浒墅关经济开发区转移而来的传统木材企业，受土地资源的限制，企业发展不仅面临无地可扩的瓶颈，更将遭遇被清退的局面。盐城大丰有丰富的木材资源，还有成熟的木材产业基地，对企业的发展非常有利。2017年5月，维德木业在大丰313亩土地上投资1200万美元，2018年春节后投产。

2017年9月下旬，金川新材料一期再生铝合金锭项目转移到苏州盐城沿海合作开发园区，不仅帮助企业实现了扩大再生产，不少压铸行业的上下游企业也计划陆续入驻。该项目总经理周建忠表示："已经有四五家汽车轮毂制造企业有意向要来，这样我们的产品不需要铸锭，铝水包直接可以进对方的生产炉，对方可减少二次加热冶炼的过程，大大节省了产业上下游各个企业的制造、运输成本。对我来说，客户更稳定，大家互相依赖，谁也离不开谁。"该企业日产4.5万根铝锭，日产值可达300万元以上。

苏州盐城沿海合作开发园区创业大厦

3. "政府+市场"双轮驱动显成效

2016年江苏省委提出"1+3"的功能区战略,国家发改委等八部委联合发布《关于支持"飞地经济"发展的指导意见》,鼓励共建"飞地园区",加快推进区域融合发展。一个又一个利好消息,无疑为进一步深化南北合作、推动苏州盐城沿海合作开发园区快速发展带来了新的契机。

为响应国家对"飞地经济"发展的支持,苏州高新区率先组建苏虎投资公司,启动建设6万平方米的标准厂房、1.4万平方米的集宿楼和创业大厦。2016年,专门出台苏州高新区鼓励区内产业转移项目落户苏盐园区的激励政策,针对配套资金、产业扶持等陆续出台细则,为企业落户苏州盐城沿海合作开发园区提供强大的政策支撑。

2017年,盐城也出台《全市新一轮沿海开放开发行动计划》,明确支持苏州盐城沿海合作开发园区加快发展,要求加强共建和产业对接,进一步发挥苏盐园区等区域合作共建园区的先发优势。

通过"政府+市场"的双轮驱动,苏州盐城沿海合作开发园区已完成50平方千米的总体规划,启动区已经建成"三横三纵"15千米道路框架,基本实现"八通一平",绿化面积达40万平方米。

通过高频率对接,两地已逐步形成良性互动的局面。总投资4亿元的康贝汽车新材料项目，从洽谈到设备进场，用时不到1个月，刷新了项目建设的"苏盐速度"。截至2019年年底，苏盐园区累计签约注册亿元以上项目21个，已承接转移工业亿元以上项目19个，计划总投资51.98亿元。

随着一大批重点项目走上落地建设的快车道，苏盐园区迎来了新一轮加快发展的新机遇。园区党工委书记蒋国良说："苏州盐城沿海合作开发园区是苏州'飞地经济'在黄海沿海地区的一次有效探索，要将苏盐园区建设成为沿海开发的排头兵、先行军，南北合作共建的示范区，在更高坐标系中树立苏州'飞地经济'发展新标杆，为黄海之滨贡献一座产业新城。"

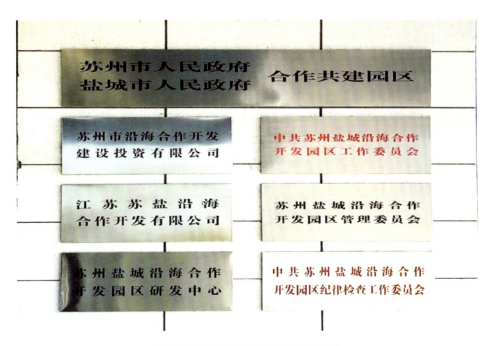

苏州盐城沿海合作开发园区挂牌情况

附录

苏州高新区对口帮扶支援协作大事记

一、贵州省铜仁市万山区

2013年10月17日，铜仁市万山区委常委、常务副区长龙成林带队来苏州高新区开展招商引资和帮扶对接工作。苏州高新区领导蒋国良会见了万山区访问团一行。龙成林一行还参观考察了苏州高新区易程科技、苏州湿地公园、苏州高新区展示馆和镇湖刺绣艺术馆。

2014年11月19日至20日，苏州高新区党工委副书记、管委会主任周旭东率党政代表团赴铜仁市万山区学习考察并开展对口帮扶工作对接。周旭东一行还考察了铜仁市交通学校（苏州对口帮扶援建教学楼项目）、铜仁市第八中学、万山区银泰铝业有限公司、万山东奇电气有限公司、万山经济开发区和旅游项目建设情况等。

2015年9月13日，苏州高新区管委会副主任蒋国良率队赴万山区开展访问对接，共商合作发展计划，协力推进帮扶项目，重点在资金扶持、产业项目协作等方面为万山区提供相应支持，并捐资用于万山区（谢桥新区）人民医院医疗设备购置项目建设。

2016年9月，苏州高新区领导蒋国良率队赴铜仁市万山区进行学习考察并开展对口帮扶工作。苏州高新区捐资用于铜仁市万山区第六中学教学楼项目建设。蒋国良一行还考察了铜仁市万山区九丰山地高效农业综合体等项目建设。

2016年11月，铜仁市万山区区长张吉刚率党政代表团一行来苏州高新区，考察学习文化旅游、卫生、教育、招商及经开区建设经验。张吉刚一行还考察了苏州高新区相关产业项目。

2017年9月19日至21日，苏州市副市长、苏州高新区党工委书记徐美健率苏州高新区党政代表团到铜仁市万山区考察并开展对口帮扶工作，双方签订了《苏州高新区万山区对口帮扶框架协议（2016—2020）》。徐美健一行还考察了万山区妇幼保健医院建设情况、万仁新能源汽车项目及九丰农业博览园、朱砂古镇等项目。

2017年11月28日至29日，苏州高新区领导蒋国良率队考察万山并出席相关活动。"苏州高新区·铜仁万山区扶贫协作劳动力招聘会"在万山举办，两地人社部门还签订了劳务协作协议。苏州高新区向万山区捐助帮扶资金。考察团一行还参观考察了第八中学、朱砂产业项目等。

2017年12月5日，铜仁市万山区委书记田玉军一行来苏州高新区考察，加强东西部交流协作。田玉军一行先后参观考察了苏州高新区展示馆、江苏医疗器械科技产业园、金融小镇、文体中心、科技城医院、太湖沿线生态治理情况。

2018年2月，苏州高新区与铜仁市万山区扶贫协作招聘会在铜仁体育馆举行，共吸引千余名劳动力参加，其中与苏州高新区企业达成就业意向242人。

2018年3月12日，苏州高新区与铜仁市万山区东西部扶贫协作2018年高层联席会议在贵州省铜仁市召开，双方签订一系列协议，力推结对帮扶工作向全面、纵深迈进。

2018年4月23日，铜仁市万山区与苏州高新区东西部扶贫协作高层联席会议暨万山产业推介会在苏州高新区文体中心举行。苏州高新区与万山区签订了《万山区形象展示中心项目合作框架协议》等一系列协议，助推万山区的脱贫攻坚。

2018年5月8日，苏州高新区党工委委员、管委会副主任高晓东，区人社局负责人赴铜仁市万山区参加苏州高新区驻铜仁市万山区劳务协作工作站揭牌仪式。

2018年5月，苏州高新区教育局相关负责人及区内21名中小学校、幼儿园校长（园长），赴万山区开展结对帮扶交流活动。

2018年7月3日至5日，苏州市虎丘区人大常委会副主任蒋国良带队赴铜仁市万山区开展帮扶对接和人大工作交流。先后考察了万山区电商生态城、万山区妇幼保健院、九丰农业、食行生鲜供应链中心等项目发展情况，并向铜仁市万山区妇幼保健院项目捐资。

2018年7月19日，苏州高新区召开2018年上半年东西部扶贫协作总结推进会，进一步落实对口帮扶工作要求，促进双方深入合作、共同发展。

2018年7月25日，苏州高新区党工委副书记、统战部部长宋长宝带领区委统战部、工会、团委、妇联、苏高新集团相关负责人及部分企业家一行，赴铜仁市万山区开展对口帮扶协作座谈并举行签约仪式，双方签订了"苏高新集团·食行生鲜供应链示范基地"等5个对口帮扶协作协议。

2018年8月18日，铜仁市万山区委书记田玉军、副书记罗钧贤等一行来苏州高新区考察，学习借鉴苏州高新区在传统手工艺传承与发展等方面的先进经验和做法，进一步加强双方协作交流力度。

2018年8月23日至26日，苏州高新区浒墅关经济开发区考察团赴铜仁市万山区经济开发区开展结对帮扶，苏州大乘环保新材有限公司与万山经开区鱼塘乡中心小学签订水性跑道捐赠协议。

2018年8月，由苏州高新区教育局派出的2018年第三批支教团队到铜仁万山区开展短期支教活动。本次支教由区教研员、校（园）长、骨干教师及专职心理教师等22人组成。

2018年9月4日，在苏州高新区赴铜仁举办的"诗意山水·绣美高新"摄影展在万山区双创产业园开幕，百幅精美苏州摄影以图为媒，让铜仁人感受到了苏州一方水土的热情。

2018年9月4日，在苏州高新区与铜仁万山区宣传文化旅游座谈会上，双方签订了两地"文明共建"协议、"牙溪村泰迪旅游项目"协议。

2018年9月5日，铜仁市万山区组织社区负责人到苏州高新区开展为期7天的学习交流。其间实地考察苏州高新区展示馆和东渚街道龙惠社区，并参加民政业务能力提升系统性培训，现场考察经开区浒墅人家乐居中心和光大汇晨老年公寓。

2018年9月18日，铜仁市万山区各级妇联领导在苏州高新区妇联和镇妇联的陪同下，参观了华通六区社区"妇女儿童之家"的运行情况。

附 录

2018年9月19日，苏州高新区党工委副书记潘跃飞、虎丘区人大常委会副主任蒋国良带领有关部门负责同志赴铜仁市万山区开展对口帮扶工作，捐赠帮扶资金用于万山区帮扶项目建设。潘跃飞一行还前往鱼塘乡、茶店街道了解生猪养殖、青蛙养殖等项目实施情况。

2018年9月26日至27日，铜仁市万山区委副书记罗钧贤率队到苏州高新区开展对口协作工作。万山区考察团一行先后参观考察苏州高新区展示馆、食行生鲜、通安镇树山村、万山区形象展示中心等地，学习考察苏州高新区特色产业和乡村振兴工作。

2018年10月，苏州高新区妇联组织区内蔡梅英、张黎星等多位刺绣大师赴铜仁市万山区开展传授刺绣技艺活动，为万山区生活困难且有刺绣技艺学习需求的"锦绣女"提供免费培训课程，帮助她们拓展思路、提升技艺，开启致富之路。

2018年10月，苏州高新区领导王牟带领区民政局、卫计局、苏高新集团相关负责人赴铜仁市万山区开展对口帮扶工作。苏州高新区慈善总会、区卫计局分别捐赠社区建设资金和帮扶之家建设资金，苏州高新区人民医院与万山区中医院签订了帮扶协作协议。

2018年10月22日至26日，苏州高新区民政局组织优秀社区工作骨干、社会组织代表等10人前往铜仁市万山区开展学习交流和实地考察活动。先后考察了谢桥街道冲广坪社区和谢桥老年人日间照料中心，仁山街道贵苑社区、万山区社会养老服务中心、万山区儿童福利院建设工地和苏州高新区援助建设的黄道乡敬老院项目。

2018年10月26日，苏州高新区党工委委员、苏州科技城党工委书记陈明带领有关部门负责同志赴铜仁市万山区开展对口帮扶协作座谈并举行捐赠和签约仪式，捐赠帮扶基金用于万山区扶贫工作，苏州高新区龙惠社区与铜仁市万山区冲广坪社区签订了结对共建协议。

2018年11月12日至13日，苏州市虎丘区人大常委会副主任蒋国良率队到铜仁市万山区开展帮扶活动。联席会上，还举行了扶贫基金捐赠仪式。蒋国良一行还实地考察了牙溪村泰迪旅游综合体项目和"苏高新集团·食行生鲜供应链中心"建设情况，看望慰问了苏州高新区到万山区进行教育、医疗、农业帮扶的人员。

2018年11月21日至23日，苏州高新区领导陶冠红率区科创局及科技扶贫专家一行赴铜仁市万山区开展科技扶贫工作。活动期间，代表团与万山区进行了工作对接，并开展实地考察，签订了《苏州高新区与铜仁万山区科技合作框架协议》。

2018年12月12日，铜仁市万山区基层党支部书记培训班一行50人到苏州高新区通安镇交流学习，通安镇相关部门工作人员，苏州市乡村振兴带头人、树山村党总支书记陪同参观并现场教学。

2019年3月25日，苏州高新区与铜仁万山区2019年文化旅游交流活动开幕式暨"华乐苏韵"苏州民族管弦乐团万山专场音乐会在铜仁万山区成功举办。活动进一步加强了两地文化交流，推动了东西部文化协作共融。

2019年3月26日，苏州高新区党工委书记、虎丘区委书记、虎丘区区长吴新明率苏州高新区党政代表团一行就东西部扶贫协作项目在铜仁市万山区展开调研，先后考察了万山区牙溪村泰迪旅游综合体建设项目现场、帮扶之家、"苏州高新集团·食行生鲜供应链中心"项目现场。"铜仁·苏州大厦"、农业物流园、牙溪村泰迪旅游等三大苏州高新区与铜仁万山区扶贫协作项目在铜仁市万山区集中开工，随后两地举行2019年扶贫协作高层联席会议，进一步深化产业合作，在"精准"和"有效"上发力，打造东西部扶贫协作的升级版，推动扶贫协作再上新台阶。

2019年4月22日至24日，苏州高新区人社局一行赴铜仁市万山区开展2019年度劳务协作对接活动。两地人社部门签订了《2019年高新区·万山区东西部劳务协作协议书》和《2019年度东西部劳务协作职业技能培训合作协议书》。

2019年4月27日至28日，铜仁市人大常委会副主任、万山区委书记田玉军率团来苏州高新区考察。苏州高新区党工委书记、区长吴新明，区领导高晓东、施国华会见并陪同考察。双方就打造朱砂古镇休闲度假山庄、加强文化旅游人才交流合作、开通"空中旅游扶贫专线"等合作事项开展洽谈。

2019年4月19日，苏州高新区社会事业局组织苏州科技城医院多个科室的专家、骨干到铜仁市万山区人民医院开展义诊和组团式对口帮扶工作。

2019年5月7日至5月9日，苏州高新区民政服务中心3位同志赴万山区调研2018—2019年定向扶贫慈善项目，并召开项目座谈会。调研组深入敖寨乡中华山村、黄道乡丹阳村、高楼坪乡小湾村、茶店街道红岩村等10个蔬菜大棚项目点开展项目调研。

2019年5月13日至17日，苏州高新区工委组织部、万山区委组织部和苏州高新区工委党校联合举办铜仁万山区村（社区）党支部书记履职能力培训班，来自铜仁万山区11个乡镇的50名学员参加了培训。

2019年5月27日，苏州高新区管委会副主任周晓春携苏州高新区住房和建设局、企业家一行赴万山区考察田园乡村建设，并赴下溪乡开展结对帮扶工作，向青龙村、报溪村分别捐赠资金5万元，苏州中设建设集团、苏州晨光建设集团捐赠下溪乡政府资金10万元。

2019年5月29日至31日，铜仁市万山区委副书记、区长张吉刚带领考察团到苏州高新区考察智慧城市建设、营商环境、特色工艺品制作、劳动密集型产业转移、教育帮扶等工作，共商两地合作帮扶。张吉刚一行还考察了金融小镇、苏绣小镇、万山区形象展示中心、达方电子、路之遥公司等。

2019年5月29日，苏州高新区工委宣传部副部长庞晓虹一行赴万山区开展共建及走访慰问活动。慰问组前往大坪乡清塘小学，举行"梦想礼包"关爱未成年人志愿扶贫活动捐赠仪式，并走访慰问当地部分残障群众和建档立卡贫困户。

2019年6月10日，铜仁市万山区委常委、宣传部部长杨萍一行到苏州高新区枫桥街道交流学习，苏州高新区工委宣传部、枫桥街道相关负责人陪同参观。杨萍一行听取了枫津社区关于新时代文明实践站建设和工作开展的情况汇报，参观了位于社区三楼的苏州高新区家风家训展示馆。

2019年6月19日至20日，苏州市虎丘区人大常委会主任袁永生一行赴铜仁市万山区考察。座谈会上，苏州高新区向万山区捐赠扶贫基金，虎丘区人大为万山区人大信息化建设及乡

附 录

村发展产业捐赠资金。考察团一行先后考察万山经开区农业物流园、牙溪村泰迪旅游综合体等项目，并看望苏州高新区派驻万山的挂职干部、援万"组团式"帮扶的教师及医生。

2019年7月4日，铜仁市万山区大坪乡党委书记袁郡带考察团一行来到苏州高新区浒墅关镇考察交流。考察团一行首先考察了浒墅关镇为民服务中心、文创家园、派出所、蚕里展示馆，还考察了胜利精密、绿叶集团、舍弗勒、爱丽思等企业。

2019年7月19日，苏州科技城党工委委员、管委会副主任、东渚街道党工委书记叶剑伟一行到铜仁市万山区开展考察交流活动，对接东西部扶贫协作工作并在黄道乡召开帮扶工作座谈会。

2019年7月22日，苏州高新区妇联携苏绣大师、区女企业家协会赴铜仁市万山区开展对口帮扶工作，为当地有刺绣技艺基础的优质"锦绣女"提供免费的提升培训课程，并捐建"一起·看"公益书屋，打造以亲子公益科普阅读等服务为主的妇女儿童活动阵地。

2019年8月3日，由苏州高新区管委会、铜仁市文体广电旅游局、铜仁市万山区人民政府主办的"苏适生活，乐享铜仁"2019年苏州高新区与铜仁万山区文化旅游推介会在苏州龙湖狮山天街隆重举行。

2019年8月6日，铜仁市万山区总工会党组书记、副主席张静率万山区劳模代表一行10人来苏州高新区考察学习。苏州高新区总工会党组书记金海兴陪同考察交流。铜仁市万山区总工会一行先后参观了苏州乐米信息科技有限公司、苏州高新区规划展示馆，并进行座谈。

2019年8月17日至19日，苏州高新区教育局选派名校长、名师和骨干教师到铜仁市万山区开展2019年暑期教师集中培训活动，万山区共1500余名教师参加培训。

2019年8月30日，在由国务院扶贫办组织召开的全国携手奔小康行动培训班上，苏州高新区代表江苏作题为"高质量打赢脱贫攻坚战，携手共赴'小康之约'"的典型发言。

2019年9月22日至24日，铜仁市万山区委副书记王春率队到苏州高新区交流扶贫协作工作，先后考察了苏州市公安局苏州高新区分局（虎丘分局）、苏州乐米信息科技有限公司、龙惠社区、苏绣小镇等地。

2019年9月23日至25日，苏州高新区经发委副主任胡勇率苏州高新区中小企业服务联盟一行赴铜仁市万山区开展结对帮扶工作。服务联盟向帮扶村落捐赠了由联盟成员单位自筹的12万元对口帮扶资金。

2019年9月25日，苏州高新区代表到铜仁市万山区开展"组团式"帮扶，医疗帮扶团队成员齐聚"援万帮扶之家"，组织了一场"不忘初心，牢记使命"主题教育暨庆祝中华人民共和国成立70周年主题党日活动，为庆祝中华人民共和国成立70周年献上一份庄重的贺礼。

2019年9月，苏州高新区人民医院医疗专家一行到铜仁市万山区人民医院对接对口帮扶工作事宜，并举行帮扶万山区医疗工作对接会暨专家学术讲座活动。

2019年10月12日至13日，苏州高新区文化体育和旅游局组织考察团到铜仁市万山区开展文化对口交流帮扶，进一步深化帮扶合作内容，推动万山区文化旅游产业发展。

2019年10月23日，苏州高新区党工委委员、管委会副主任高晓东一行赴万山，就东西部扶贫协作工作进行考察并召开联席会议，听取铜仁市万山区2019年东西部扶贫协作推进情况汇报，签订帮扶协作框架协议，还实地考察了"铜仁·苏州大厦"项目、旺家社区、牙溪泰迪旅游综合体项目及食行生鲜现代农业物流园。

2019年11月8日，国家发展和改革委员会在苏州高新区举办"2019消费扶贫市长论坛暨现场会"。苏州高新区与铜仁市万山区的《"黔货进苏"助推消费扶贫》入选全国消费扶贫经典案例。

2020年5月17日至18日，铜仁市人大常委会副主任、万山区委书记田玉军一行到苏州高新区考察，双方就推动两地进一步深入帮扶协作进行交流。苏州高新区党工委副书记、区长毛伟会见田玉军并陪同考察。苏州高新区领导高晓东、万山区领导杨亮参加考察交流活动。

2020年6月22日，铜仁市万山区委副书记、区长张吉刚率万山区党政代表团到苏州高新区，双方举行苏州高新区与铜仁市万山区2020年东西部协作高层联席会，共谋携手发展愿景，共商对口合作大计。苏州高新区党工委副书记、区长毛伟出席高层联席会。

2020年8月4日，苏州高新区党工委副书记、区长毛伟率苏州高新区党政代表团赴铜仁市万山区考察，并在万山区召开苏州高新区与铜仁万山区2020年东西部扶贫协作高层联席会议，共商对口协作，互促共进，携手共赴小康之路。铜仁市万山区委副书记、区长张吉刚，区委副书记王春，区委常委、副区长杨亮陪同考察并参加会议。苏州高新区党工委委员、管委会副主任高晓东随团考察并参加有关活动。

2020年9月14日，苏州市虎丘区人大常委会主任戴军一行赴铜仁市万山区考察。戴军一行先后到"铜仁·苏州大厦"、新时代爱国主义教育基地、九丰农业博览园、苏高新区农产品供应链示范基地，详细了解万山区旅游发展、社会建设及苏州援建项目等情况。

2020年9月24日，苏州高新区党工委书记、虎丘区委书记方文浜率队赴铜仁市万山区调研经济社会发展情况。铜仁市人大常委会副主任、万山区委书记田玉军陪同调研，区领导施国华及相关国有企业主要负责人参加调研。

2020年11月19日，苏州高新区党工委委员、管委会副主任高晓东一行赴铜仁市万山区考察。铜仁市万山区委副书记、区长张吉刚，区委副书记王春会见考察组人员，万山区委常委、副区长杨亮陪同考察。考察组先后考察了苏高新农产品供应链示范基地、龙田村、新时代爱国主义教育基地。

二、江苏省宿迁市泗阳县

2005年7月，苏州高新区扶贫办有关领导代表苏州高新区管委会专程赴宿迁市泗阳县李口镇，慰问在冰雹灾害中受到损失的当地群众，并赶赴该县张家圩中心小学，落实捐资20万元为该校建设电脑教室的有关事宜。

2005年9月，苏州高新区援建的江苏省泗阳县"张家圩小学"智能化校园网工程落成揭牌，苏州高新区管委会副主任孙晓红、泗阳县政府有关领导参加了揭牌仪式。

附 录

2005年12月,苏州高新区有关领导走访泗阳,并将过冬棉被送到了泗阳县灾区困难群众的手上。

2006年2月8日,苏州高新区银光照明电器有限公司等4家企业的投资项目在泗阳举行项目集中签约仪式。宿迁市委常委、泗阳县委书记侍鹏等有关方面负责人出席了签约仪式。

2006年11月16日,泗阳八集乡花生产业化项目、八集乡雪菜产业化项目、南刘集乡苔韭产业化项目等3个扶持农业产业化项目在苏州高新区举行项目集中签约仪式。泗阳县委副书记张宝娟、苏州高新区管委会副主任蒋国良等出席签约仪式。

2007年4月,落户宿迁泗阳县经济开发区的江苏光阳照明电器有限公司、苏灯照明器材有限公司举行隆重的投产仪式。泗阳县委常委、组织部部长房庆忠,县委常委、副县长韩锋等领导出席仪式。

2008年1月8日,苏州高新区与泗阳县"村企结对挂钩"帮扶项目集中签约仪式在泗阳县举行。苏州高新区管委会副主任蒋国良、泗阳县委书记侍鹏、泗阳县委副书记张宝娟等出席签约仪式。

2008年3月,苏州高新区狮山街道组织辖区10家企业的总经理赴泗阳县考察,各企业本着"优势互补、互惠互利、合作共赢"的原则,与泗阳县领导做了广泛的交流。

2008年4月,在宿迁举行的苏宿投资贸易洽谈会上,苏州高新区15家民营企业集中亮相,积极寻求合作商机,推动南北挂钩工作再上新台阶。会后,与会15家民营企业的企业家专门赴泗阳县进行投资考察。

2009年9月8日,苏州高新区援建的泗阳八集苏州高新区幼儿园落成挂牌,当地政府举行了隆重的挂牌仪式。苏州高新区管委会副主任蒋国良带队的扶贫工作小组,泗阳县委副书记、代县长李荣锦,江苏省委驻泗阳县帮扶工作队,泗阳县委常委副县长夏春青出席了挂牌仪式。

2010年1月,苏州高新区援建泗阳的5个项目已全面竣工交付使用,这5个项目分别是两个党群服务中心和总面积4500平方米的3个标准厂房,该项目受到了省、市扶贫部门的好评。

2011年5月,苏州高新区与泗阳县签约村企挂钩扶持项目,泗阳县委常委、副县长赵凯,苏州高新区管委会副主任蒋国良出席签约仪式。苏州高新区狮山街道、枫桥镇、浒关开发区、通安镇的资产经营总公司和新浒投资总公司等5家企业,向泗阳县5个被帮扶的贫困乡镇捐资。苏州高新区区内企业维德木业苏州有限公司也在会上向泗阳捐资。

2012年4月,苏州高新区援建泗阳县的项目——泗阳县八集乡敬老院改建工程在泗阳县签约,并与泗阳县6个村签署了村企帮扶协议。

2013年3月,苏州高新区有关领导赴泗阳考察帮扶项目,维德木业苏州有限公司捐资援建的泗阳县南刘集乡文化活动中心及其他帮扶项目均已投入使用。

2014年3月,苏州高新区援建泗阳县的"家门口就业"标准化厂房配套建设项目在当地签约,并与泗阳县6个村签署村企帮扶协议,苏州高新区领导蒋国良,泗阳县委副书记刘立新,县委副书记、江苏省委驻泗阳县帮扶工作队队长周恒新出席签约仪式。

2014年7月,苏州高新区帮扶工作组赴泗阳县开展挂钩结对帮扶活动。狮山街道落星村、枫桥街道津桥社区、横塘街道青春社区分别与泗阳县裴圩镇陶万村、单庄居委会、东高居委会等经济薄弱村签署了挂钩结对帮扶协议。

2015年1月，苏州高新区对口帮扶宿迁泗阳县新的援建项目在泗阳县签约。苏州高新区领导蒋国良，泗阳县委副书记、江苏省委驻泗阳县帮扶工作队队长周恒新出席签约仪式。签约前，泗阳县委副书记、县长刘海红会见了蒋国良一行。

2015年3月，苏州高新区领导蒋国良率相关部门和对口帮扶条线负责人赴泗阳县开展对口帮扶活动，苏州高新区对口帮扶泗阳协作项目在泗阳县签约，并与泗阳县6个乡镇签署村企挂钩帮扶协议。泗阳县委副书记刘立新，县委副书记、江苏省委驻泗阳县帮扶工作队队长周恒新参加了活动。活动期间，蒋国良一行还先后到王集镇、张家圩镇、新245省道等地，实地考察苏州高新区援建的村小、卫生室和标准化厂房等的建设运营情况。

2015年12月，苏州高新区管委会副主任蒋国良率相关部门和对口帮扶条线负责人赴泗阳县开展对口帮扶活动，共商未来五年对口帮扶之计，并考察了近两年来的对口帮扶成果。泗阳县委、江苏省委驻泗阳县帮扶工作队相关负责人参加活动。活动期间，蒋国良一行还先后到八集镇、王集镇和里仁乡，实地考察苏州高新区援建的八集镇敬老院提升改造项目、王集镇武集村村部改造项目和里仁乡晏钱村"八位一体"项目等的建设运营情况。

2016年4月，苏州高新区对口帮扶泗阳县协作项目在泗阳县签约，苏州高新区领导蒋国良、江苏省委驻泗阳县帮扶工作队队长孟庆如、泗阳县委副书记刘立新出席签约活动。蒋国良一行还对卢集镇电商创业中心、卢集镇敬老院、卢集镇郝桥村及苏州高新区通安镇派驻干部驻点村卢集镇薛嘴村进行了考察，并参观了苏州高新区产业转移项目江苏建达恩电子科技有限公司。

2016年8月，苏州高新区领导蒋国良率队赴泗阳县开展对口帮扶活动，苏州高新区对口帮扶泗阳协作项目在泗阳县签约，并与泗阳县7个乡镇（街道）签署村企挂钩帮扶协议。泗阳县委副书记、江苏省委驻泗阳县帮扶工作队队长孟庆如，泗阳县委副书记刘立新出席签约仪式。

2016年11月，苏州高新区领导蒋国良一行赴泗阳县考察2016年对口帮扶成果，共商2017年对口帮扶协作项目。泗阳县委书记徐勤忠，泗阳县委副书记、江苏省委驻泗阳县帮扶工作队队长孟庆如参加会见或陪同考察。蒋国良一行还考察了城厢街道陶圩村党群文化综合服务中心及"家门口就业"标准化厂房、卢集镇薛嘴村农机合作社等对口帮扶项目。

2017年5月，苏州高新区领导蒋国良率队赴泗阳县开展对口帮扶活动，苏州高新区与泗阳县签订了对口帮扶协作协议。泗阳县委副书记、江苏省委驻泗阳县帮扶工作队队长孟庆如，县委副书记钱向辉出席签约活动。其间，苏州高新区向泗阳县捐赠帮扶款，主要用于卢集镇范家湖村、薛嘴村党群服务中心项目和高渡镇"十位一体"、1000亩果蔬扶贫示范基地、1000亩生态水产扶贫示范基地等项目的建设。

2017年7月，苏州高新区领导蒋国良率相关部门领导赴泗阳县开展对口帮扶活动，苏州高新区对口帮扶泗阳协作项目在泗阳县签约。泗阳县委副书记、江苏省委驻泗阳县帮扶工作队队长孟庆如，泗阳县政协主席郑干先出席签约活动。其间，蒋国良一行还考察了卢集镇薛嘴村党群服务中心等项目的建设情况。

2017年9月7日至8日，苏州高新区党工委副书记、统战部部长宋长宝率区工商联工作人员，狮山、枫桥商会企业家，赴宿迁市泗阳县开展"百企帮百村"扶贫活动。泗阳县委常委、统战部部长吴俊宁，县人大常委会副主任、县工商联主席陈远华陪同活动。宋长宝一行先后到庄圩乡农科村、张家圩镇小史集村实地调研。

2018年6月19日至20日，苏州高新区代表到泗阳县开展帮扶工作，签订挂钩帮扶协议，参加"五方挂钩"帮扶协调小组工作会议，切实把帮扶工作做到实处。江苏省科技厅厅长王秦、江苏省扶贫办副主任朱子华、宿迁市委副书记宋乐伟、苏州市虎丘区人大常委会副主任蒋国良、泗阳县委书记徐勤忠等参加相关活动。

2019年4月26日，苏州高新区党工委委员、管委会副主任高晓东一行到泗阳县开展对口帮扶工作。泗阳县委副书记、江苏省委驻泗阳县帮扶工作队队长杨天和，县委副书记钱向辉参加活动。高晓东一行还先后来到泗阳县卢集镇桃果公园、成子湖T型台、薛嘴村特色田园乡村、薛嘴村扶贫产业园实地察看江苏省委驻泗阳帮扶工作队扶贫帮扶项目，详细了解扶贫工作进展情况。

2019年11月19至20日，苏州高新区党工委委员、管委会副主任高晓东带领区党政办、经发委、苏高新集团相关负责人赴泗阳开展对口帮扶工作。其间，高晓东一行考察了对口帮扶项目卢集桂嘴村标准化厂房、卢集镇东村果蔬产业园、"家门口就业"厂房、高渡镇吴勒村南果生态产业园、稻虾共生示范产业园等地。

2020年7月8日，苏州高新区党政办副主任朱飞一行到泗阳县开展对口帮扶工作和签约捐赠活动。江苏省委驻泗阳县帮扶工作队队长沈洪理、泗阳县副县长魏国参加签约活动并陪同考察。

2020年9月27日，共青团苏州高新区（虎丘区）委员会书记陈月娟一行10人，到泗阳县卢集镇看望慰问省委驻泗帮扶工作队高新区派出队员，与卢集镇开展帮扶工作座谈，并与该镇陈洼村签订共建帮扶协议。

2020年10月15日，苏州高新区城乡局党委委员奚昊婷一行8人，到泗阳县卢集镇开展"村村挂钩"帮扶签约暨捐款活动。

三、新疆阿图什市、霍尔果斯经济开发区

2003年9月5日，苏州新区一中举行"内地新疆高中班开学典礼"，苏州市副市长朱永新、苏州高新区管委会副主任孙晓红等有关领导出席开学典礼。

2003年9月22日，由中央政法委、财政部、教育部等组成的中央新疆工作协调小组调研组，在省、市领导和苏州高新区有关领导的陪同下，赴苏州新区一中对新疆内地高中班的各项工作进行专项调研。调研组还全面考察了新疆班的教室、宿舍和食堂等主要设施。

2004年1月19日，2004年内地新疆班春节团拜会在苏州新区一中举行。苏州市副市长朱

永新、苏州高新区管委会副主任孙晓红等市、区领导出席。

2004年6月13日，新疆维吾尔自治区教育厅副厅长张强、苏州市副市长朱永新、苏州高新区管委会主任管爱国等有关领导出席苏州新区一中新疆班毕业典礼并致辞。自开办新疆班以来，共有410名新疆学生在苏州新区一中求知成长，首届80名学生全部顺利毕业，并进入全国各地的大学继续深造。

2005年6月11日，新疆维吾尔自治区党委副书记、自治区常务副主席张庆黎，自治区副主席钱智率领的党政代表团到苏州高新区考察，江苏省副省长李全林、苏州市副市长江浩陪同考察，苏州高新区党工委书记王竹鸣会见了考察团一行。考察团一行参观了苏州高新区展示厅，听取了苏州高新区社会、经济、科技各方面发展情况的汇报。

2006年5月20日，新疆维吾尔自治区主席助理靳诺一行来到苏州新区一中，亲切看望内地新疆高中班的学生，苏州高新区领导徐萍陪同。苏州新区一中目前有近500名新疆学生，新疆班的教学管理及质量在全国名列前茅。

2006年6月26日，苏州高新区新疆班出了高考状元，苏州新区一中学生陈凤以总分684分夺魁。该校124名新疆班考生中，有23人高考总分超过600分，其中汉族小姑娘陈凤以684分的高分，当之无愧地成为苏州市本届高考状元。

2006年11月22日，国家民族事务委员会党组成员、副主任丹珠昂奔率全国少数民族参观团赴苏州新区一中参观，亲切慰问该校的内地新疆高中班师生。丹珠昂奔一行参观了苏州新区一中教学成果展示厅、师生作品展示厅、新疆班学生宿舍、学校清真食堂，并和新疆班学生亲切交谈，详细了解他们在苏州的生活、学习情况，勉励他们要珍惜良好的学习环境，刻苦学习，不断进步。

2007年11月16日，全国政协副主席阿不来提·阿不都热西提专程来到苏州新区一中看望新疆班的同学们，江苏省政协副主席孙安华、苏州市政协副主席金明，苏州高新区领导王仁元、徐萍陪同参观。

2008年8月14日，苏州新区一中新疆班马吾叶同学以全国内地新疆班文科第一名的优异成绩被北京大学录取，易志成同学以全国内地新疆班理科第二名的成绩被清华大学录取。

2009年3月30日，新疆维吾尔自治区伊犁哈萨克自治州党委常委、州妇联主席吐尔逊汗·沙布尔和共青团新疆伊犁哈萨克自治州委员会书记阿勒泰古丽一行考察镇湖苏绣，江苏省妇联副主席陈芬、苏州市妇联主席谢建红等陪同考察。吐尔逊汗·沙布尔一行参观了中国刺绣艺术馆，并考察了梁雪芳刺绣工作室、卢福英刺绣艺术馆。

2010年4月，新疆察布查尔锡伯自治县给镇湖街道发来感谢信，对镇湖绣娘姚梅英的无私奉献精神和街道对扶贫工作的大力支持表示感谢。

2010年5月18日，苏州高新区领导王跃山、孙瑛、沈智良、徐萍以及区教育文化局、公安分局、人代联等相关部门的负责人，到苏州新区一中召开座谈会，要求充分认识新疆班教育、管理和安保工作的重要性，全力以赴做好这项工作。

2010年5月20日，苏州市人大常委会对全市贯彻实施《江苏省少数民族权益保障条例》

附 录

及其相关法律法规的情况进行执法检查,市人大常委会副主任程惠民、钱海鑫、金明,副市长谭颖一行来到苏州新区一中新疆班开展检查,区领导王竹鸣、孙瑛、徐萍陪同检查。检查组一行充分肯定了苏州新区一中新疆班在贯彻实施《江苏省少数民族权益保障条例》及其相关法律法规方面所做的工作,并实地察看了苏州新区一中校园。

2011年9月1日,苏州市副市长黄钦来到苏州新区一中亲切看望和慰问新疆班师生,受到师生们的热烈欢迎。苏州高新区领导宋长宝陪同看望。黄钦一行观看了新疆班教育专题片,听取了苏州新区一中开办内地新疆班的情况汇报,并考察了新疆班学生专用的清真餐厅和学生宿舍。

2011年9月25日,全国少数民族参观团副团长、国家民委办公厅副主任魏国雄带领130多名参观团成员参观访问苏州新区一中,看望该校新疆班的500多名少数民族学生。苏州高新区领导徐萍陪同参观。魏国雄一行参观了新疆班学生的教室、食堂、宿舍等生活学习场所,并赠送给学校写有"精神文明榜样 民族团结典范"的锦旗。

2011年11月24日,新疆新源县副县长李桂山一行考察苏州高新区,区领导周伟芪陪同考察,区发改委、招商局、环保局、国土局、规划局、建设局等有关部门负责人与考察团进行了交流。考察团一行还参观了紫兴纸业等企业。

2013年7月24日,新疆伊犁州人社系统一行20人在苏州高新区就管处的陪同下,到狮山社区专题考察基层社保工作平台建设。新疆伊犁州人社系统一行参观了狮山社区的办事大厅、老年人活动室、图书馆、健身馆等场所。

2014年5月12日,江苏省委副书记石泰峰,省政协副主席、省委统战部部长罗一民一行来到苏州高新区第一中学,看望新疆班学生。苏州市委常委、统战部部长周向群,区领导周旭东、宋长宝、徐萍陪同。石泰峰一行听取了苏州高新区第一中学的汇报,并考察了学校体育馆、新疆班食堂和宿舍。

2015年6月30日,国家民族事务委员会监督检查司司长陈乐齐一行来苏州高新区视察新区一中新疆班工作,苏州市副市长盛蕾陪同考察。考察团一行听取了学校关于新疆班办班基本情况的介绍,参观了苏州高新区第一中学考试指挥中心、微格教室和飞天剧场,还深入新疆班学生宿舍、清真餐厅实地了解学生生活情况,与新疆班学生亲切交谈。

2017年9月20日,苏州高新区领导宋长宝率区工委统战部、教育局相关负责人赴苏州新区一中新疆班开展走访调研。宋长宝一行还参观了新疆班的宿舍、食堂,学校的操场、新能源汽车课程基地、汽车文化体验馆、加工测试中心等。

2018年8月23日,苏州高新区教育系统的首批6名教师出发前往新疆阿图什市,支援当地基础教育发展。这6名教师分别来自苏州高新区实验小学校、苏州高新区第一中学、苏州高新区实验初级中学、苏州学府中学等学校,涵盖小学语文、数学,初中化学、体育,以及高中语文和物理等学科。

2019年8月5日,新疆巴音郭楞蒙古自治州纪委常委许生义,和静县委常委、纪委书记、监委主任徐伟红率巴州纪委监委及和静县纪委监委一行来访,考察苏州高新区纪检监察体制改革工作推进情况。苏州市纪委常委王友良、苏州高新区领导戴军陪同考察。苏州市虎丘区纪委监委与和静县纪委监委签订了深化纪检监察工作协作框架协议。

四、西藏林周县、拉萨经济技术开发区

2005年9月24日,西藏自治区拉萨市林周县委书记孙悦良率党政代表团访问苏州高新区,苏州高新区党工委书记王竹鸣率区四套班子领导陪同考察。考察团一行还参观了苏州高新区展示厅、苏州科技中心和白马涧生态园。

2008年1月,西藏林周县旁多乡党政代表团一行在书记强巴旦增的带领下访问苏州高新区枫桥街道。枫桥街道办事处与西藏自治区林周县旁多乡人民政府签订了结对协议,由枫桥街道分步实施"援藏计划"。

2008年12月8日,西藏干部赴江苏考察团一行14人来苏州高新区考察,管委会副主任邢文龙陪同考察。考察团一行先后考察了苏州高新区规划展示馆、科技城展示厅。

2011年9月,拉萨市委政法委常务副书记储绪山率团到苏州高新区考察政法综治和平安建设工作,区领导缪文学陪同考察。拉萨考察团一行参观了枫桥街道派出所,对苏州高新区做精社区警务、创新社会管理、推动综治平安建设的工作表示了高度认可。

2015年11月18日至20日,西藏拉萨经济技术开发区党工委副书记、管委会主任石文江率考察团来苏州高新区考察。考察期间,苏州市委常委、苏州高新区党工委书记浦荣皋,苏州高新区党工委副书记、管委会主任周旭东等区四套班子部分领导会见石文江一行或陪同调研。石文江一行先后考察了高新区展示馆、江苏省医疗器械产业园、知识产权服务业集聚区、高新区创业园等创新创业载体,以及苏州高新区有轨电车、江苏鱼跃医疗设备股份有限公司等区内重点龙头企业。

2017年5月16日,西藏林周县委副书记、县长高军率代表团一行到苏州高新区考察,实地感受苏州高新区的高端要素、高端产业和人文生态,区领导邢文龙陪同考察。林周县代表团一行参观考察了苏州金融小镇、苏州高新区文体中心、太湖一号房车露营公园以及杵山生态公园、中国刺绣艺术馆、太湖国家湿地公园等地。

2018年4月26日,西藏拉萨市林周县委书记次仁顿珠率党政代表团来苏州高新区考察。苏州市副市长蒋来清、苏州高区领导邢文龙陪同考察。考察团一行先后参观考察了苏州高新区展示馆、金融小镇、清华苏州环境研究院、东菱振动,了解苏州高新区创新发展和科技创新情况。

五、重庆市云阳县

2007年6月27日,苏州高新区管委会副主任蒋国良率区相关部门人员及部分民营企业家,与苏州市发改委、工商联等部门有关领导和工作人员,组团赴苏州市对口支援的重庆市云阳县

附 录

考察访问。代表团一行还考察了云阳县高阳镇希望小学、云阳县特殊教育学校及城市建设重点项目。

2007年9月，由苏州高新区企业家联合捐建的云阳苏州高新区特殊教育学校和云阳苏商光彩小学揭牌及奠基仪式在重庆云阳县隆重举行。苏州市发改委副主任刘庆龙，云阳县委常委、副县长张才明，云阳县委常委、组织部部长王万洪，云阳县副县长张重新等领导出席仪式。苏州新协力企业发展有限公司王玉南、苏州红钻石食品有限公司董事长邵荣林和苏州圣爱医院董事长游宗武等3位企业家捐资，用于新建云阳苏商光彩小学，帮助完成云阳县高阳镇民冲小学的搬迁；浒墅关经开区企业家们共同捐资，支持云阳苏州高新区特殊教育学校发展。

2007年12月11日，苏州高新区与重庆云阳县对口合作座谈会在苏州高新区召开，两地领导共叙友情，共商合作大计。苏州高新区管委会副主任蒋国良及云阳县相关负责人出席会议。

2008年4月，苏州高新区管委会副主任蒋国良率团参加第十二届东西部合作与投资贸易洽谈会，并赴重庆市云阳县进行考察交流。除完成援建经费任务外，浒墅关经济开发区工商联还捐资、捐物支持云阳发展，向当地优秀学生赠送了一批图书。

2012年5月，苏州高新区党工委委员、管委会副主任蒋国良率区发改部门及区内部分民营企业家赴云阳县进行考察。云阳县委书记李洪义，县委常委、常务副县长赵勇参加活动并陪同考察。

2012年7月7日，重庆市云阳县教育、妇联学习考察组来苏州高新区学习考察。苏州高新区领导蒋国良陪同考察。云阳县学习考察组一行16人先后到大阳山国家森林公园、太湖湿地公园、镇湖中国刺绣博物馆、苏州阳山实验学校、苏州东吴博物馆、大白荡城市生态公园等地学习考察。

2012年8月1日，重庆市云阳县委书记李洪义、县长张学锋率党政代表团来苏州高新区参观考察，苏州高新区领导周旭东、蒋国良会见考察团一行并陪同考察。云阳县党政代表团一行还实地考察了苏州科技城。

2016年4月20日，重庆市云阳县代表团一行7人来苏州高新区考察并对接对口支援工作，苏州高新区领导蒋国良会见并陪同考察。云阳县代表团还考察了苏州科技城医院和苏州科技城实验小学。

2018年5月6日至7日，苏州市虎丘区人大常委会副主任蒋国良率团到重庆云阳县开展对口帮扶工作，实际解决云阳苏州高新区特殊教育学校学生住宿问题。云阳县领导刘晓云、肖万福参加活动并陪同考察。两地签订协议，苏州高新区捐资用于云阳苏州高新区特殊教育学校学生宿舍楼购置设施设备。蒋国良一行还考察了云阳特殊教育学校教学开展情况，并调研云阳的教育资源情况。

2019年3月7日，云阳县发改委副主任彭武一行到访苏州高新区，共商两地协作事宜，共谋协作发展之策。

2019年5月12日，苏州高新区领导高晓东率团参加在陕西西安举办的第四届丝博会后，专程赴重庆云阳开展对口支援工作。在云阳活动期间，高晓东一行考察云阳特殊教育学校，召开教育、劳务协作工作座谈会，签订相关帮扶协议，并捐资用于云阳县特教学校学生食堂扩建及校园文化建设项目。

2019年5月27日，苏州高新区领导蒋国良受云阳县政府邀请率队赴云阳县考察，其间参加了云阳县中日康养人才培育示范基地授牌仪式，深化推动了云阳县职教中心与上海耄耋教育科技有限公司合作培养康养领域高端管理人才项目的持续开展。

2020年8月12日至13日，苏州高新区党工委委员、管委会副主任高晓东率领对口支援考察团到重庆市云阳县开展对口支援工作，向云阳特殊教育学校捐资，用于支持特殊教育发展。云阳县委常委、常务副县长刘晓云陪同考察。

六、陕西省榆林市定边县

2003年8月21日，定边县党政代表团到苏州高新区考察交流，苏州高新区管委会主任王竹鸣参加活动并陪同考察。王竹鸣表示，苏州高新区将一如既往地与定边县在对口交流、干部培训和援建项目等方面继续合作交流。

2005年4月6日，苏州高新区援建的陕西省定边县定边中学智能化校园网工程落成挂牌，当地政府举行了隆重的挂牌仪式。该工程包括100兆至桌面校园网、多媒体教学闭路电视系统、多媒体计算机教室网络和智能校园广播系统等子网络。

2006年10月19日，苏州高新区援建陕西定边县妇幼保健医院综合大楼项目签约仪式在当地举行，定边县委副书记贺子明、副县长高平和苏州高新区赴定边对口协作小组全体成员参加了签约仪式。

2007年4月，苏州市发改委副主任刘庆龙率领检查、验收小组对苏州各县市对口支援陕西定边县、横山县、米脂县、绥德县的援建扶贫项目进行工作检查和验收。苏州高新区援建的定边县人民医院门诊大楼、定边县苏州新区希望小学、定边中学校园网项目受到验收小组的一致好评，顺利通过验收。

2008年4月2日，陕西定边县政协代表团一行22人在张斌副主席的带领下来苏州高新区考察。苏州高新区领导孙晓红会见了代表团一行。代表团一行还参观了苏州高新区展示馆和创业中心。

2008年4月，苏州高新区管委会副主任蒋国良率团参加第十二届东西部合作与投资贸易洽谈会，先后来到对口支援地区陕西省定边县和重庆市云阳县进行访问交流，并签订了新一轮的援助协议书。

2008年9月，陕西省定边县3位初中教师到浒墅关开发区阳山实验学校挂职锻炼，这3位分别是任教初中语文、初中物理、初中数学的骨干教师。

2009年4月，苏州高新区援建的陕西省定边县职业中学校园智能网工程落成挂牌，当地政府举行了隆重的挂牌仪式，苏州高新区管委会副主任蒋国良出席挂牌仪式，并代表苏州高新区向学校捐款。

2010年7月,苏州高新区与陕西省定边县2010—2011年援建项目签约,捐资用于定边县西关民族社区建设项目及定边县干部来苏培训等。定边县常务副县长张鲁秦及苏州高新区扶贫工作小组相关负责人参加了签约仪式。

2012年4月,在西安举行的第十六届中国东西部合作与投资贸易洽谈会上,苏州高新区与定边县2012—2013年援建项目签约,援建项目为定边县党员干部教育培训示范基地。苏州高新区领导蒋国良,定边县委常委、纪委书记张增平,县委常委、常务副县长高明伟出席签约仪式。苏州高新区捐资用于定边县党员干部教育培训示范基地项目建设。

2014年4月,在西安举行的第十八届中国东西部合作与投资贸易洽谈会暨首届丝绸之路国际博览会上,苏州高新区与陕西省定边县2014—2015年援建项目正式签约,援建项目为定边县第五中学信息化网络建设。苏州高新区领导蒋国良、定边县县长温江城、定边县常务副县长焦利民出席签约仪式。苏州高新区与定边县政府在定边县第五中学开展信息化网络建设,其中苏州高新区提供援助资金。

2015年5月,苏州高新区领导蒋国良率队赴对口支援地区陕西省定边县考察交流,签订2015年对口支援项目协议,捐资用于定边县苏州新区希望小学餐饮服务中心建设项目。定边县县长温江城出席签约仪式。蒋国良一行还考察了定边县苏州新区希望小学、定边县第五中学、定边县第一小学和定边县人民医院。

2015年9月22日,陕西省定边县委副书记、县长温江城率党政代表团来访苏州高新区。苏州高新区领导蒋国良出席活动并陪同考察。温江城一行还考察了苏州高新区展示馆、太湖国家湿地公园等地。

2016年5月,苏州高新区领导蒋国良率队参加在陕西西安举办的2016丝绸之路国际博览会暨第二十届中国东西部合作与投资贸易洽谈会,苏州高新区阿特斯(中国)投资有限公司、莱克电气股份有限公司、苏州科达科技有限公司和苏州东菱振动试验仪器有限公司等4家企业在博览会上进行了产品展示。其间,蒋国良一行与陕西省定边县委书记崔博进行交流,并签订2016年对口支援项目协议。

2018年5月9日,苏州高新区组织到陕西省定边县考察帮扶项目运作发展情况,共叙20年帮扶情,商谈继续合作事宜。苏州市虎丘区人大常委会副主任蒋国良参加考察活动。定边县委副书记、县长焦利民,县人大常委会主任蒋亚东,县委常委、副县长马俊飞参加活动。蒋国良一行还考察了定边县白泥井镇沃野农业开发有限公司企业党员干部教育培训示范基地、定边县苏州新区希望小学、定边县中学、定边县第五中学、定边口腔医院、定边县人民医院等帮扶项目。

七、宁夏石嘴山市平罗县

2018年11月26日,宁夏石嘴山市平罗县委副书记、县长马莉方率代表团到苏州高新区考察,双方签署了合作框架协议。苏州高新区领导张国畅、蒋国良,平罗县委常委、副县长杨志平出席活动。马莉一行还考察了苏州高新区展示馆、纽威数控、太湖湿地公园。

2018年12月6日至7日，苏州高新区领导宋长宝率苏州高新区代表团赴宁夏平罗县开展对口协作工作。平罗县委书记蒋文哲、县长马莉方等陪同考察。在平罗期间，苏州高新区与平罗县举办对口协作座谈会，苏州高新区总工会与平罗县总工会签订友好合作协议，正式缔结成为友好工会。考察团一行还走访慰问了苏州高新区挂职干部，实地考察了平罗县工业园区规划建设、现代农业产业发展等有关情况。苏州路之遥科技有限公司董事长周荣为幸福院捐赠公益金60万元，帮助支持幸福院的建设和发展。

2019年6月17日至18日，苏州市虎丘区人大常委会主任袁永生率考察团一行到宁夏平罗县考察。两地召开工作座谈会，深入交流人大工作。平罗县委副书记、县长马莉方，县人大常委会主任马长青，县委常委、副县长杨志平参加座谈并陪同考察。在平罗县期间，考察团一行还看望了苏州高新区挂职干部，实地考察了平罗县现代农业产业发展等有关情况。

2019年6月24日，苏州高新区党工委委员、管委会副主任高晓东一行赴宁夏平罗县看望慰问区派驻干部并开展对口协作工作。平罗县委常委、副县长杨志平参加座谈并陪同考察。高晓东一行还考察了平罗县农业产业项目。

八、苏州盐城沿海合作开发园区

2012年3月26日，苏州盐城沿海合作开发园区举行基础设施项目集中开工仪式，苏州市委常委、副市长，高新区党工委书记周伟强，大丰市委书记倪峰分别作重要讲话，苏州盐城沿海合作开发园区党工委书记蒋国良致辞，管委会主任蒋林明主持。

2012年10月24日，苏州市虎丘区政协主席王蔼先一行视察苏州盐城沿海合作开发园区，详细了解园区发展概况，并进行了座谈。

2012年10月25日，苏州市虎丘区人大常委会主任陈启元一行视察苏州盐城沿海合作开发园区，详细了解园区发展概况，并进行了座谈。

2012年12月26日，由浒墅关开发区国资公司投资成立的江苏沿海苏虎投资发展有限公司，在苏州盐城沿海合作开发园区正式签订投资协议。苏州盐城沿海合作开发园区党工委书记蒋国良、管委会主任蒋林明等参加了签约仪式。

2013年6月17日，苏州盐城沿海合作开发园区与香港维德集团在苏州高新区正式签订投资协议，这是苏州盐城沿海合作开发园区较大的外资项目。苏州市委常委、苏州高新区党工委书记浦荣皋，苏州盐城沿海合作开发园区党工委书记蒋国良、管委会主任蒋林明，维德集团董事局主席庄启程出席签约仪式。

2013年7月5日，苏州阳山工业园项目在苏州盐城沿海合作开发园区举行奠基仪式，这是苏州盐城沿海合作开发园区首个筑巢引凤载体项目。大丰市领导陈平、殷勇，苏州盐城沿海合作开发园区党工委书记蒋国良、管委会主任蒋林明出席活动。

2014年4月3日，苏州盐城沿海合作开发园区10个重大项目集中开工。江苏省委常委、

附 录

省人大常委会副主任、苏州市委书记蒋宏坤宣布开工。盐城市委书记朱克江、苏州市市长周乃翔分别讲话。盐城市市长魏国强，苏州市委常委、苏州高新区党工委书记浦荣皋，盐城市委常委、大丰市委书记倪峰，苏州市副市长徐明，盐城市副市长周绍泉，苏州高新区管委会主任周旭东，大丰市市长陈平出席。

2015年7月11日，刚松防护科技（苏州）有限公司投资建设的医疗用新型防护材料项目正式签约落户苏州盐城沿海合作开发园区。

2015年8月17日，苏州盐城沿海合作开发园区与苏州汉宜公司签订标准厂房租赁协议，投资建设新型多功能助剂项目。

2015年8月27日，苏州盐城沿海合作开发园区与江苏新浪泽公司签订投资协议，投资建设印刷包装项目。

2016年4月21日，苏州高新区人力资源服务行业协会一行60余人赴苏州盐城沿海合作开发园区参观考察。苏州盐城沿海合作开发园区领导范品才陪同考察。

2016年5月31日，苏州高新区党工委委员、组织部部长张国畅赴苏州盐城沿海合作开发园区考察调研，苏州高新区党工委委员、苏州盐城沿海合作开发园区党工委书记蒋国良，管委会主任蒋林明陪同调研。

2016年11月8日，苏州高新区管委会副主任王牟一行来园区考察调研，苏州市虎丘区人大常委会副主任、苏州盐城沿海合作开发园区党工委书记蒋国良，管委会主任蒋林明，园区领导范品才、王平陪同调研。

2017年11月23日，苏州高新区管委会副主任、虎丘区副区长虞美华一行来苏州盐城沿海合作开发园区考察，苏州盐城沿海合作开发园区管委会副主任陈豪陪同。

2018年5月28日，苏州盐城沿海合作开发园区举行2018年重点项目集中签约开工投产仪式。苏州市副市长蒋来清，盐城市副市长蒋巍，苏州高新区党工委副书记、区长吴新明，苏州盐城沿海合作开发园区党工委书记蒋国良、管委会主任陈豪参加活动。

2019年1月17日，苏州高新区工委组织部赴苏州盐城沿海合作开发园区开展年度考核工作。苏州市虎丘区人大常委会副主任、苏州盐城沿海合作开发园区党工委书记蒋国良，苏盐园区班子全体成员参加。

2019年2月20日，苏州盐城沿海合作开发园区召开2019年工作动员大会，传达贯彻苏州高新区动员大会及援外干部座谈会精神，回顾总结2018年工作，安排部署2019年目标任务。苏州市虎丘区人大常委会副主任、苏州盐城沿海合作开发园区党工委书记蒋国良主持会议并讲话。他要求，要提振"精气神"、鼓足干劲、团结奋斗，推进园区各项事业不断取得新的突破。

2020年2月18日，苏州市虎丘区人大常委会副主任、苏州盐城沿海合作开发园区党工委书记蒋国良深入苏盐园区企业，检查疫情防控、复工复产和项目建设工作。

2020年3月28日，苏州盐城沿海合作开发园区举行2020年春季项目签约暨集中开工仪式，吹响了"两手都要硬、两战都要赢"的冲锋号，拉开了一幅冲破疫情阻碍、加速项目引领的发展蓝图。当天，共有11个项目参加签约开工，其中开工项目8个，签约项目3个，总投资33亿元。

苏州高新区对口帮扶支援协作访谈摘录

按语：在编撰《携手奋斗奔小康——苏州高新区对口帮扶支援协作纪实》一书的过程中，编撰小组对领导和参与此项工作的10位同志进行了访谈，他们分别是蒋国良、邢文龙、华建男、徐礼华、王奇学、杨亮、徐文清、承建新、余建康、徐建红。访谈录中有很多鲜活的事迹和工作细节，无法全部在正文中加以体现，故将访谈的部分内容摘录如下，以保存史料，并展现苏州高新区对口帮扶支援协作的鲜活历史。

一、蒋国良访谈摘录

蒋国良，现任苏州市虎丘区人大常委会副主任，曾长期负责苏州高新区对口扶贫领导工作。2019年7月5日，于苏州市虎丘区人大办公室接受张笑川访谈，录音由游巧萍整理成文。

蒋国良： 我作为分管领导，不仅要负责苏州高新区内部扶贫工作，还会涉及整个援外地区。另外还有几个援外的干部，他们都可以把多年来的工作笔记和里面的精髓分享给你。他们的工作内容是完整的，系统的，包含了很多酸甜苦辣，有很多精品的东西。

我作为分管领导，总体上是落实上级部门布置给苏州高新区的援外任务，我们称之为"规定动作"，就是先富帮后富。通过实地考察，我们确实感动，觉得有责任做好帮扶工作。另外，我们分管帮扶的干部做了很多"自选动作"，号召我们的企业家，发动身边的朋友出资、出物来支援。我是倡导"输血与造血相结合，资金与智力相结合"的帮扶措施，关键还是在智力，让受援地的干部到我们地区来进行培训，来挂职，教师、医生来培训，把我们这里先进的管理理念带回去，这就是开眼界，从智力上进行提升。因为资金的作用是有限的，是微不足道的，关键要解决思想的问题，所以在这方面我还是比较主动的。他们到我们这里以后，我们承担所有的培训费用。"供血与造血"，就是智力方面的提升，我们主张通过项目带动、提供方便，让他们来推荐地方的优势，进行招商引资。比如说，通过引进企业，政府有了税收，剩余的劳动力就业解决了，那就实现了致富。把他们引出来，通过学习、考察、交流，我想必然会对他们地区的经济发展乃至社会事业的发展起到一定的作用。所以这么多年来，苏州高新区帮扶了很多地方。从我分管至今已经有12年。两地政府应该是2006年开始来往，基本上每年几个板块都要走一遍，大家来来往往，像走亲戚一样。有时候他们提出来什么问题，我们都尽可能帮助他们解决。所以这项工作从一定高度来讲，十八大以来总书记也是下了决心，是一个战略。要解决这个贫困差距问题，到2020年一个不落进入小康社会。所以经济相对比较发达地区的我们应当有一种使命感来帮助他们。

张笑川： 在长期的帮扶工作中，您有什么特别的感受吗？

附 录

蒋国良： 在2006年之前，那个时候还不是我分管。我是2006年之后负责这项工作的。在参与这项工作之后，我本人也很喜欢帮助别人。这句话很普通，但是要做到却也很难。比如要全部完成贫困地区的小孩读书问题，确实很难。和贫困地区交了穷朋友，需要我们不厌其烦。因为我们不是仅仅负责扶贫，还有其他板块上的工作需要处理，身兼数职，确实很忙。此外，所有的项目到人家土地上动土，没那么简单，这不是给人家钱，而是双赢的。所谓回报就是口碑，苏州高新区支持这个项目，确实做了很多项目。在我分管的领域，除了既定的工作计划之外，我们还做了很多"自选动作"。在做的过程中，注重智力与资金、供血与造血的问题，在招商引资上、项目上帮助他们，包括农副产品出来以后如何致富等，我们落实到了每家每户。

张笑川： 整个苏州市都在对口支援，苏州高新区与其他地方不一样的是什么？

蒋国良： 不一样的就是，我们动用了所谓的"自选动作"，动用了企业家，还有大量的爱心人士、爱心企业的参与。

二、邢文龙访谈摘录

邢文龙，现任苏州高新区党工委委员、虎丘区委常委、政法委书记，曾作为第四批江苏省援藏干部，于2004年7月至2007年7月赴西藏拉萨林周县，挂职林周县副县长。2019年7月1日，于苏州高新区管委会办公室接受沈骅访谈，录音由高飞整理成文。现将邢文龙访谈摘录如下。

沈骅： 邢书记您好，我们正在编撰苏州高新区对口帮扶支援协作纪实，想在前面搜集资料的基础上补充一些口述资料，您在西藏扶贫一线工作了三年，请您谈谈切身经历和感受。

邢文龙： 好的。2004年7月，根据组织安排，我和吴江市的孙悦良、吴中区的张炳华三人，赴结对帮扶地区——拉萨市林周县工作3年，我主要分管经济发展、国土、水利、商务、旅游等方面工作。在林周工作期间，除了政府的对口支援资金以外，我们也积极牵线搭桥，通过自己的亲戚、朋友，发动苏州的企业家，更多的是民营企业家，进行结对帮扶。学校这方面的帮扶大概是建了十几座希望小学。其中吴江有一对小夫妻，他们把举办婚礼和度蜜月的钱都拿出来，以他们夫妻俩的名义建了一所希望小学。在结对帮扶过程中，类似这样的事情很多，我们都深受感动。再比如，大的方面不说，小的捐助方面，我们发动了律师事务所，一个所十几个人，每人拿三五千块钱，结对一个家庭，从小学开始，到初中、高中，不定期地进行帮扶，效果很好，他们跟当地百姓都成了好朋友。

分享一个跟藏族老百姓的故事。当时我分管水利，西藏的水资源总量是全国第一，占全国的六分之一还要多。但老百姓居住的地方海拔比较高，没有通往取水口的路，再说大江大河水流很急，直接到下面去取水很不方便。所以老百姓只能去取山上下来的小池塘里的水，但这个水的水质没有保障，牦牛、羊都从那里经过，水比较脏。为此，国家出了一个项目叫"人畜饮水工程"，现在叫"安全饮水工程"。但由于受资金等因素影响，当时这个工程不能做到西藏全覆盖，我们就想办法到拉萨市、到自治区去争取。

当时我做了一个规划，林周全县各乡都要推进安全饮水工程，我带着规划去自治区汇报，当时自治区水利厅的副厅长，也就是现在的拉萨市委书记接待了我，我们商量后达成了一致意见：将林周县列入整县推进安全饮水工程的试点，争取3年为全部完成，涉及的资金问题，除了国家安排的资金外，由我们从苏州后方再拉一部分资金到林周来进行匹配。大概需要多少资金呢？一个村大概是20万元到30万元，离水源比较远的村子需要三四十万元，那边的乡村虽然地方比较辽阔，但人不多，也就是十几二十户人家。

那水源怎么找呢？我们通过当地村民找到水源点，原来的水不是沉不住嘛，流到下面的水都脏了，那我们就建沉沙池、滤水池、蓄水池，相当于做一个自动的自来水厂，用管道靠自然动力把水从山上接到下面村中，然后集中建几个背水台。最后就是我们电视里看到的，西藏的百姓穿了民族的衣服，背水台水龙头一放，水就有了，老百姓再用水桶把水背回家。后来我们算了下，管网的钱也不多，所以就把自来水管直接接到老百姓家院子里了，这个真是大大方便了老百姓。以前西藏人民只能在小池塘里取水放在家里，或者取大江大河里的水，但是风险很大，西藏人民以前很少洗澡，现在就可以安心地洗澡了。

我记得通水的那天，全村老百姓都来了，这是村里历史上的大事，相当于我们农村以前喝上自来水一样。大家脸上都挂满了笑容，村民们拿着青稞酒，执意让我们喝，当我们是贵客，我们也都非常高兴，也很有感触。

这种民生项目真的是把援藏资金用到了刀刃上，财政资金使用绩效很高。这个项目的亮点在于它不需要额外的动力，不需要拉电网等比较复杂的工序，资金投入也不大；利用山上找的一个水源，就能持续保障一个村子十几户、二十几户人家用上清洁的水。当时我们林周全县推进这个项目，这么多老百姓喝上了干净的水，非常不容易，他们很感动，我们也感动，得到的是双向正能量的实惠，后来等我们这一批援藏结束的时候，全县基本都完成这个项目了。

沈骅：这个工程当时有一个名称吧？

邢文龙：有的，叫"人畜饮水工程"，是国家工程，我们用援外对口资金，包括争取来的各种支持和援助，来导入这个工程，全县推进。我作为援藏干部，最大的感触就是，要深入基层调查研究，了解老百姓需要什么，然后结合上面的政策来推行，我们援藏资金要投向老百姓真正需要的地方。通过类似援建项目的实施，紧密了干群关系、党群关系。还有一个感触就是，在西藏，在林周，那边的干群关系、党群关系非常和谐，纯净得像一张白纸，像蓝天白云一样。所以干部只要真心实意地为老百姓做事，老百姓肯定是认可的、拥护的，这也是我们援外干部的收获，对我们援藏回来之后的工作也很有启发和帮助。

三、华建男访谈摘录

华建男，现任苏州高新区党工委委员、虎丘区委常委，曾作为第七批江苏援藏干部，于2013年7月至2016年7月赴西藏拉萨经济开发区，挂职拉萨经济技术开发区党工委委员。2019年7月3日，于苏州高新区管委会办公室接受沈骅访谈，录音由贾凌雁整理成文。现将华建男

附　录

访谈摘录如下。

沈骅：您在支援西藏期间发生过哪些典型例子呢？

华建男：林周是苏州市对口帮扶的一个县，我们形成了枫桥和旁多乡的结对关系。每年我们都会派小分队到旁多乡去慰问、对接或者看望，他们有条件的话，也会定期过来进行社区对接，主要是一些基层干部，比如党委书记、下乡镇长或者县乡的同志，这已成常态化了。

去年11月份，旁多乡党委书记带队过来与我们各个社区进行对接，苏州高新区开展了很多活动，并与旁多乡的同志在社会治理、服务群众方面进行了一些经验交流。这次对接中出现了一个突发状况，对我们触动非常大。

旁多乡党委书记扎西非常年轻，但由于长期在西藏工作，缺氧和高原反应导致他的心血管系统存在问题，但他一直忙于工作，没有进行详细的体检。某天下午，我们接到他突发心梗并被送到苏大附二院的消息，于是我立刻打电话给苏大附二院并联系专家，让他在苏大附二院进行紧急治疗。他在医院做了心脏支架，到下午五六点钟，医生将他救了回来，后来我跟周主任去ICU病房看望他。这个例子深深触动了双方。

后来，我们向旁多乡的同志表示，希望他们每年乡、村里的人过来之后，第一件事情就是由我们街道安排他们到人民医院做一次全面体检，特别是心血管系统和脑神经系统方面的检查。在扎西同志住院期间，我们将他随行的几位同志以及他的夫人，都安排在苏州高新区人民医院做了一次非常全面的体检，在这过程中又发现了一位年轻同志存在相同的隐患。

总体来讲，他们的身体特别是心血管系统，相比起他们的实际年龄要老一些。身体是革命的本钱，这些长期在基层工作的年轻同志，上有老、下有小，如果没有好的身体，在高原工作是非常危险的事情。扎西以及旁多乡的其他同志，对这种交流体会也非常深刻。总而言之，在这件事之后，我们党工委基本形成了一个决议，即只要西藏的同志过来，就做一次全面体检。我觉得这非常好，能帮助他们解决一些实际困难，毕竟西藏医疗条件和自然环境相对较差。

沈骅：刚才提到的小分队，大概是从哪一年开始的？您刚才讲枫桥街道派过去的小分队已经有十多年了。

华建男：21世纪初。

沈骅：当时为什么会有这样的举措？

华建男：当时是基于大的援藏计划背景。比如说苏州高新区长期定期轮换派县级领导过去，如书记等，还包括早期的一批援藏干部，同时发动有条件的乡镇与拉萨的一些乡镇进行结对。当时结对并不互派干部，而是定期走访慰问、扶贫，早期就是有钱出钱、有力出力，方法灵活，比如我们有一些学校跟他们的学校对接。

沈骅：有没有枫桥这边的小分队去那边活动的照片？

华建男：有的，这两年我们也有不同的活动方式。作为苏州高新区来说，我觉得也应该把这个计划纳入一个大的计划当中，真正下沉到基层，特别是乡镇，甚至到社区一级，这样对双方都有好处。旁多乡也带村里的同志过来，我们社区一接到通知就会组织交流，其实我们的同志到了西藏以后，与他们进行交流也是一种学习。他们所做的工作，压力并不比我们小。所以我觉得这么多年的交流,有时候看上去是点点滴滴的小事,但时间一长,就能够汇成一种洪流。

沈骅: 刚才在经开区这方面主要是侧重于双方的交流,那您在个人生活上呢?因为邢书记也曾聊到他在林周的生活是很艰苦的,您在那边有相关的经历吗?

华建男: 因为我比邢书记要晚9年过去,9年之后的拉萨在交通生活、运输条件等方面都有了大幅度改善。或许邢书记讲的故事和对你讲的话,和我现在跟你讲的话,真的是再次印证了国家在援藏计划下,对西藏、对拉萨的所做及投入发挥了很大的效益。当时邢书记去的时候,航班很少,但是我们2013年去、2016年回来的时候,交通已不成问题,基本上可以随时使用携程等各种App,通过不同的网络渠道可以很方便地买到去拉萨的机票,而且误点的情况越来越少。交通方面,不管是铁路还是公路都很方便。我们2013年去的时候,感觉拉萨从生活条件和交通条件上看,和内地没什么区别,可能就饮食习惯上有些不同。

在那里的时候,生活上最缺的是什么?离开家庭,离开原来的工作,是人之常情。但因为我家小家伙当时正好念高中,是比较关键的时候,所以我对小孩、对父母、对夫人都有一些愧疚,可能当时最大的是生活压力和心理压力。但是从生活条件来讲,援藏以后,特别是十八大以后,党中央和各地对拉萨基础设施的援助力度很大,他们发展的速度甚至超过了内地的平均水平。所以邢书记与你讲的林周生活和我体验的不同,在他那个时候我也随代表团去看望过,确实条件不好,让我印象深刻。

现在你到林周去,条件也不一样的,特别是交通方面,所以又再次印证了援藏的贡献。西藏的医疗条件也发生了较大的变化。2015年秋天,拉萨经开区由于受一个案件的影响,班子人员紧缺。当时我是分管领导,又兼规划建设局局长,10月份回到拉萨以后,我忙了一个多月,免疫力下降,得了带状疱疹,非常痛苦。这种病没得过的同志不知道,真是痛苦万分。但是要坚持工作,没办法全心治疗,只好上午工作、下午去拉萨市人民医院治疗,我花了将近二十天时间才治愈。拉萨市人民医院对我们援藏干部非常关心,并且医疗条件总体来讲还是不错的,用药基本上和内地差不多,这也说明整个拉萨,特别是最近一段时间,各方面条件都在改善。当然,可能需要进步的地方还很多,比如教育和卫生方面,他们的人才供给和人才的整体水平还需要大幅度提高。这也是下一步真正要解决的问题,要高质量发展拉萨,可能西藏也存在这个问题。在我印象当中,2016年援藏的时候,党中央、省里与西藏自治区也在这方面加强了人员的配置。我们的医疗队伍过去的也挺多,支援时间较长。还有我们的教育队伍,比如拉萨中学就是江苏省派骨干教师组成的团队帮他们带,包括教育管理、学校管理、带动当地的老师等方面,这些给我们的触动挺大的。

四、徐礼华访谈摘录

徐礼华,现任苏州科技城党工委委员、管委会副主任,曾于2016年7月至2019年7月挂职西藏拉萨经济技术开发区党工委委员、管委会副主任。2019年7月15日,于苏州高新区管

附 录

委会办公室接受沈骅访谈，录音由游巧萍整理成文。现将徐礼华访谈摘录如下。

沈骅： 食品药品检疫在西藏是不是比较稀缺？

徐礼华： 几乎为零，我们给当地带来的这个检测机构，对于当地来说是零的突破。2013年或2014年的时候，国家食品药品总局专门拨款要求拉萨市建立这个机构。后来我就根据现实情况弄了一个检疫机构。钱虽然不多，但是我们先把这个机构建起来了，以后如果想升级的话，还得花功夫。做这个高精尖行业的话，对于西藏来说，设备贵是一个方面，另外也找不到合适的技术人员来操作。西藏的地理条件对设备的要求比较高，对技术人员的要求也比较高。所以西藏特殊的地理环境是个阻碍因素，这种高精尖行业的技术人员在西藏不能长期待下去。因此它的定位跟内地是有一个错位的，要解决初级和高级之间的衔接问题，不能一上来就搞得太高级。如果花了很多钱，却没有人员操作，只有一大堆的仪器设备，这才是最大的浪费。所以我就先从简单的做起，先派出一些技术人员操作这些机器，如果没有人，只有机器的话，不出三五年，这些机器就可能报废了。

沈骅： 对的，这些机器都是一些精密的东西，肯定是需要维护的。

徐礼华： 是的，我在那里建起来的机构也不是很大。而且这些仪器设备是参照内地的，由苏州提供技术支持。

沈骅： 我们这里可以提供支持，可以买这些仪器？

徐礼华： 是的，怎么把关，怎么建设，怎么检验，都是需要咱们支持的。

沈骅： 人员是怎么配备的呢？

徐礼华： 人员是我们从西藏选拔和招聘的，再把他们送到苏州进行培训，利用苏州的资源。这也都是我们苏州提供的无偿培训。

…………

徐礼华： 关键内容就是影响他们。我们主要采取"润物细无声"这种方式，因为在基层我们要尊重当地的风俗。既要做到尊重，也要做到援助，不能给他们添乱。

沈骅： 您这个"润物细无声"的比喻是比较到位的。

徐礼华： 我们要用我们的观念、做法潜移默化地影响他们。后来我让当地工作人员在苏州挂职，安排他们到内地待几个月，改变他们的工作观念及工作方式。眼见为实，说得再多，都不如让他们到现场看一看，百闻不如一见。我们在当地也是得到肯定和受到欢迎的，比如你看这两张照片，这是欢送的照片，说明我们之间的关系还是很不错的。

沈骅： 这个就是哈达吧？

徐礼华： 是的，你可以看到人很多，其实当时我并不想惊动他们，也是出于对他们的尊重，尊重是相互的。所以这张照片反映出我们跟当地的关系还是比较融洽的。

沈骅： 对的，这张照片里您当时全身披满了哈达，这种和谐的关系一下子就能看得出来。

徐礼华： 以前我在苏州的时候还保持一些体育活动，但是到了西藏以后就不敢活动了。我刚去的时候，拉萨市委书记也就是现在的自治区主席，给我讲了一个故事。有一个藏族年轻人，二十多岁，非常要强，来到内地军队之后，参加体能训练的时候，由于自身体能跟不上，他总是给自己加码，最后不幸猝死牺牲了。这个故事告诫我们，在西藏千万要小心，不要做太剧烈的运动。所以有时候我就跟我的朋友开玩笑说，高原也是一个危区，因此我的体育活动基本上就暂停了。但是随着时间的推移，这个现象也会慢慢缓解。我就慢慢开始锻炼，现在就是一个早睡、晚起、慢走、慢讲话的生活状态。

沈骅： 这个还是需要一定的恢复时间。

徐礼华： 但是我们一些干部回来以后也没有太注重这个恢复过程。比如之前我们苏州的一位援藏干部回来以后，由于没有太注重恢复，现在整个人看起来精神就有点不太好。

沈骅： 是的，我也听说了，邢书记之前也跟我讲过。

徐礼华： 现在那位同志就是一只耳朵失聪。在去西藏之前，他的身体非常好，我们经常在一起开展野外活动。后来在西藏的时候，听说这位同志曾经翻山越岭走了8个小时，当时可能没有什么反应，但是现在看来会有一点影响。即使我们在内地，剧烈运动也容易导致拉伤，也会产生不可避免的伤害，所以在西藏我们也会遇到这些问题。还有的人在西藏感冒了，引起肺水肿，现在西藏那边的医疗条件并不是很好。不过现在西藏交通还是比较方便的。以前交通不好的时候，因肺水肿造成的死亡率还是很高的，所以在西藏得了感冒还是要引起重视，一旦发现症状，就要及时治疗。

五、王奇学访谈摘录

王奇学，现任苏州高新区综合保税区管理办公室副主任，曾于2010年8月至2014年1月参与全国第七批援疆工作。其中2010年8月至12月担任苏州市对口支援新疆阿图什市前方工作组副组长，并以拟任阿图什市委常委、副市长身份开展工作；2011年1月起先后担任霍尔果斯经济开发区规划建设局党组书记、霍尔果斯经济开发区党工委委员兼规划建设局党组书记。2019年6月28日，于苏州高新区综合保税区管理办公室接受沈骅访谈，录音由游巧萍整理成文。现将王奇学访谈摘录如下。

沈骅： 请您谈谈您印象深刻的事情？

王奇学： 就是受洪水灾害的事情。在离河水很高的一个坡上，原来住着好多人家，那年的洪水特别大，很多房子都被淹了，老百姓损失很大。后来有人提出搬迁的方案，但是我们经过实地考察认为不适合搬迁，因为搬迁需要考虑的问题实在太多。当时省前方指挥部的陆总指挥等待我汇报工作。之所以决定让我去汇报，是因为我对搬迁的方案持否定态度，经过详细的汇报后，陆总指挥决定重新进行考虑。陆总指挥的基层经历多，看得多，想得多，眼光就很不一样，对很多项目的态度都很客观。

当时在南疆的时候，主要是把五年援疆项目规划基本做完，然后昆山就接着搞建设。当时在南疆的工作也是非常辛苦的。记得8月23日是到达的第一天，当天就去考察一个在建项目工程，我一只脚踩在地上，一只脚还在汽车上，就听到建设局的副局长说发生地震了，没过多久就发布了6.1级地震。南疆也属于地震频发的地带，我在那经历过几次地震。2011年，伊犁州

附 录

地震，我经历了两次，一次是6.0级，一次是6.1级。当时我负责接待苏州来的同事，跟他们住在宾馆里，我住在九楼。早上八点左右，我感觉自己的脚被别人拉来拉去，晃得厉害，我的第一反应就是地震了，赶紧起来去敲另外的三间门。这种经历有过好几次。

沈骅： 最大的地震是几级？

王奇学： 6.1级。记得是11月1号，那时已经是早上了，我逃到地面上的时候，灯火通明。那一次是最厉害的。我当时住在九楼，幸亏房子是在汶川地震之后造的，不能坐电梯，我是带着另外两个人从楼梯奔下来的。当时余震也不断。两次地震的震源相距一百几十千米，一个6.0级，一个6.1级，前后相差大约两分钟。第二次地震的时候，我已经在外面了，我选择了一个比较空旷的空间保护自己。后来我们去另一个地方进行考察，才知道我们经过的地方当时距离震中才不到200米。

沈骅： 听说那边的气温也比较低，您刚才也提到了，在零下29度。

王奇学： 是的，气温非常低。印象非常深的一件事是当地一月份，隆冬季节，我们住的地方，因为气温低设施都坏掉了，水都不能用。太阳能热水管坏了好几根，当时气温在零下二十四五度。我们也找不到当地人修，只能自己动手修，自己修又怕手被冻伤，于是就戴上手套拿毛巾隔开以后，再通过天井爬到楼顶上，结果毛巾粘在杆上就冻住了。我们花了十几天的时间才把太阳能给修好，修好后没过多久我们就回来过年了。我们也遇到过极端天气，冬天最低零下三十几度，晚上非常冷，早晚出去耳朵就像刀刮一样疼。夏天的紫外线又比较强，在工地上受影响就比较大。

沈骅： 那夏天的温度有多高呢？

王奇学： 其实温度和苏州差不多，但是紫外线很强。刚到北疆的时候，因为前期一直在霍尔果斯地区搞地质勘探，天天在工地上来回跑，以至于回来之后，我老婆看见我，说我就像一个小老头子，脸越来越黑，牙齿反而显得越来越白了，因为我每天需要到3个地方进行监督，需要到现场进行查看。我们苏新中心的项目，占地面积大概是86亩，高度是近100米，22层楼，当时在霍尔果斯算是第一高楼。那么高的楼对地基的要求是很严格的，需要做地基勘探。其实它的承重是没有问题的，但各方面的指标很多，由于我们是外行，地勘工程的图纸上有几十个需要做地勘的地方，工程是要签字的，终身负责。所以我们4个同事专门请了一个老专家，晚上给我们上课，然后我们才对各项指标有所了解，在现场监督时就不至于被忽悠。

后来在向苏州工业园区副书记，也是霍尔果斯经济开发区管委会主任黄继跃汇报工作时，他也问到钻探的数量、深度等问题，对于深度等指标不合格的，要求坚决不能签字。之前没有做过工程方面的工作，所以我们每天像扫地雷一样，86亩地，每天扫一遍。记得那时我在黄主任办公室，黄主任给工程老板打电话，那个老板信誓旦旦地保证工程的质量和进度，在我面前当场说谎。为了避免被那个老板听到，我就用纸笔和黄主任交流，要求他尽快完成地勘。由于掌握了地勘的真实情况，我请黄主任关照那个老板与我直接进行工作对接。当时叫他三天之内来，结果他一个星期都没来，但是他的机器在运转，两三个星期之后，等到所有的都钻完，他才和我见面。就是这样，我们才确保了地质勘探有比较客观、充分的数据。在霍尔果斯工作期间，我们对自己负责的每一样工作都严把质量关，不留后遗症，实践自己出行时的诺言："捧着一颗心来，不带半根草去。"

六、杨亮访谈摘录

杨亮，自2017年至今，挂职铜仁市万山区委常委、副区长。2019年7月16日，于苏州高新区管委会办公室接受张笑川访谈，录音由游巧萍整理成文。现将杨亮访谈摘录如下。

张笑川： 您觉得扶贫过程中的重点是什么？

杨亮： 大家都知道扶贫光给钱是不行的，最好还是要能够实现由输血向造血转变。要想产生造血效果，肯定还是要靠产业，通过产业扶贫来帮助它真正地发展起来。产业合作上，现在主要是两个大的内容，一个是通过一些重点或大的项目落地，带动当地的产业发展。现在苏州高新区已经正式落地的产业项目主要有3个，第一个项目是苏高新集团和食行生鲜联合的农产品供应链中心项目。这个项目是去年铜仁市委书记到我们高新区来考察调研以后提出来的一个请求，对此很多人都表示赞成。我去万山以后一直在考虑，要想在产业上有所突破就需要切入点。切入点是什么呢？一边是铜仁的特色优势资源，一边是苏州地区的广大市场，我必须把这两个结合起来，这个产业才能是有效的、长远的。

因为产业是市场化的行为，不能光靠政府帮扶，所以我当时也在考虑切入点到底在哪。我2017年10月份去了万山以后，待了一段时间，就感觉有两个切入点。一个切入点是铜仁的农产品，这个是好东西，因为它没有任何的污染。这些农产品，我自己在那边天天都要吃的，那边食用菌菇类的东西，以及我们平常吃的鸡、鸭、牛，和我们这边还真不大一样，的确是好东西。我们苏州这么大的市场，要把这些东西全部引过来的话，我觉得这事是完全可以做的。所以在去年的上半年，我就找了食行生鲜的老板张洪良，请他过来考察，看看这边东西到底行不行。他们来了几次以后，觉得完全可以。后来在食行生鲜平台上做了几单，结果很抢手，我就觉得这个是完全可以做的。所以现在我们就通过这样一个项目，由苏高新集团投资，在万山那边专门弄了70亩地，投1.5个亿，建一个供应链中心。供应链中心实际上是什么呢？它不是种植，而是一个概念，是建成以后包括什么，有农产品加工中心、检测中心、物流仓储中心、冷库等，实际上是变成一个全产业链的东西。这个东西建成以后，我们希望把它真正做成铜仁乃至整个贵州地区特色农产品的一个集散中心，因为当地本来就缺少这种物流体系。这个项目今年4月份就正式动工了，到现在一切进展都很顺利，到12月份可以正式建成运营。这样我们就可以真正做到一手牵贵州的农民，因为所有农产品的收购全部是和基地，也就是和贫困户直接发生利益联系的。这就是我刚刚讲的一个切入点。

那么第二个切入点是什么呢？我发现那边自然山水也是优势资源，也就是说旅游产业是完全可以做的，事实也证明确实如此。这两年，整个贵州包括铜仁的旅游市场太火爆了，特别是去年铜仁的梵净山申遗成功，一下子就把整个旅游产业带动起来了。比如说这个时候你要去梵净山,我是不建议的,因为根本排不上队。前几天有几个朋友买了票都没能进去,根本上不了山。旅游市场很火爆,我发现这个也可以作为一个市场化的产业,完全可以做。所以现在正式落地的有两个旅游项目,一个是我们苏高新股份公司下面的旅游产业集团,他们考察多次以后,觉得可以做一个乡村旅游项目,就是精品民宿。他们在铜仁市万山区选了一个村,叫牙溪村。牙溪村的自然环境非常好,背靠大山,前面又有溪流,非常漂亮,是一个典型的侗族村落。在对待这个侗族村落上,我们现在采取什么方式呢?第一,土地流转,老百姓能获得收入。第二,将老百姓居住的那些木头房子租下来,老百姓每个月都有租金收入。这些房子其实比较破,环境也比较差,租下来之后,全部保留外观,但内部进行五星级标准的民宿改造。目前,老百姓的搬迁工作在这个礼拜可以全部结束,下周一开始全面动工,争取在2020年的春节之前完成。原来我们苏州高新区有个泰迪农场,但现在关闭了,于是我们在铜仁又新开一个泰迪农场,等于是开一个这样的精品民宿。第三个项目就是建设苏州大厦。围绕旅游市场,现在整个铜仁的酒店可以说是一房难求,我们集团公司考察几次以后,决定在铜仁建设苏州大厦。苏州大厦实际上就是一个市场化的酒店,这也是一个市场化行为,但今后运营的时候,会优先使用当地贫困户的用工等,会把它和评估利益连接起来。通过这几个重点项目,来带动当地的产业发展。

还有是"黔货进苏",带动当地的农产品走出大山。在这个项目建成之前,实际上已经有大量的农产品过来,通过线上线下全方位的方式。线上比如说食行生鲜平台,现在已经正式开了贵州扶贫馆,专门销售铜仁的农产品,从目前情况来看销售情况还不错。再比如说苏州银行,苏州银行有一个手机App,上面有积分兑换系统,在大量引进铜仁的农产品后,可采取积分兑换的方式获得铜仁的农产品,即老百姓用线上,我们在线下。

今年3月底,苏州南环批发市场已经开出了铜仁农产品的销售专铺,昨天铜仁农产品正式进驻苏州万家邻里超市,有十几个。所以我们线上线下同步推进,今年万山区销售到苏州地区的农产品,我们相信肯定是在2000万元以上,去年一年大概是在800万元,今年肯定2000万元以上没问题,上半年已经完成了一千多万元。通过这样带动当地,我们希望最终实现这种倒过来的订单式生产,也就是说在这一段时间的销售以后,通过大数据分析,知道我们苏州人民最欢迎什么,再让那边去生产。

七、徐文清访谈摘录

徐文清,现任苏州高新区综合保税区管理办公室综合管理部主任,曾于2017年10月至2019年10月挂职铜仁市万山区扶贫办党组成员、副主任。2019年7月17日,于苏州高新区管委会办公室接受张笑川访谈,录音由朱毛轩整理成文。现将徐文清访谈摘录如下。

徐文清:重表态轻落实现象,我觉得这一点是非常不好的。重表态轻落实这种现象还是普遍存在的,所以你要去调研,自己去定位,要单纯相信就完了。从高层领导来讲,现在已经是翻天覆地的转变了,包括我们区委书记也是山东派过去的。所以说这种东部的理念在高层已经是渗透了，现在就是要往基层慢慢再铺开，这样的话还是有希望的。我觉得将来老百姓致富还是能靠当地的产业，现在劳动力主要是外出务工，乡民主要还是到北上广、江浙沪这些地方就业，如果将来家乡有很好的产业，他们还是愿意回去的，毕竟对当地有感情，另外生活成本也低。希望这种出去的人才回去创业，所以有个"雁归工程"，在外飞黄腾达了，一定要想到自己的家乡，回来创业就业，带动更多的人脱贫。

....

教育医疗上是非常多的，包括我们苏州科技城医院对口万山区人民医院。现在陆续派去的医生接近40个，有去3个月的，也有去6个月的，既有副院长，也有中层干部，在很多科室里起主要作用。医疗上，我们现在已经突破了这个区域限制，可以远程诊断，这也是一个新的突破。那边有一些仪器设备，但当地没有人才会使用，在我们的指导之下慢慢培养了一批人才，所以这几个方面还是很有特色的。现在万山区人民医院的门诊量远远比以前多了，因为大家知道苏州医生过来了，就很愿意到这个医院去看病。我们也经常接到一些电话，让我们帮忙联系一下苏州的医生。有一次，苏州科技城的高医生牺牲自己的休息时间，直接到贫困户家里帮患者就诊，非常感人。

教师也是如此，他们不光在学校开展一些教学培训工作，还去考察乡村教学点，意识到当地的教育质量确实需要大的提升。因为在贵州还有教学点，不光是学校，学校有乡镇小学。比如一个孩子只能在所在地区的教学点上学，只有几个学生，但是他要到乡镇的中心小学读书，可能要走四五个小时的路程。这个是非常困难的，但有的小孩毅力很强，走三四个小时过去上课。再回想一下我们小时候读书也没那么艰苦，所以当地教育确实要大大的提升。幸好这几年道路基本上都通了，贵州的道路是做得非常好的，虽然不是高标准，但是基本上村村都通水泥路了，这个在我们苏北可能还没做到。贫困户跨出自己家的门槛就是水泥路，这里面的投入也是相当大，贵州确实做得不错。即使如此，小孩子读书还是很困难。我挂职的那个村叫瓦田村，我自己开车要两个多小时，山路特别难走，尤其是下雨天，这个还是有点叫人担心的。只要一下雨，会有大大小小的滑坡，还是有点危险。但是事情还是要做，为了脱贫攻坚，都要干。一下雨，有的道路就没了，可能被冲掉了，也可能是因为地势低洼，不知道多深，所以还是比较艰苦的。

张笑川：像那种教学点的话，也是从乡镇派老师过去吗？

徐文清：教育局统派老师过去的，老师也是挺艰苦的。教学点有的只有三四个学生，或四五个学生，要教他们全科。跟乡镇中心学校和市区的一些学校相比，相差太大了，教学设备很差。2017年我们跟杨区长（杨亮）下乡调研，他们的党委书记说，当地幼儿园的小孩连床都没有，午睡时就睡在地上。这种情况在我们这边是不可想象的。所以后来我们也让这边的社会爱心人士向他们捐赠了一些设备，解决当下的困难，住宿方面也联系了社会爱心人士。像这种例子还比较多，比如说这边缺乏资金，我们就去联系。因为财政资金它是统筹安排的，是固定的，但是社会上的一些点对点的还是可以去联系，通过苏州高新区经发委的支持，呼吁一些企业家支持，我们这边的企业家还是非常愿意去支持这种工作的。这就是解决一些比较小的问题，总的还是以抓大为主，抓整体脱贫为主。

张笑川： 我们往教学点派过去的老师也要住在那吧？

徐文清： 在铜仁的话，所有的乡镇干部基本上都是要住在乡镇。因为如果不是这个乡镇的人，过去的话，开车要几个小时，而且我们工作的时间没有工作日与周末之分，也没有白天黑夜之分。像我们扶贫办，我上周五回来之前，连续4天开会开到晚上12点，不分白天黑夜，只要有时间，有紧急事情就要去做。我跟杨区长从2017年10月份过去以后，当时处于脱贫攻坚期间，没有周末，脱贫以后也没有周末，因为会议比较多，基本上没怎么休息。全区基本上都这样，扶贫办的更侧重一点，因为很忙。杨局长他也没空，他周末基本上是参加常委会，或者有一些活动，再加上我们苏州过来的人员会有一些对接工作需要参与，所以基本上没有休息，我们是在两年的时间内干4年的工作。

八、承建新访谈摘录

承建新，苏州高新区行政审批局原副局长，曾于2011年至2015年挂职苏州盐城沿海开发合作园区党政办主任。2019年6月29日，于苏州高新区政务服务中心接受张笑川访谈，录音由游巧萍整理成文。现将承建新访谈摘录如下。

张笑川： 在这4年的工作中，感觉当时最困难的是什么？又是怎么克服它的？

承建新： 我就说些具体的情况吧。当时我们过去的时候，成立了一个开发公司，当时苏州盐城沿海合作开发是两个亿的启动资金，应该说这两个亿的启动资金在一个贫瘠的土地上要搞成规模的基础设施建设，还是杯水车薪的。在那种情况下，我们班子成员就在资金的筹措上动了很多脑筋。苏州跟盐城出资是六四开的，苏州市出60%，就是1.2亿元，盐城出40%，那就是8000万元。当时的启动区是3平方千米，基本上当时1平方千米可能需要资金一个多亿。很明显，启动资金是不够的。在这种情况下，苏州高新区采取多种融资手段，给我们这个一线的开发提供了财政上的支持。因为整个4500亩，3平方千米，基本上基础设施弄下来，可能要花费七八个亿。

张笑川： 那这个1.2亿元是怎么来的呢？

承建新： 因为两个亿是远远不够的，后来是我们政府的支持，通过成立苏州盐城沿海合作开发沿海开发公司，以这个公司的名义去贷款，才把这3平方千米的基础设施建得像模像样，这是资金方面的问题。第二个问题就是项目，比如技术含量高、块头大、发展前景好的这种企业并不是太多。另外，那两年的宏观形势有点收紧，一些企业向外扩张的意愿并不是太强烈。在这种情况下，招商引资就成为我们当时工作的重中之重。除了招商局的同志到各地去招商以外，我们也到广州、上海、南京招商，包括在苏州也举行了好几次招商发布会，以借助苏州市各个板块的力量。我们苏州市各个板块都出资，这1.2亿元是由苏州高新区、苏州工业园区、张家港、常熟、昆山等市（区）的各个主要板块出资的。在周边的县市当中，我们也有专门的招商队伍，把一些不错的企业，有扩大生产需求和对外投资需求的企业引导到苏州盐城沿海合作开发园区。当时我觉得第一个是资金问题，第二个是项目问题，特别是好的项目，花了很多的心思。其实当时还碰到一个困难，就是土地指标的问题。大丰区域很大，但是土地指标还是非常紧张的。我们当时规划区是50个平方千米，后来启动区定下是3个平方千米，即使3个平方千米也要四五千亩地，一下子要把这些土地调整为建设用地，难度很大。整整用了两年，我们才把3平方千米启动区的土地指标拿下来。所以前两年我们很多的精力都是用在搞规划、招商引资。在土地指标没有拿下来的前提下，是很难推进项目开展的。到了2013年年底的时候，土地指标下来了。基础设施建设花了将近一年的时间。2013年到2014年，我们大力推进基础设施建设，因为只有基础设施建设搞好了，这个项目才能落地，这个是前提。所以当时比较要紧的工作，一个是土地指标和开发建设资金，第二个就是项目。这是摆在我们面前的比较大的问题。

苏州跟盐城相隔200多千米。因为开发区不在大丰市区，而是在港边，所以苏州与苏盐合作园区之间单程要3个多小时。园区党工委的蒋国良书记，他一直到现在还坚守在那个地方，应该是将近8周年了。他跟我们开玩笑说：光这个路途上可能就走了几十万千米，地球都绕几圈了是吧？蒋书记作为这个班子成员的带头人，以身作则，工作有魄力，有干劲，能干事，而且能够办成事。他经常是顾大家而很少顾小家。举个例子，他母亲身体不太好，他在苏州盐城沿海合作开发园区工作。有一天傍晚的时候，他接到了家里有人病危的通知。我们有时晚上还要开会，因为白天是在港区，晚上住在宿舍的时候，有时不分白天黑夜地研究工作。听到这个消息以后，他嘱咐家里的亲戚赶快抢救，然后安排好工作以后才连夜赶回去。到家里时可能是凌晨一点多了，可还是没有看到自己母亲最后一眼。像这样的事情，在苏州盐城沿海合作开发园区当中，不管是苏州派过去的干部，还是盐城大丰当地的干部，听了以后触动都蛮大的。一心扑在工作上，对家庭的照顾方面肯定是减少了，也留下了一点遗憾。但是令人欣慰的是，通过七八年的建设，现在苏盐合作园区已经初具规模了。

张笑川：也听蒋主任说过，好像当时是在苏通大桥上接到电话，说人已经走了，他正在赶回去的路上。

承建新：当时接到病危通知的时候，他以为本来老人家身体就不太好，就嘱咐赶快送医院抢救。然后跟我们安排好这边的工作以后，就连夜赶回去了。第二天蒋主任告诉我，他到家还是没能见上最后一面。因为我们赶紧赶慢地单程也要两三个小时，毕竟两地相距有两三百千米。前两年苏州过去的干部都是两个星期回苏州一次。

张笑川：两个星期？

承建新：对。就是双休日也在那里上班，两周回来一次。后来因为一件事才做了调整。哪一年我忘了，可能2014年左右。当时我们一般是星期五的晚上7点半从苏州出发。那年大雪，我们在苏通大桥上堵了一夜，从7点半启程一直到第二天凌晨五六点才到大丰，当时路上封路，汽车打滑不能正常行驶。后来考虑到这个因素才改成周一早晨去大丰，因为晚上赶路可能安全没有保障。后来才改成每周回来一次，前两年都是双周回来一次的。

张笑川：双周回来一次大约持续了两年时间？

承建新：两年之后才改为每周回来一次。

张笑川：这确实比较辛苦。

承建新：比较欣慰的是，这么几年来，交通安全我们还是把握得比较好的。这其实也很关键，因为我们这些同志，特别是招商的同志，各地跑，安全也是非常要紧的。幸运的是七八年来，大家安然无恙。

九、余建康访谈摘录

余建康，现任苏州高新区通安镇党委委员，曾于2016年2月至2018年2月挂职泗阳县卢集镇党委副书记、薛嘴村第一书记。2019年7月14日，于苏州高新区管委会办公室接受张笑川访谈，录音由游巧萍整理成文。现将余建康访谈摘录如下。

张笑川：您谈谈典型的事情吧。

余建康：我做了4个项目，根据村里的实际情况精准扶贫。

我所在的那个村非常大，有5390人，是3个村子合并成的一个村子。这个村最大的特点就是稻田多，有8700亩，72户贫困户。根据这个情况，我和村书记反复商量，首先弄了一个项目叫万盛农机合作社。我们用苏州高新区的63万元援助资金买了4台拖拉机、3台收割机，作为村集体资产。然后把这些东西作为资产租给大户，4台拖拉机的租金，一台一年是一万五，4台就是六万，收割机的年租金一台一万四，3台四万二，六万加四万二，就是十万二。这个村有8700亩土地，一年两季，一年收两季的管理费，一亩田收五块钱管理费，一年就是八万七，一个项目就是十八万九。我们的目标是十八万六。村里面一定要有钱，村里有了钱才能带动贫困户。当时我兼任薛嘴村的第一书记，不光要扶贫，还有党建工作。所以我把党建工作也放在合作社，得到当地组织部的认可。因为书记是当地的责任人，也是带头人，把贫困党员一起挪进去，共同致富。我离开的时候，这个合作社是泗阳县规模最大、效果最好的一个合作社。按照蒋主任的要求，要做就一定要做到最好，因为苏州高新区是500万元的配额，每个单位捐赠的资金数额参差不齐，像苏州高新区最大是五百万元。还有吴江，学校比较少一点，我们的钱是工作队统筹的，不可能1000万元全部拿到村里面，不现实，其他地方也需要开展工作，这是做的第一个项目。

第二个项目我们看了一下，虽然当地人很多，但是基本上是留守的老人，还有小孩儿。男的都出去打工了，但留守老人、小孩儿要生存，要工作，于是我们就想了一个办法。就是出资30万元钱造了一个"家门口就业"厂房，也是作为村里面的一个集体资产。招工就是招留守的老人，考虑到他们平时要送小孩去托儿所、小学，我们就把厂房建在托儿所边上，让他们送完小孩儿就可以去上班，实行弹性工作制，而且是计件的，做多少件，就付多少钱。让村里面去招商，做编织袋。我在通安镇也招了两家，一开始谈得蛮好的，是我们通安镇的一个出口企业，给美国人做窗帘的，窗帘有一部分是一定要手工缝纫的，缝六针一块钱。我带企业去考察过，但是后来不知道是什么原因，他们退出了。于是后来找了一个做编织袋的企业入驻。有了工作以后，留守的人活跃起来，老头老太很有劲。人只要勤快起来，财富自然会来。

第三个项目是搞了一个 100 万元的薛嘴村扶贫产业园，现在应该成形了，在邻近 303 省道的地方。当时按照县委、县政府的要求，在邻近 303 省道的地方办产业园，我做的是桃果扶贫产业园，这个项目现在应该弄得还可以。

第四个项目就是造了一个党建服务中心，就是村部。因为多多少少要留一点东西给他们，新建的党建服务中心一共用资 258 万元。我们工作队有 3 种配额，根据后方单位的出资情况，出资最大的是 200 万元的配额，中等的拿 100 万元做项目，其他的是 800 万元。200 万元、100 万元、80 万元三个层级，我拿了 200 万元的配额。后来跟我们工作队队长商量，考虑到苏州高新区的情况，他说多给我 58 万元。所以我做成这个项目，领导是非常支持的。作为我们来说，我们是代表苏州高新区出去的，不能在任何细节上出纰漏。在平时的工作中，一定要做好带头作用。原来帮扶工作不出人的，只出钱，既然我是第一人，就要做到第一人的效果，在扶贫之余，我还利用自己的个人关系给卢集镇做了几件事情。

当初我去的时候是分管城管工作的，跟城管队长接触很多。他们那边的装备很差，工作要求必须保证正常的巡逻，但没有配备什么交通工具。我回通安镇，联系我们一个镇企业捐资 3 万块钱，给他们买了 12 辆电动摩托车，作为执法队员的巡逻工具。他们非常开心，一下子 12 辆电动摩托车过去，那个效果很好，一下子把他们的执法装备优化了很多。当地派出所的经费十分有限，正好我南京有一个朋友是做制服的，我到他们仓库里面给他们 34 个人每人置了一套衣服。最大的一个项目是帮助当地小学。我联系一位开公司的同学，请他提供帮助，他表示愿意支持，并出资成立了一个爱心基金会。资助对象是两类人，一类是老师，一类是学生，但是老师又分优秀老师和贫困老师（因为老师当中也有贫困户），学生里面也分优秀学生和贫困学生。第二个是为学校配置一些基本设施，比如买了几十台电脑，购置了足球、篮球、羽毛球、排球。

十、徐建红访谈摘录

徐建红，现任苏州高新区狮山街道党工委委员兼横塘街道党工委委员，于 2018 年 4 月至 2020 年 4 月挂职泗阳县卢集镇党委副书记、桂嘴村第一书记。2019 年 7 月 9 日，于苏州高新区管委会办公室接受张笑川访谈，录音由朱毛轩整理成文。现将徐建红访谈摘录如下。

张笑川：请您谈谈发生的一些典型事情？

徐建红：我们了解到他们镇里有个工业园要建标准化厂房，所以全部投入到厂房建设当中。而前面 3 个项目搁浅了，因为泗阳县里明确这个地方不能进行旅游开发，我们只能马上调转船头。3 个项目的钱，共 160 万元，全部投进去了，现在有固定化收益。一般农业项目收益保本，可能差不多 5%，但固定化收入起码得 8% 或 10%。如果是 5%，一年就是 8 万元，如果是 10%，就是 16 万元了，这样他的经济收入也就提高了。这不像农业，农业上是今年我可能赚钱了，明年天气不好，就又有风险。我们这个是旱涝保收的，肯定比较好。村民可以参股，

附 录

如果需要劳动力的话，村民也可以去打工。那个是一个比较大的两层厂房，为了优先照顾村民，我们减少了租金。现在厂房刚建设完，收益、招工等事情还在慢慢交涉中，基本就是这样的状况。

我原本在狮山街道工作，之所以会去泗阳，实际上是受苏州高新区的委派，去了之后也希望能为桂嘴村多争取一些经济收益。于是我就向狮山街道提出申请，花40万元买了一辆洒水车送给桂嘴村。农村里面其实不太需要洒水车，镇上需要但没有，于是我们就代表桂嘴村将洒水车租给镇里。这个是我直接向狮山街道申请的援助，40万块钱。租金上，第一年是7万块钱，第二年6万，第三年6万，如此下来，共出租10年，不仅40万元能全部返回，每年村里还能有一笔资金收入。这样下来，村里的经济收入是有效且长期的。

增加贫困户收入也是一个重要方面，仅靠刚才谈到的东西，还是难以保障低收入家庭。我们现在做的这些项目，除了标准化厂房可能带给当地老百姓一些收益之外，别的就比较难了。因此，在解决村集体收入的时候，我们也想了一些办法。第一个是从我们现有的收益中拿出50%，给低收入户家庭进行分红，这个是最好的一个保障。我们现在的收益主要有3个来源，一个是两个广告牌，一个是标准化厂房，还有一个是洒水车。

我所在的镇里面有一个队员，是江苏苏美达国际贸易公司员工，这个公司有很多的下属工厂，其中有一个是做企业加工的。我们在与他们联系多次之后，表明想引进他们的手工活项目，因为他们有很多产品是需要手工进行的，机器无法完成。目前，我们正在谈的是苏美达在扬州的一家分公司，主要是做圣诞节的小礼品，需要做一个小鸡形状的毛绒玩具，用剪子修剪，这需要大量的劳动力。他们以前的做法是分包出去，我们就想引进这些，而且他们也需要招商引资。这个几乎不需要什么成本，因为那些都是半成品，工人只需要投入一把剪刀，拿过来进行加工就可以了，剪一个算一个的工钱。村里的老人，以及留守在家里接送小孩走不开的这些人，在家里或者是集中到某一个地方，就可以很自由地进行工作。因为是计件制，多做一点少做一点都可以。我看了一下，这个工作其实还不错，如果做的时间长一点，数量多一点的要达到8000组一个月，其实就是看各人的劳动能力。

这个项目基本上谈得差不多了，框架协议已经签好了。现在我们有几个村的人到他们以前的加工厂培训，先培养出一批带头人，再在村里进行召集、培训，因为这个东西还是需要一些技巧的。我们也非常希望能把这个产业引进来。现在最担心的就是带头人的培养问题，我们选了5个带头人过去培训，培训好了之后再召集村里的其他劳动力来培训。毕竟一个工厂的建立也是需要时间的，圣诞节就只有那一天，不可能延迟发货，所以今年我们暂且先接过来，以后再逐渐发展。我想应该没有多大问题。接下来劳动力如何再就业的问题，还需要我们充分考虑。

苏州高新区援外干部挂职情况一览表

序号	姓名	现任职务	原派出单位及职务	受援（挂职）地	挂职单位及职务	挂职起止时间（年/月—年/月）
1	邢文龙	苏州高新区党工委委员、虎丘区委常委，政法委书记	苏州高新区管委会副主任、虎丘区副区长	西藏自治区拉萨市林周县	拉萨市林周县副县长	2004年7月—2007年7月
2	华建男	苏州高新区党工委委员、虎丘区委常委	苏州高新区管委会副主任、虎丘区副区长	西藏自治区拉萨经济技术开发区	拉萨经济技术开发区党工委委员、规划建设局局长	2013年7月—2016年7月
3	徐礼华	苏州科技城党工委委员、管委会副主任（正处级）	苏州高新区（虎丘区）市场监督管理局党委书记（副处级）	西藏自治区拉萨经济技术开发区	拉萨经济技术开发区党工委委员、管委会副主任	2016年7月—2019年7月
4	王奇学	苏州高新区综合保税区管理办公室副主任	苏州浒墅关经济技术开发区党工委委员、管委会副主任	新疆阿图什市、霍尔果斯经济开发区	霍尔果斯经济开发区党工委委员兼规划建设环保局党组书记	2010年8月—2014年1月
5	杨亮	贵州省铜仁市万山区委常委、副区长（挂职）	苏州科技城党工委委员、管委会副主任	贵州省铜仁市万山区	铜仁市万山区委常委、副区长	2017年11月—
6	杨志平	苏州市虎丘区政协党组成员	苏州高新区（虎丘区）总工会主席	宁夏石嘴山市平罗县	石嘴山市平罗县委常委、副县长，平罗工业园区党工委副书记、管委会副主任	2018年9月—2020年9月
7	徐文清	苏州高新区综合保税区管理办公室综合管理部主任	苏州高新区（虎丘区）东渚镇副镇长兼社区管理中心主任	贵州省铜仁市万山区	铜仁市万山区扶贫办副主任、党组成员	2017年11月—2019年11月
8	吴鹏程	贵州省铜仁市万山区扶贫开发办公室（生态移民局）副主任（副局长）（挂职）	苏州高新区（虎丘区）社会事业局社会救助与福利处处长	贵州省铜仁市万山区	铜仁市万山区扶贫开发办公室（生态移民局）副主任（副局长）	2019年10月—
9	余建康	苏州高新区（虎丘区）通安镇党委委员、人大副主席、人武部部长、主任科员	苏州高新区（虎丘区）通安镇党委委员	江苏省宿迁市泗阳县	宿迁市泗阳县卢集镇党委副书记、薛嘴村第一书记	2016年2月—2018年2月
10	徐建红	苏州高新区（虎丘区）社会事业局综合二室主任	苏州高新区（虎丘区）狮山街道党工委委员、人武部部长兼社区管理中心主任，横塘街道党工委委员、人武部部长	江苏省宿迁市泗阳县	宿迁市泗阳县卢集镇党委副书记、桂嘴村第一书记	2018年4月—2020年3月

附　录

续表

序号	姓名	现任职务	原派出单位及职务	受援（挂职）地	挂职单位及职务	挂职起止时间（年/月—年/月）
11	潘炜	江苏省泗阳县卢集镇党委副书记、陈洼村第一书记（挂职）	苏州浒墅关现代农业综合开发有限公司总经理	江苏省宿迁市泗阳县	宿迁市泗阳县卢集镇党委副书记、陈洼村第一书记	2020年3月—

苏州盐城沿海合作开发园区历届挂任花名册

2011年苏州高新区第一批派驻苏州盐城沿海合作开发园区干部情况一览表

序号	姓名	性别	现任职务	园区挂任职务	原派出单位及职务	派驻及到期时间（年/月—年/月）
1	蒋国良	男	苏州市虎丘区人大常委会副主任、党组副书记（正处级），苏州浒墅关经济技术开发区党工委副书记，一级调研员，盐城市委副秘书长、苏州盐城沿海合作开发园区党工委书记（挂职）	盐城市委副秘书长、苏州盐城沿海合作开发园区党工委书记	苏州高新区党工委委员、管委会副主任，虎丘区委常委、副区长、党组成员，苏州浒墅关经济开发区（浒墅关分区）党工委副书记、管委会主任	2011年7月—
2	蒋林明	男	苏州高新区综合保税区管理办公室副主任（正处级）	大丰区委常委，苏州盐城沿海合作开发园区党工委副书记、管委会主任	苏州高新区出口加工区管委会办公室主任、管理局局长、出口加工区投资开发有限公司董事长	2011年7月—2017年1月
3	李铭	男	苏州高新区（虎丘区）原住建局副处级干部	苏州盐城沿海合作开发园区管委会党工委委员、管委会副主任	苏州高新区（虎丘区）建设局副局长、党委副书记	2011年7月—2015年1月
4	马成华	男	苏州高新区（虎丘区）应急管理局副局长、党组成员（副处级）	苏州盐城沿海合作开发园区党工委委员、管委会副主任	苏州高新区（虎丘区）横塘街道党工委副书记、办事处主任	2011年7月—2015年1月
5	承建新	男	苏州高新区（虎丘区）行政审批局原副局长	苏州盐城沿海合作开发园区党政办主任	苏州高新区（虎丘区）法制办副主任	2011年7月—2015年10月
6	黄烽	男	苏州高新区（虎丘区）住房和建设局党委委员、总工程师	苏州盐城沿海合作开发园区规划建设局局长	苏州高新区出口加工区管理局开发建设处处长	2011年7月—2015年10月
7	夏雪明	男	苏州高新区（虎丘区）退役军人事务局副局长、党组成员	苏州盐城沿海合作开发园区国土房产局局长	苏州高新区、虎丘区房产管理局二处处长、主任科员	2011年7月—2015年10月
8	胡勇	男	苏州高新区（虎丘区）经济发展委员会副主任、党组成员兼工业和信息化局副局长	苏州盐城沿海合作开发园区经济发展与招商局局长	苏州高新区（虎丘区）通安镇党委委员、副镇长	2011年7月—2015年1月

续表

序号	姓名	性别	现任职务	园区挂任职务	原派出单位及职务	派驻及到期时间（年/月—年/月）
9	袁国荣	男	苏州高新区（虎丘区）财政局原总会计师	苏州盐城沿海合作开发园区财政与审计局局长	苏州高新区（虎丘区）财政局经济建设处处长	2011年7月—2015年10月
10	张申华	男	苏州新景天商务地产发展有限公司总经理	苏州盐城合作开发有限公司常务副总经理	苏州新浒投资公司副总经理	2011年7月—2015年1月
11	王 忠	男	苏州新区人力资源开发管理中心原副科级干部	苏州盐城沿海合作开发园区党政办主任助理	苏州高新区人力资源管理中心行政人事总监	2011年7月—2017年4月
12	张 超	男	苏州高新区（虎丘区）政务服务中心主任	苏州盐城沿海合作开发园区规划建设局副局长	苏州高新区第一中学总务处主任	2011年7月—2014年6月
13	田 峰	男	苏州高新区外商投资服务中心副主任	苏州盐城沿海合作开发园区经济发展与招商局副局长	苏州浒墅关经济开发区资产经营总公司职员	2011年10月—2017年8月
14	汤 怀	男	苏州高新区（虎丘区）财政管理服务中心（国库支付中心）副主任	苏州盐城沿海合作开发园区财政与审计局副局长	苏州浒墅关经济（技术）开发区资产经营总公司财务部副部长	2011年10月—2017年7月
15	邹文明	男	苏州高新区工委（虎丘区委）政法委（司法局）社区矫正管理处处长	苏州盐城沿海合作开发园区党政办主任助理	苏州市虎丘区人民法院执行庭书记员	2011年10月—2014年12月
16	徐鸣明	女	江苏大阳山国家森林公园管理处原副科级干部	苏州盐城沿海合作开发园区党政办接待处主任	江苏大阳山国家森林公园管理处副主任兼办公室主任	2011年10月—2018年6月
17	郦思基	男	苏州高新区（虎丘区）原经发局副处级干部	苏州盐城沿海合作开发园区党工委副书记、纪工委书记	苏州高新区（虎丘区）经济发展和改革局原副局长	2011年12月—2015年4月

2015年苏州高新区第二批派驻苏州盐城沿海合作开发园区干部情况一览表

序号	姓名	性别	现任职务	园区挂任职务	原派出单位及职务	派驻及到期时间（年/月—年/月）
1	陈 豪	男	苏州高新区享受正处级待遇干部	大丰区委常委，苏州盐城沿海合作开发园区党工委副书记、管委会主任	苏州浒墅关经济技术开发区党工委委员、管委会副主任、政法委书记兼阳山街道党工委书记	2016年12月—2019年12月
2	范品才	男	苏州高新区纪工委（虎丘区纪委）监委派驻区党政办公室纪检监察组原组长（享受副处级待遇）	苏州盐城沿海合作开发园区党工委副书记、纪委书记	苏州高新区纪工委、虎丘区纪委副书记	2015年1月—2018年3月
3	王 平	男	苏州高新区综合保税区管理办公室经济发展部主任（享受副处级待遇）	苏州盐城沿海合作开发园区党工委委员、管委会副主任	苏州高新区综合保税区管理办公室经济发展部主任	2015年1月—2018年3月
4	柳建洪	男	苏州盐城沿海合作开发园区党工委委员、管委会副主任（挂职）	苏州盐城沿海合作开发园区党工委委员、管委会副主任	苏州高新区（虎丘区）经济发展和改革局副局长兼退二进三办公室主任	2017年4月—

续表

序号	姓名	性别	现任职务	园区挂任职务	原派出单位及职务	派驻及到期时间（年/月—年/月）
5	瞿 峰	男	苏州高新区（虎丘区）党政办综合一室副主任（正科级）	苏州盐城沿海合作开发园区党政办主任	苏州高新区（虎丘区）党政办综合三处处长	2015年10月—2019年1月
6	田洪新	男	苏州高新区镇湖街道党工委委员（正科级）	苏州盐城沿海合作开发园区财政与审计局局长	苏州高新区（虎丘区）东渚镇党委委员、副镇长	2015年10月—2019年1月
8	肖 航	男	西部生态城发展有限公司党支部书记	苏州盐城沿海合作开发有限公司董事长、总经理	苏高新集团自来水公司督导员	2015年1月—2018年5月
9	魏幸福	男	苏州高新区（虎丘区）黄山股份合作社董事长（原苏州高新区狮山街道经济服务中心副科级干部）	苏州盐城沿海合作开发园区经济发展与招商局局长助理	苏州高新区（虎丘区）黄山股份合作社董事长	2016年4月—2018年1月
10	陆惠男	男	江苏大阳山国家森林公园管理处副科级干部	苏州盐城沿海合作开发园区规划建设局副局长	苏州浒墅关开发区阳山市政工程管理有限公司经理	2016年4月—2019年12月
11	王尧明	男	苏州高新区（虎丘区）狮山街道经济服务中心原副科级干部	苏州盐城沿海合作开发园区经济发展与招商局局长助理	苏州高新区（虎丘区）狮山街道兴隆股份合作社董事长	2016年4月—2019年12月
12	耿 彭	男	苏州盐城沿海合作开发园区党政办副主任（挂职）、江苏大阳山国家森林公园管理处副科级干部	苏州盐城沿海合作开发园区党政办公室副主任	江苏大阳山国家森林公园管理处办公室负责人	2016年12月—

2017年苏州高新区第三批派驻苏州盐城沿海合作开发园区干部情况一览表

序号	姓名	性别	现任职务	园区挂任职务	原派出单位及职务	派驻及到期时间（年/月—年/月）
1	王 兵	男	苏州盐城沿海合作开发园区党工委委员、管委会副主任（挂职）	苏州盐城沿海合作开发园区党工委委员、管委会副主任	苏州高新区综合保税区管理办公室经济发展部主任	2018年3月—
2	刘卫刚	男	苏州盐城沿海合作开发园区党工委委员、纪工委书记（挂职）	苏州盐城沿海合作开发园区党工委委员、纪工委书记	苏州高新区党政办副主任、研究室主任	2018年3月—
3	陈永明	男	苏州盐城沿海合作开发园区经济发展与招商局局长（挂职）	苏州盐城沿海合作开发园区经济发展与招商局局长	苏州高新区（虎丘区）原外企协会秘书长	2017年11月—
4	曹 彦	男	苏州盐城沿海合作开发园区财政与审计局副局长（主持工作）（挂职）	苏州盐城沿海合作开发园区财政与审计局副局长（主持工作）	苏州高新区（虎丘区）财政局浒墅关分局局长	2019年1月—
5	吴建雄	男	苏州盐城沿海合作开发园区规划建设局副局长（主持工作）（挂职）	苏州盐城沿海合作开发园区规划建设局副局长（主持工作）	苏州高新区镇湖街道党工委委员	2019年1月—

续表

序号	姓名	性别	现任职务	园区挂任职务	原派出单位及职务	派驻及到期时间（年/月—年/月）
6	孙海洋	男	苏州盐城沿海合作开发园区党政办副主任（挂职）、苏州高新区（虎丘区）城市建设管理服务中心副科级干部	苏州盐城沿海合作开发园区党政办副主任	苏州高新区（虎丘区）城市建设管理服务中心科员	2017年11月—
7	张 帆	男	苏州盐城沿海合作开发园区经济发展与招商局副局长（挂职）、苏州高新技术创业服务中心副科级干部	苏州盐城沿海合作开发园区经济发展与招商局副局长	苏州高新技术创业服务中心科员	2017年11月—
8	周祖学	男	苏州高新区（虎丘区）经济责任审计中心主任	苏州盐城沿海合作开发园区财政与审计局副局长	苏州高新区、虎丘区经济责任审计中心综合科科长	2017年8月—2020年10月
9	邵亚军	男	苏盐沿海合作开发有限公司董事长、总经理（挂职）	苏州盐城沿海合作开发有限公司董事长、总经理	苏州建融集团有限公司总经理助理、苏州新浒投资发展有限公司总经理助理	2018年5月—

2018—2020年苏州高新区选派专业技术人才情况表

2018年苏州高新区选派专业技术人才情况一览表

序号	人才类型	姓名	挂职前工作单位及岗位	挂职地	挂职单位及岗位	起止时间（年/月—年/月）
1	医疗人才	朱建兵	苏州科技城医院影像科副主任	铜仁市万山区	万山区人民医院放射科	2018年3月13日—2018年5月28日
2	医疗人才	张国强	苏州科技城医院肿瘤外科	铜仁市万山区	万山区人民医院普外科	2018年3月13日—2018年5月28日
3	医疗人才	高焕焕	苏州科技城医院呼吸内科	铜仁市万山区	万山区人民医院内一科	2018年5月28日—2018年8月28日
4	医疗人才	张为新	苏州科技城医院口腔科	铜仁市万山区	万山区人民医院口腔科	2018年6月25日—2018年12月31日
5	医疗人才	陆 建	苏州科技城医院骨科	铜仁市万山区	万山区人民医院骨科	2018年10月22日—2019年4月10日
6	医疗人才	戴 超	苏州科技城医院泌尿外科	铜仁市万山区	万山区人民医院泌尿科	2018年10月22日—2019年11月30日
7	医疗人才	钱晓萍	苏州科技城医院药学科	铜仁市万山区	万山区人民医院药剂科	2018年10月8日—2018年12月31日

附　录

续表

序号	人才类型	姓名	挂职前工作单位及岗位	挂职地	挂职单位及岗位	起止时间（年/月—年/月）
8	医疗人才	李倩倩	苏州科技城医院护理部	铜仁市万山区	万山区人民医院护理部	2018年10月8日—2018年12月31日
9	医疗人才	薛小英	苏州科技城医院回访办	铜仁市万山区	万山区人民医院回访办	2018年10月8日—2018年12月31日
10	医疗人才	马云	苏州科技城医院麻醉科	铜仁市万山区	万山区人民医院麻醉科	2018年10月22日—2018年12月31日
11	医疗人才	蔡世宏	苏州科技城医院麻醉科	铜仁市万山区	万山区人民医院麻醉科	2018年3月11日—2018年4月10日
12	教育人才	刘红	苏州高新区狮山实验小学教师	铜仁市万山区	铜仁市第四小学（挂职副校长）	2018年5月10日—2018年6月9日
13	教育人才	樊茜	苏州高新区竹园幼儿园教师	铜仁市万山区	万山区第一幼儿园（挂职副园长）	2018年5月10日—2018年6月9日
14	教育人才	王之合	苏州高新区实验初级中学教师	铜仁市万山区	铜仁市第六中学教师	2018年5月10日—2018年6月9日
15	教育人才	朱小明	苏州高新区第五初级中学教师	铜仁市万山区	铜仁市第六中学教师	2018年5月10日—2018年6月9日
16	教育人才	陆月仙	苏州高新区通安中心小学教师	铜仁市万山区	铜仁市第四小学教师	2018年5月10日—2018年6月9日
17	教育人才	赵伟康	苏州高新区镇湖实验小学教师	铜仁市万山区	铜仁市第四小学教师	2018年5月10日—2018年6月9日
18	教育人才	顾颖好	苏州高新区狮山实验小学教师	铜仁市万山区	铜仁市第四小学教师	2018年5月10日—2018年6月9日
19	教育人才	刘卓	苏州高新区东渚实验小学教师	铜仁市万山区	铜仁市第四小学教师	2018年5月10日—2018年6月9日
20	教育人才	张大为	苏州学府实验小学教师	铜仁市万山区	铜仁市第四小学教师	2018年5月10日—2018年6月9日
21	教育人才	陈慧雯	苏州高新区实验幼儿园教师	铜仁市万山区	万山区第一幼儿园教师	2018年5月10日—2018年6月9日
22	教育人才	许晴艺	苏州高新区东渚实验幼儿园教师	铜仁市万山区	万山区第一幼儿园教师	2018年5月10日—2018年6月9日
23	教育人才	常昕萌	苏州高新区通安实验幼儿园教师	铜仁市万山区	万山区第一幼儿园教师	2018年5月10日—2018年6月9日
24	教育人才	金金良	苏州高新区第三中学校教师	铜仁市万山区	铜仁市第六中学	2018年10月24日—2019年11月24日
25	教育人才	马黎明	苏州高新区第五初级中学校教师	铜仁市万山区	铜仁市第六中学	2018年10月24日—2019年5月24日
26	教育人才	刘玉勇	苏州高新区敬恩实验小学教师	铜仁市万山区	铜仁市第四小学	2018年10月24日—2019年5月24日

续表

序号	人才类型	姓名	挂职前工作单位及岗位	挂职地	挂职单位及岗位	起止时间（年/月—年/月）
27	农业人才	戴志刚	苏州苏高新科技产业发展有限公司	铜仁市万山区	苏州高新区·食行生鲜供应链中心项目	2018年10月—2019年10月
28	农业人才	宋琪浩	苏州高新旅游产业集团有限公司	铜仁市万山区	万山区牙溪村泰迪农场旅游综合体项目	2018年10月—2019年4月
29	农业人才	陈国祥	苏州高新旅游产业集团有限公司	铜仁市万山区	万山区牙溪村泰迪农场旅游综合体项目	2018年12月—2019年6月
30	农业人才	刘奇	苏州高新区农林水利综合执法大队、综合管理科副科长	铜仁市万山区	万山区农牧科技局	2018年10月—2018年11月
31	农业人才	金华杰	苏州高新区农林水利综合执法大队、执法一中队中队长	铜仁市万山区	万山区农牧科技局	2018年10月—2018年11月
32	农业人才	龚晓东	苏州高新区农业技术服务中心、科员	铜仁市万山区	万山区农牧科技局	2018年10月—2018年11月

2019年苏州高新区选派专业技术人才情况一览表

序号	人才类型	姓名	挂职前工作单位及职务	挂职地	挂职单位及职务（岗位）	起止时间（年/月—年/月）
1	医疗人才	汪益	苏州科技城医院副主任医师	铜仁市万山区	万山区人民医院副院长	2019年6月3日—2020年6月2日
2	医疗人才	曹成	苏州科技城医院医师	铜仁市万山区	万山区人民医院骨科学科带头人	2019年4月19日—2019年10月19日
3	医疗人才	周伟	苏州科技城医院主管护师	铜仁市万山区	万山区人民医院护理部副主任	2019年4月19日—2019年7月19日
4	医疗人才	张莹	苏州科技城医院医师	铜仁市万山区	万山区人民医院内一科学科带头人	2019年4月19日—2019年7月19日
5	医疗人才	秦刚	苏州科技城医院信息处科员	铜仁市万山区	万山区人民医院信息科学科带头人	2019年4月19日—2019年7月19日
6	医疗人才	夏焱志	苏州科技城医院麻醉科副主任医师	铜仁市万山区	万山区人民医院麻醉科学科带头人	2019年4月19日—2019年7月19日
7	医疗人才	李晶	苏州高新区人民医院耳鼻喉科副主任医师	铜仁市万山区	万山区人民医院耳鼻喉科学科带头人	2019年10月1日—2019年12月31日
8	医疗人才	朱建洲	苏州高新区人民医院检验科副主任技师	铜仁市万山区	万山区人民医院检验科学科带头人	2019年10月1日—2019年12月31日
9	医疗人才	严心波	苏州高新区人民医院康复医学科主治医生	铜仁市万山区	万山区人民医院康复医学科学科带头人	2019年10月1日—2020年3月31日
10	医疗人才	徐丹	苏州高新区人民医院重病医学科护士长	铜仁市万山区	万山区人民医院重病医学科学科带头人	2019年10月1日—2019年12月31日
11	教育人才	马黎明	江苏省苏州高新区第五初级中学总务处主任	铜仁市万山区	铜仁市第六中学物理教师	2019年6月5日—2019年7月4日

附 录

续表

序号	人才类型	姓名	挂职前工作单位及职务	挂职地	挂职单位及职务（岗位）	起止时间（年/月—年/月）
12	教育人才	刘玉勇	苏州高新区敬恩小学教学教研组长	铜仁市万山区	铜仁市第四小学数学学科指导老师	2019年6月5日—2019年7月10日
13	教育人才	金耀敏	苏州高新区金色小学校教科室副主任	铜仁市万山区	铜仁市第四小学教师	2019年6月5日—2019年7月10日
14	教育人才	陈熙然	苏州新区枫桥实验小学德育处助理	铜仁市万山区	铜仁市第四小学教师	2019年6月5日—2019年7月10日
15	教育人才	许峥	苏州高新区成大实验小学校教师	铜仁市万山区	铜仁市第四小学教师	2019年6月5日—201年7月10日
16	教育人才	陈英	苏州学府实验小学校教师	铜仁市万山区	铜仁市第四小学教师	2019年6月5日—2019年7月10日
17	教育人才	靳玮	苏州高新区通安中心小学校教师	铜仁市万山区	铜仁市第四小学教师	2019年6月5日—2019年7月10日
18	教育人才	朱建峰	苏州高新区东渚实验小学校教师	铜仁市万山区	铜仁市第四小学教师	2019年6月5日—2019年7月10日
19	教育人才	陆伟	苏州高新区实验小学校副校长	铜仁市万山区	铜仁市第四小学副校长	2019年9月1日—2020年8月31日
20	教育人才	孙大武	苏州高新区实验小学校教科室副主任	铜仁市万山区	铜仁市第四小学教务处副主任	2019年9月1日—2020年2月29日
21	教育人才	邹伟卫	苏州高新区实验小学校总务处副主任	铜仁市万山区	铜仁市第四小学总务处副主任	2019年9月1日—2020年2月29日
22	农业人才	祖若川	苏州高新区（虎丘区）农业技术服务中心工作人员	铜仁市万山区	铜仁市万山区农业技术推广站副站长	2019年5月15日—2019年6月23日
23	农业人才	刘晋阁	苏州高新区（虎丘区）农业技术服务中心工作人员	铜仁市万山区	铜仁市万山区农村合作经济经营管理站副站长	2019年5月15日—2019年6月23日
24	农业人才	朱小琴	苏州高新旅游产业集团有限公司运营部经理	铜仁市万山区	铜仁市万山区畜牧产业办公室副主任	2019年5月15日—2019年6月25日
25	农业人才	贺凤莲	苏州高新旅游产业集团有限公司财务部经理	铜仁市万山区	铜仁市万山区农业资源区划研究中心副主任	2019年5月15日—2019年11月14日
26	农业人才	陈国祥	苏州高新旅游产业集团有限公司副经理	铜仁市万山区	铜仁市万山区畜牧兽医管理办公室副主任	2019年5月15日—2019年11月14日
27	农业人才	宋琪浩	苏州高新旅游产业集团有限公司总经理	铜仁市万山区	铜仁市万山区农业产业化经营办公室副主任	2019年5月15日—2020年5月14日
28	其他人才	王琳	东渚街道龙景花苑第一社区居委会委员	铜仁市万山区	谢桥街道冲广坪社区	2019年1月3日—2019年4月2日
29	其他人才	吴健	苏州科技城龙山居委会委员	铜仁市万山区	谢桥街道冲广坪社区	2019年1月3日—2019年4月2日
30	其他人才	许培杰	苏州幸福基业社会公益发展中心干事	铜仁市万山区	谢桥街道冲广坪社区	2019年1月3日—2019年4月2日

续表

续表

序号	人才类型	姓名	挂职前工作单位及职务	挂职地	挂职单位及职务（岗位）	起止时间（年/月—年/月）
31	其他人才	周晓飞	东渚街道龙惠花苑社区居委会副主任	铜仁市万山区	谢桥街道冲广坪社区	2019年4月1日—2019年6月30日
32	其他人才	钱骏	苏州科技城青山绿庭社区居委会综治干事	铜仁市万山区	谢桥街道冲广坪社区	2019年4月1日—2019年6月30日
33	其他人才	周俊杰	东渚街道西渚社区居委会委员	铜仁市万山区	谢桥街道冲广坪社区	2019年7月1日—2019年10月31日
34	其他人才	郭志威	苏州科技城青山绿庭社区居委会委员	铜仁市万山区	谢桥街道冲广坪社区	2019年7月1日—2019年10月31日
35	其他人才	徐清	苏州科技城彭山社区居民委员会委员、副主任	铜仁市万山区	万山区谢桥街道冲广坪社区主任助理	2019年10月1日—2019年12月31日
36	其他人才	陆建春	苏州高新区东渚街道龙景社区党委委员、民兵营长、第三支部书记	铜仁市万山区	万山区谢桥街道冲广坪社区、党支部副书记	2019年10月1日—2019年12月31日
37	其他人才	濮晨曦	苏州高新区镇湖街道石帆村村民委员会工作人员	铜仁市万山区	谢桥街道城南驿社区主任助理	2019年10月1日—2019年12月31日
38	其他人才	沈诚	苏州高新区狮山横塘街道馨泰社区居委会委员	铜仁市万山区	谢桥街道城南驿社区主任助理	2019年10月1日—2019年10月31日
39	其他人才	沈军	苏州高新区阳山街道新鹿社区党委委员、居委会副主任	铜仁市万山区	万山区仁山街道贵苑社区帮扶工作组副组长	2019年10月1日—2019年10月31日
40	其他人才	徐智伟	苏州高新区浒墅关镇华盛社区居委会委员	铜仁市万山区	万山区仁山街道贵苑社区帮扶工作组副组长	2019年10月1日—2019年10月31日
41	其他人才	冯政蛟	苏州高新区枫桥街道白马涧社区党委副书记、纪委书记	铜仁市万山区	万山区仁山街道贵苑社区帮扶工作组组长	2019年10月1日—2019年10月31日

2020年苏州高新区选派专业技术人才情况一览表

序号	人才类型	姓名	挂职前工作单位及职务	挂职地	挂职单位及职务（岗位）	起止时间（年/月-年/月）
1	医疗人才	汪益	南京医科大学附属苏州科技城医院影像科医师	铜仁市万山区	万山区人民医院副院长	2019年6月—2020年11月
2	医疗人才	朱建洲	苏州高新区人民医院检验科技师	铜仁市万山区	万山区人民医院医师	2019年10月—2020年3月
3	医疗人才	仇俊兰	南京医科大学附属苏州科技城医院肿瘤血液科医师	铜仁市万山区	万山区人民医院挂职副院长	2020年10月—2021年9月
4	医疗人才	杜秀銮	南京医科大学附属苏州科技城医院病理科副主任	铜仁市万山区	万山区人民医院医师	2020年3月—2021年1月
5	医疗人才	戴凌	南京医科大学附属苏州科技城医院妇产科教研室副主任	铜仁市万山区	万山区人民医院医师	2020年3月—2020年7月

附 录

续表

序号	人才类型	姓名	挂职前工作单位及职务	挂职地	挂职单位及职务（岗位）	起止时间（年/月-年/月）
6	医疗人才	吴万军	南京医科大学附属苏州科技城医院麻醉科医师	铜仁市万山区	万山区人民医院医师	2020年3月—2020年7月
7	医疗人才	施于国	南京医科大学附属苏州科技城医院肿瘤普外科二副主任医师	铜仁市万山区	万山区人民医院医师	2020年3月—2020年7月
8	医疗人才	周园园	南京医科大学附属苏州科技城医院心内科主管护士	铜仁市万山区	万山区人民医院护士	2020年3月—2020年7月
9	医疗人才	蒋浩	南京医科大学附属苏州科技城医院信息处科员	铜仁市万山区	万山区人民医院信息科学科带头人	2020年6月—2020年10月
10	医疗人才	陆海英	苏州高新区人民医院妇产科医师	铜仁市万山区	万山区人民医院挂职院长助理兼产科主任	2020年3月—2021年4月
11	医疗人才	梅冬兰	苏州高新区人民医院急症科医师	铜仁市万山区	万山区人民医院医师	2020年3月—2020年7月
12	医疗人才	宋伟	苏州高新区人民医院重症医学科医师	铜仁市万山区	万山区人民医院医师	2020年3月—2020年7月
13	医疗人才	姚华	苏州高新区人民医院重症医学科护士	铜仁市万山区	万山区人民医院挂职重症医学科护士长	2020年3月—2020年7月
14	教育人才	陆伟	苏州高新区实验小学教育集团副校	铜仁市万山区	铜仁市第四小学副校长	2019年9月—2020年8月
15	教育人才	汪明峰	苏州高新区实验小学教育集团教科室主任	铜仁市万山区	铜仁市第四小学中层干部	2020年3月—2020年10月
16	教育人才	王剑锋	苏州高新区实验小学教育集团教导处主任	铜仁市万山区	铜仁市第四小学中层干部	2020年3月—2020年10月
17	教育人才	崔小兵	苏州高新区实验小学校数学教师、校长助理、工会主席	铜仁市万山区	铜仁市第四小学校级干部	2020年8月—2021年9月
18	教育人才	章瑛	苏州高新区新升实验小学校语文教师	铜仁市万山区	铜仁市第四小学教师	2020年6月—2020年7月
19	教育人才	陈珑	苏州高新区新升实验小学校语文教师	铜仁市万山区	铜仁市第三十四小学教师	2020年6月—2020年7月
20	教育人才	华芳芳	苏州高新区金色小学校数学教师	铜仁市万山区	铜仁市第四小学教师	2020年6月—2020年7月
21	教育人才	赵伟	苏州高新区成大实验小学校体育教师	铜仁市万山区	铜仁市第四小学教师	2020年6月—2020年7月
22	教育人才	刘晓彤	苏州高新区白马涧小学音乐教师	铜仁市万山区	铜仁市第四小学教师	2020年6月—2020年7月
23	教育人才	赵庭	苏州高新区白马涧小学英语教师	铜仁市万山区	铜仁市第四小学教师	2020年6月—2020年7月
24	教育人才	羊洪岗	苏州高新区镇湖实验小学校体育老师教导处副主任	铜仁市万山区	铜仁市第四小学教师	2020年6月—2020年7月

续表

序号	人才类型	姓名	挂职前工作单位及职务	挂职地	挂职单位及职务（岗位）	起止时间（年/月-年/月）
25	其他人才	李良国	江苏省苏州高新区城乡发展局监测中心副主任	铜仁市万山区	铜仁市万山区农产品质量监督检测站副站长	2020年3月—2020年4月
26	其他人才	赵斌	江苏省苏州高新区城乡发展局农林水利综合执法大队科员	铜仁市万山区	铜仁市万山区农业农村综合执法大队副大队长	2020年3月—2020年4月
27	其他人才	孙杰	江苏省苏州高新区城乡发展局河道管理所工作人员	铜仁市万山区	铜仁市万山区水产站副站长	2020年3月—2020年4月
28	其他人才	贺凤莲	苏州高新旅游产业集团有限公司财务部经理	铜仁市万山区	铜仁市万山区畜牧产业发展中心副主任	2020年3月—2020年11月
29	其他人才	朱小琴	宜必思苏州乐园浒关酒店运营部经理	铜仁市万山区	铜仁市万山区农业产业化发展中心副主任	2020年3月—2020年11月
30	其他人才	宋琪浩	苏州高新旅游产业集团有限公司宜必思酒店总经理	铜仁市万山区	铜仁市万山区农业产业化经营办公室副主任	2020年5月—2021年6月

国家及省级媒体新闻报道选编

一、2018年12月3日中央广播电视总台央广网报道

挖掘要素资源优势，东西部协作精准打好脱贫攻坚战

中央部署开展对口支援和东西部扶贫协作工作以来，江苏省苏州市和贵州省铜仁市聚焦各自要素优势，精准发力，推动苏州的资本、技术、市场等优势与铜仁的资源、生态、劳动力等优势互补结合，把融合点变为增长极，脱贫攻坚奔小康的成效更加巩固。

换上隔离服，穿过风淋门，进到位于铜仁市印江土家族苗族自治县的苏州铁近机电科技有限公司车间。在这里，24岁的土家族姑娘何广燕正和同事们熟练地将直径不足1毫米的弹珠嵌入微型轴承的卡槽。

为了照顾家人和年幼的儿女，何广燕从外地打工的工厂返乡，但没有立即找到心仪的工作。今年10月，苏州铁近项目一投产，村干部就把她介绍了过来。

何广燕："之前在广东那边，除了花销之后，就只有两三千元的收入，又不能照顾小孩，也不能管家里面。这样就好多了，来到这里上班，收入比较好，离家几分钟的路程，住在家里面，吃在工厂里面。"

印江县委常委、副县长、苏州来铜帮扶干部沈健民说，发挥铜仁的人力资源优势，把顶尖

附　录

产品的一部分劳动密集的生产环节转移过来，既响应了国家号召，也有企业寻求自身发展的内在动力。政府在其中做的就是引方向，把好关。

沈健民："产业转移不是把低端的、高能耗的引过来，我们不是这个理念。我们现在引过来的企业，包括意向签约的都是先进制造业企业，科技含量高，附加值也高。为什么这么选？一个是产品物流成本占比比较低的，或者原材料或者产品可以销售到这边。它这个就是物流成本低，一个密码箱就可以运。结合当地的产业特色，农产品是强项，我们下一步就是进行香菇、蘑菇加工，解决农产品的加工和就业，提升产业层次。"

东西部扶贫协作搭建了发达地区企业与铜仁印江县联系的纽带，面对机遇，政府也时不我待，做好服务。沈健民说，对于这样的好项目，政府加快了审批流程。印江县最近新引进的天维健康生物科技项目，利用当地农产品提纯功能维生素，从有投资意向到落地投产不到3个月。挂职干部的高效工作作风，也给当地干部做了示范。

沈健民："我后来给他们压力，如果有什么问题我来签字，有责任我来担。对项目我们有一个初步的判断，要没有污染。"

自2013年建立对口帮扶关系以来，苏州市与铜仁市摸清两地在资源禀赋、产业结构、市场互补、人力资源、政策支持等方面的优势和特点，加大产业园区共建力度。苏、铜两市各县级经济开发区基本全面结对，在园区规划、开发运营、管理人才培养等各方面开展合作。目前，两地正在推动智能终端、医药健康、节能环保等一批新兴产业项目在产业园区内落地。目标到2020年实现年工业总产值200亿元。

铜仁市万山区委常委、副区长杨亮："最大的优势资源就是特色农产品，大山里面的，村里都有扶贫产业，都有大棚。但是很现实的问题是，东西往哪里销售？这么好的东西能不能往东部地区去？大山里面的农产品，黑木耳、竹笋都是有有机认证的。苏州、上海市民对于农产品的要求主要是质量了，能不能以这里作为集散中心，做'铜货出山'的文章？从原来从零做起，到现在电商生态功能比较齐全，创客谷、创新谷，类似于我们的孵化器，两年时间，线上线下同步做，电子商务交易额做到7个多亿了。"

就业一头对接产业，一头关系民生。苏州市协助铜仁建立了该市第一所综合性的人力资源市场，开展技能培训、远程招聘、劳务输送等。还在两地双向设立了苏州、铜仁市级和区县级劳务工作站，为苏州用人单位和铜仁求职者搭建就业需求匹配和服务平台。2017年以来，苏州市帮助铜仁市组织开展贫困人口就业能力培训2512人次，并在铜仁市及各区（县）举办各类招聘活动17场，179家苏州企业提供就业岗位6.5万个。

铜仁市委常委、副市长、苏州市对口帮扶铜仁市工作队领队查颖冬："我们一方面劳务协作，鼓励引导到苏州就业；另一方面就地家门口就业，带动建档立卡贫困户的脱贫。就业是一个方面，它既有劳务收入和土地流转的收入，又有务工的收益，还有一些股份分红的收入，几方面结合起来帮助解决脱贫。"

针对铜仁市医疗和公共卫生技术薄弱、人才匮乏的现状，苏州市集中全市三甲医院力量，与铜仁市县级及以上综合医院实现全面结对帮扶，并派出业务骨干到铜仁手把手帮扶，有效提高了铜仁市的医疗服务水平。仅2018年，苏州市及各县级市（区）医疗卫生系统累计派出160多名医护专家到铜仁帮扶指导。铜仁市人民医院院长石华："苏州专家来了以后，他们用其自身所具备的医学、教育、研究等方面的优势给我们医院全面的引领，让我们看到有一个目标去追。"

五年来，铜仁市人民医院门诊人数增长到56万人，增幅93%，住院手术台数增长至2万台，增幅超过114%。

在教育方面，苏州、铜仁两地建立了紧密联系。为了给贵州大健康产业积蓄人才，2018年，贵州健康职业学院与苏州工业职业技术学院、苏州大学护理学院签订了专业学科共建协议或人才培养协议。

为了手把手交流城乡治理水平，苏州市108个乡镇（街道）、93个村、68家企业分别与铜仁市112个乡镇、161个贫困村结成"一对一"帮扶关系，全面结对携手奔小康。在最早创建成全国文明城市的县级市张家港与沿河县建立了结对关系后，张家港市杨舍镇善港村与沿河县中界镇高峰村建立了整村推进帮扶关系，从党的建设、文化建设、乡村治理、产业致富等方面全面推进，基层的战斗力明显增强。

沿河县委常委、副县长陈世海："全方位多领域，各个方面推进，达到精准扶贫、精准脱贫的目的。扶贫、扶志、扶智相结合，把力量渗透到经济、社会各个领域，进行全方位的、各个级别、各种方法的对接。"

2013年，江苏省及苏州市加大财政资金帮扶力度，5年来累计投入资金5亿元，实施了美丽乡村、教育扶持、产业园区攻坚、农业产业化、劳务协作、人才培训等6大类120多个帮扶项目。2017年，铜仁市减少贫困人口12.8万，贫困发生率从15%降至8%。预计2018年，将继续减少贫困人口14.26万人。

铜仁市委常委、副市长、苏州市对口帮扶铜仁市工作队领队查颖冬："做好东西扶贫协作工作，对我们而言是一个经历，一种情怀，也是一个机遇，更是一种责任。把上级的要求与铜仁所需跟苏州所能紧密地结合起来，齐心协力，精准发力，自加压力，确保打赢东西部协作脱贫攻坚战，携手步入高水平小康社会。"

二、2019年1月18日新华网报道

苏州高新区以工匠精神合力筑实万山区脱贫小康路

临近春节，位于苏州高新区的万山区形象展示中心内，100余种"黔货"备受追捧，这不仅丰富了苏州市民的餐桌，更促进了万山区特色农产品的销售，增加了种植户的收入。统计显示，2018年两地通过线上线下渠道销往苏州等东部地区城市的各类铜仁农产品金额达500余万元，受益贫困人口1000余人，其中带动脱贫700余人。

自2013年苏州高新区与铜仁万山区结对帮扶以来，特别是2018年，两地构建了更加完善

的协作框架体系,以工匠精神筑实万山区脱贫小康路,深化组织领导、人才交流、资金项目、产业合作、劳务协作、携手奔小康等方面的合作,助推万山脱贫攻坚取得新成效。2018年9月,万山区整体脱贫出列;11月,两区帮扶协作经验在全国携手奔小康行动培训班上做典型经验书面交流。

产业开发和企业落户成效,是解决"输血"与"造血"问题的关键环节。在万山区经开区,由苏高新集团计划投资1.5亿元建设的70亩"苏高新集团·食行生鲜供应链中心"正在火热建设,现已完成项目场平,建成后将带动整个铜仁农产品出山。

据统计,苏州高新区2018年共支持万山区各类帮扶发展资金2850万元,较2017年增长2倍,涉及产业、教育、医疗等领域的项目63个,带动建档立卡贫困人口脱贫3306人,其中残疾贫困人口197人。涉及财政帮扶资金共到位2538万元,落实项目29个,实现万山区3个深度贫困村的产业项目全覆盖,利益联结贫困人口3379人,带动脱贫2993人;涉及社会帮扶资金和物资折价总金额376万元,落实项目34个,受益贫困人口4000余人,带动贫困人口脱贫1800人。

扶贫必扶"智"。2018年,苏州高新区共派出70名教师到万山区支教,开展带班教学、讲座、培训等教学任务,万山区也有35名教师来到苏州高新区学习先进的教学方法、技术和理念。两区教育局也开创教育合作新模式,签订了教育合作框架协议(2018—2020),搭建了各学校之间交流互动的平台。苏州高新区还在贵州健康职业学院挂牌技能人才培养输出基地,累计培训贫困人口609人,其中实现就业487人,其中残疾人口67人。通过东西部扶贫协作新平台,万山区71名贫困劳动力在苏州市内实现稳定就业,413名贫困劳动力实现省内就近就业。

目前,苏州高新区与铜仁万山区的10个乡镇(街道)结对双向全覆盖,并结对万山区22个村/社区(含7个未脱贫的贫困村)和未脱贫的644户贫困户,实现了所有乡镇(街道)、未脱贫贫困村、未脱贫贫困户三级层面结对全覆盖。每年镇级帮扶资金不少于10万元、村级帮扶资金不少于5万元、贫困户每户不少于1000元。

三、2019年8月4日新华网报道

苏州高新区携手铜仁万山区打造文旅新IP

新华网南京8月3日电(记者刘巍巍)"苏适生活,乐享铜仁"2019年苏州高新区与铜仁万山区文化旅游推介会3日晚在龙湖苏州狮山天街举行,两地共推文旅产业融合发展。

推介会上,苏州高新区结合区域四季特征,发布2019年苏州高新区乡村微旅行产品,通过"赏春乐活之旅""盛夏清凉之旅""金秋丰收之旅""暖冬养生之旅"四条乡村微旅行线路,串联起太湖、树山、大阳山等优质旅游资源,并一一展现在游客面前。

据苏州高新区文体旅局副局长苏久华介绍,乡村微旅游线路旨在帮助都市人寻找遗失的乡村记忆，体验惬意闲适、恬淡悠然的休闲旅游生活。

推介会上，苏州市旅行社与铜仁市旅游景区代表签订合作协议，双方将推动资源共享、市场互动、旅客互往，共谋旅游业健康和谐发展。

苏州高新区党工委委员、宣传部部长朱奚红表示，联合举办推介会，将推动苏州高新区、铜仁万山区整合优化旅游资源，挖掘旅游发展潜力，促进旅游提质创新增效，打造区域旅游精品形象。

四、2019年8月28日学习强国报道

"八结对"模式开启全方位帮扶 苏州高新区助力铜仁万山区提速奔小康

"一个人的努力是加法，一个团队的努力是乘法。"今天的贵州铜仁万山区，在江苏苏州高新区的全力支持下，产业发展裂变增长、公共服务提速增效、群众收入大幅提高、幸福指数全面跃升的目标正在加速实现。

两年前，万山区下溪乡葡萄种植成本居高不下。由于雨水较多，为了防止霜霉病，每年要打药15次，每亩成本达到2000多元。更为糟糕的是，露天葡萄形状不佳、采收周期短、产量小、价格低，一年辛辛苦苦下来却赚不了钱。

为葡萄园披上"雨衣"，是一个最好的办法。可大面积为葡萄园搭建改良大棚，却遇上了资金上的"瓶颈"。此时，江苏省对口帮扶贵州省铜仁市工作队万山区工作组组长，挂职万山区委常委、副区长的杨亮，来到瓦田村调研，决定携手伸出援手，他们争取到东西部协作资金400万元。葡萄园披上"雨衣"后，每年喷药减少到了5次，在提升葡萄品相、品质的同时，还能延长葡萄的储存期，实现错峰销售，也让价格卖得更高，让葡萄品质、产量、效益三提升。

数据显示，2018年，瓦田村葡萄产量达300多万斤，销售额达300多万元，产业红利惠及全村1736人，人均增收1600元。2019年，葡萄产量可望达到500万余斤。

葡萄增收了，东西部对口协作办公室还乘胜追击，适时匹配项目资金28万元修建起酒厂，以扩大产能消化，掘洞窖藏提升品质，进一步提升葡萄的附加值。

事实上，像这样的帮扶，并不是个案。2018年，万山区茶店街道万亩车厘子田园综合体项目投入建设，借助东西部扶贫协作平台提供的150万元帮扶资金，修建起了产业棚、产业路、产业池，极大改善了基地的生产生活条件。

如今，车厘子已成为村民增收的第一产业，村民通过流转土地拿租金、进厂务工赚薪金、带资入股领股金，实现多元增收。数据显示，该项目直接受益农户27户、94人，每户每年分红1100元。

"这两年，万山区与苏州高新区建立起了完善的'政府推动、部门联动、项目带动、群众互动'工作体系，让合作范围不断扩大，合作层次不断深化。"杨亮表示，在组织领导、人才

交流、资金项目、产业合作、劳务协作、携手奔小康等方面展开合作，有利于实现同频共振。

自2017年以来，苏州市及苏州高新区已援建万山区项目84个，总投资8637万元，主要用于异地扶贫搬迁点教育医疗配套设施、产业发展、劳务协作、"黔货出山"等。双方瞄准建档立卡贫困人口，实现了万山区3个深度贫困村的产业项目全覆盖，未脱贫人口产业分红全惠及。

在产业合作上，苏州已落地万山项目8个，总投资7.3亿元。其中，总投资1.5亿元的"苏高新集团·食行生鲜供应链中心"已完成主体框架，总投资2亿元的"铜仁·苏州大厦"项目完成场平；总投资1亿元的牙溪村泰迪旅游综合体已完成土地流转和房屋租赁工作。

同时，两地还创新消费扶贫新模式，组织万山企业3次赴苏举办农特产品展销会，通过线上线下渠道销往东部地区价值1805万元的农产品，带动3712名贫困人口实现产业增收。

2019年8月初，一场由苏州高新区管委会、铜仁市万山区联合主办的"苏适生活，乐享铜仁"2019年苏州高新区与铜仁万山区文化旅游推介会在苏举行。会上，苏州高新区旅行社与万山区旅游景区代表再签合作协议，以进一步实现资源共享、市场互动、旅客互往，共推两地旅游业健康和谐发展。

事实上，今天的苏州高新区、万山区合作，已不止停留在农业及产业上，而是实现了全方位的结对帮扶；已形成了对口部门、乡镇街道、医疗机构、城乡学校、社会力量等"八结对"的帮扶模式。

至目前，苏州高新区已选派1名副县级领导和1名副科级领导在万山区长期挂职，并选派4名党政干部挂职锻炼；选派133名教育、医疗、农技等领域的专业技术人才开展不同期限的支教、支医、支农活动。同时，万山区选派17名党政干部在苏州高新区挂职跟岗锻炼，选派514名各类人才来苏学习培训，并邀请苏州相关专家去万山开展旅游、教育、医疗专题培训，使2113人次从中受益。

"科技、文化、旅游、企业管理等领域高技能人才的交流活动，促进了观念互通、思路互动、技术互学、作风互鉴，也为万山打造了一支专业能力强、业务水平高而且带不走的教育、医疗专业人才队伍。"万山区相关负责人表示。

同时，苏州企业还与贵州健康职业学院、铜仁市交通学校合作，开办了轨道交通、厨师、中药学等6个专业订单班，近200名订单班学生毕业后也可留苏工作。此外，两地还开办劳务协作培训班23期，累计培训贫困人口1228人次，推荐139名贫困劳动力在苏稳定就业，推介771名贫困劳动力在江苏省内就近就业。

五、2019年9月9日人民网报道

万山：就业扶贫新思路 群众增收有门路

为深化东西部劳务协作，落实就业扶贫政策，确保易地扶贫搬迁和建档立卡贫困劳动力能就业、能发展、能致富，万山区与苏州高新区共同发力，在劳务协作方面创新举措，出台劳务输出补贴扶持政策，最大程度促进稳定转移就业。

在东西部劳务协作工作站里，工作人员正在通过电话联系在苏州务工的易地扶贫搬迁和建档立卡贫困劳动力，核实其就业情况和享受劳务输出政策补贴情况。"江苏省都可以，然后我们高新区有一个政策，假如你到苏州高新区就业3个月以上，然后又交社保，签了合同的话，会有3000块钱的补助，其他地区的话相对低一点。"万山区劳务协作工作站工作人员陈丽对就业人员说道。

据了解，已在苏稳定就业的68人在去年年底已经全部拿到了2000元劳务输出一次性补贴。今年，苏、万两地创新举措，出台最新劳务输出实施方案，进一步加大对劳务输出人员的扶持力度。万山区人力资源与社会保障局副局长赵军表示："为切实提高我区有组织、有规模化劳务输出的程度，今年按照省委5步工作法的要求，在政策设计层面上，我们出台了《万山区2019年组织劳务输出实施方案》和《万山区2019年东西部劳务协作补助资金管理办法》；在工作部署上面，我们万山区和苏州高新区两地互建劳务协作工作站，并明确了专人负责，落实了专门的工作经费。"

据赵军介绍，实施方案中明确苏、万两地将推行劳务协作奖励补贴、万山区东西部劳务输出补贴、有组织劳务输出补贴、就地就近就业补贴、技能培训项目补贴，其中包括一次性给予3000元的稳定就业补贴，万山区东西部劳务协作50万元专项资金劳务输出就业补贴和500元到1000元的求职创业补贴；对吸纳贫困劳动力就业数量多、成效好的就业扶贫车间、就业扶贫基地，给予1万~3万元的一次性奖补。对就读于苏州高新区技能人才培养及输出学校基地（苏州大市范围内）的建档立卡贫困学生，每学年发放1000元助学金；对取得国家职业技能资格证书的建档立卡贫困学生，符合条件的给予1000~4000元的培训补贴。"接下来我们将和苏州高新区共同在我们的易地扶贫安置点举行专场招聘会，依托我们在建的人力资源市场和铜仁市、苏州市及我们万山区的补贴政策，万山区的贫困劳动力到苏州市就业且稳定就业3个月以上，他的补贴一共达到了8000元，那么我们现在这个政策对于鼓励和组织发动更多的贫困劳动力输出就业将起到积极的作用。"赵军说道。

据了解，2019年，万山区将有组织地向苏州输出贫困劳动力就业100人以上；通过东西部扶贫协作渠道帮助贫困劳动力当年在省内就近就业500人以上；有组织地帮助贫困劳动力到除江苏、贵州以外的其他地区实现就业200人以上；有组织地帮助贫困户劳动力在东部省份稳定就业150人以上。

六、2019年11月6日学习强国报道

苏州高新区：党建品牌"点亮"铜仁梅花村发展底色

近日，贵州省铜仁市万山区茶店街道的梅花村发生了一件大事，经过紧锣密鼓的设计及施

工，坐落于村内烂泥山组天堂坡的梅花村党群服务中心正式启用。

梅花村党群服务中心由江苏省苏州市苏州高新区驻梅花村帮扶临时党支部与梅花村村支三委共同设计打造。它参照苏州"海棠花红"党建阵地建设标准，将苏式建筑元素与当地特色巧妙融合，共分为外部展示区、党员活动区及党团社综合区，在体现丰富的党建元素的同时，更彰显了两地帮扶协作的浓浓情谊。

（一）让特色党建引领乡村振兴

为加强苏州高新区与铜仁市万山区对口协作，推进东西部扶贫携手奔小康工作，今年7月，苏州高新区党工委组织部选派4位帮扶干部来到万山区茶店街道梅花村，全面实施梅花村"整村帮扶"，在巩固脱贫攻坚成效的同时，携手助力致富奔小康工作。

梅花村坐落于茶店街道西部，全村共有4个村民组297户1352人，党员35人，保守的思想观念、劳动力的常年流失、匮乏的技术及资金等因素，让它的小康之路困难重重。

帮扶工作组抵达梅花村后，第一时间成立了临时帮扶党支部，并做好与村党支部的联建工作。随后深入开展基层走访，有效摸排村民需求，临时帮扶党支部参照苏州"海棠花红"党建工作模式，在当地开创"梅开花红"党建品牌，创立"党建+"的工作模式，确定了打造一块"红色阵地"、探索一条"致富之路"、保持一片"碧水蓝天"、锻造一支"文明队伍"、留下一套"高新模式"的工作目标。

（二）让哈密瓜甜到每个村民的心里

帮扶人员通过前期走访摸排，在这里开辟了5亩哈密瓜种植试验田。二级推广研究员、原新疆维吾尔自治区农业厅种子管理总站站长许建被邀请前来指导。此外，还聘了专业种植人员。

临时帮扶党支部通过哈密瓜试种，旨在探索打造梅花村特色农产品种植优质产业链，壮大梅花村集体经济。"哈密瓜目前长势良好，希望我们的瓜能带动村内经济提升，甜到每个村民的心里。"帮扶工作人员说道。

（三）让志愿情怀在这片土地上持续传递

8月14日，梅花村里来了批苏州的"小老师"，他们是苏州经贸职业技术学院电商物流学院的"益路黔行"支教团队。作为苏州高新区"小青新"东西部扶贫志愿者团队的代表，他们围绕留守儿童支教等主题，开展了为期一周丰富多样的帮扶活动。

9月7日，又一批白衣天使来到了梅花村，他们是由万山区人民医院的青年医生和苏州高新区驻万山帮扶医生组成的青年志愿者服务队。通过集体义诊、入户义诊等方式，白衣天使们为梅花村村民的身心健康提供了精准化服务，得到了村民的广泛好评。

（四）让"海棠花红"精神在这里落地生根

携手致富不仅仅在于一朝一夕的共同努力，为构建帮扶的长期化、常态化机制，临时党支部还摸索梳理出了一套脱贫致富的"高新模式"。即签订长期化的帮扶协议，创立资源整合法等工作方法，设置《"梅开花红"支部联建行动任务清单》，塑造廉洁自律的作风规范，为后续的长期帮扶提供一套直观、可利用的工作模式，为梅花村成为当地乡村振兴的排头兵提供持续蓬勃的党员力量。

携手致富，这就是每位梅花村帮扶工作人员和全村党员干部共同的初心与使命。高新情，万山缘，苏州高新区共产党员的"海棠花红"精神将持续在这片土地生根蔓延，谱写出东西部扶贫协作的"梅花新篇章"。

七、2020年8月4日贵州日报社天眼新闻客户端报道

注重绿色生态发掘 聚力产业优先发展 全力助推万山区可持续脱贫

产业扶贫是促进贫困群众增收致富的有效途径，也是巩固长期脱贫成果的根本举措。近年来，苏州高新区对口帮扶铜仁市万山区，坚持产业优先、绿色发展的理念，紧扣产业扶贫这个根本，把产业扶贫作为脱贫攻坚的治本之策，选准目标产业，做大产业集群，夯实产业载体、促进多种产业提质增效，拓展增收致富渠道，让更多群众在家门口创业就业，实现持续增收稳定脱贫，激发脱贫攻坚、乡村振兴的内在动力活力，走出了一条变"输血"为"造血"的产业扶贫路。

（一）挖掘生态优势、打造乡村旅游新产业

曾经的牙溪，远离城市，通讯不畅、基建落后，水电匮乏。村里没有产业，年轻人远走他乡，剩得鳏寡孤独农耕生活，自给自足。房屋年久失修，也是破败不堪。2019年，苏高新文旅集团经过勘察，投资1亿元打造牙溪旅游综合体项目。该项目定位于乡村旅游，占地面积约369亩。2020年6月18日，牙溪旅游综合体试运营。项目结合万山区自然生态资源和休闲农业特色，倚靠秀丽的山水资源、地域文化以及当地的建筑理念，通过"苏州乐园"金字品牌、管理技术和人才的输出，一座座别具一格的民宿群落将构成一幅美丽的风景画，结合浓厚的少数民族风情，为游客提供集生态休闲与轻奢度假于一体的旅游新体验。

苏高新文旅集团自项目建设以来，牢记产业扶贫使命，坚持脱贫为先，每年支付项目地土地及房屋租金200万元，切实保证了村民搬迁后的生活；建设施工中首先考虑当地村民就业，及时吸纳务工村民最多达150人以上，优先录用当地建档立卡贫困户，人均月收入3500元以上。截至目前，牙溪生态农场在本地招聘员工，实现带贫效应66人，人均月收入2500元以上。苏州高新区创新打造旅游+就业、旅游+文化的"旅游+"模式，融合一产、二产，不断强化产业互融互通，互助互强，在脱贫攻坚中走出来一条独具特色的消费扶贫新路。

铜仁市委书记陈昌旭亲临牙溪生态农场，高度评价了牙溪旅游项目为万山区脱贫攻坚带来的良好社会效应和经济效益。

（二）夯实项目建设 增强产业发展硬实力

"铜仁·苏州大厦"精品酒店位于万山区谢桥新区，由苏高新集团投资2亿元，总用地面积8034平方米，总建筑面积24279平方米，旨在打造融合铜仁城市山水环境特色与苏州古典园林人文情怀的当代城市山水园林度假酒店，营造"山间栖居、立体园林"式的居住体验和空间

感受。酒店客房有203间，并引入洲际集团旗下假日酒店（Holiday Inn）品牌进行国际化标准的酒店管理服务，将为铜仁呈现集会务、餐饮、住宿、培训等多种功能于一体的精品综合体，成为对口协作新标杆。进一步丰富当地旅游业态，更好地满足旅游市场需求。

与此同时，苏高新集团投资2.2亿元在万山经开区建设占地70亩的农产品供应链示范基地。该项目已全面建成开始运营，先后引进苏州鸿海食品集团、苏州食行生鲜公司、铜仁亿创公司等知名企业入驻，着力构建集农产品收购、分拣、检测、包装、加工、冷链配送等于一体的全产业链，努力打造成武陵山片区"黔货出山"的重要集散地。预计每年可向江苏等东部地区销售当地香菇、木耳、竹荪、鲜果、时蔬、铁皮石斛、红薯等农产品超过5000吨，满足长三角地区市民的生态食品消费需求，直接或间接带动5000多户贫困户增收致富，从而真正做到"一手牵农民、一手牵市民"，形成长效发展的可持续产业扶贫机制。

（三）强化政策扶持　促进农村产业大发展

"大家加把劲，争取这个棚在下个月完工。"在铜仁市万山区塘边村大棚蔬菜街道项目施工现场，工人们正挥舞着手里的工具搭建大棚，忙而有序。为纵深推进农业产业结构调整，塘边村结合实际，着力抓好低效作物调减工作，建设大棚蔬菜基地，切实促进农业增效、农民增收。

塘边村蔬菜大棚建设项目总建筑面积14036.65平方米，投入苏州高新区东西部扶贫协作区级财政帮扶资金100万元，大棚蔬菜基地建成后，可带动91户316人建档立卡贫困户最低户均增收549.4元，带动就业100余人。

苏州高新区加大政策农产业支持，对种植户、合作社、家庭农场，在标准化种养、精深加工、市场营销全产业链上进行精准扶持。2019年苏州高新区有1340万元用于支持万山区蔬菜大棚、生猪养殖、食用菌产业等扶贫项目发展，直接或间接带动6750名贫困人口受益，其中2019年脱贫户实现利益联结全覆盖。2020年投入1915万元用于支持蔬菜大棚、生猪养殖、肉牛养殖，种植葡萄酒加工等产业扶贫项目，直接或间接带动9177名贫困人口受益，其中97户脱贫户监测户实现利益联结全覆盖。自苏、万两地开展结对帮扶以来，苏州高新区依托东西部扶贫协作，用活相关帮扶政策资金，有效推动农产业发展，促进农民增收，为万山农产业助脱贫奠定了坚实的基础。

（四）多措并举深推，优化黔货出山新机制

"黔货出山"是东西部对口协作、脱贫扶贫的核心工作。苏州高新区联合万山区，一是两区自加压力，定下2020年全年实现消费扶贫销售额1亿元的总目标；二是万山区成立了由区扶贫办、农业农村局、工业和商务局、市场监督局、亿创公司等多家单位共同组成的消费扶贫工作专班，全面运作，主要为农产品生产指导、扶贫产品申请和认定、农产品溯源体系建设、农产品质量标准体系建设、农产品线上线下销售等多个环节提供组织保障，确保"黔货出山"顺利推进，目前共有30家扶贫产品供应商和82个产品在国务院消费扶贫工作系统中通过审核；三是苏州高新区做好推动区内各预算单位积极采购万山区农副产品相关准备工作；四是线上线下齐头并进，通过网络销售平台、食行生鲜App、苏州银行网上银行兑换系统、苏州高新区总工会工会福利专项购买、江浙沪地区开设运营32家品牌直营店、苏州143家连锁商超设有销售专柜、举办展销会、订货会等主题活动，到2020年6月份线上线下实现农产品销售额3222万元。

（五）聚焦就业增收，提升产业扶贫硬支撑

铜仁市万山区就业扶贫车间里，何女士拿着剪刀正在熟练地裁剪衣服，这是为其他地区定制的校服。2019年9月，家住印江的何女士举家搬迁到万山区易地扶贫搬迁社区——旺家社区，初来乍到的她原本以为到了城市就业会很艰难，没想到社区里建了一个扶贫微工厂，专门招揽社区居民做工，当地政府举办了劳动技能培训班，扶贫微工厂稳妥安排，促使他们就近就业。

为了让山里搬迁群众"搬得来、稳得住、能增收"，苏州高新区万山工作组也在旺家社区建起了扶贫微工厂，把农民变工人。2019—2020年，苏州高新区累计投入620万元东西部协作帮扶资金，搭建就业服务平台，把阿里巴巴大数据标注公司、景航服装厂等企业建到了安置户的家门口，让460名搬迁群众实现了就近就业。

何女士很满意这份工作，因为这让她不仅有了收入，还能就近照顾老人孩子。

劳务就业是实现脱贫的重要方式。苏州高新区根据易地扶贫搬迁群众技能特点，出台就业扶持政策，提升劳务市场品质、加强扶贫工厂建设，提高岗位增量、扩大就业容量，让易地搬迁群众"动起来"，腰包"鼓起来"。载体支持苏州高新区出资20万元在旺家社区共建人力资源市场，这是贵州省第一个把人力资源市场建在易地扶贫搬迁安置点的区县，通过搬迁大数据平台线上与人力资源市场线下结合，精准对接，辐射全区各搬迁安置点，为搬迁群众就业提供便利便捷服务，确保群众有业可就。政策激励积极出台鼓励就业政策，在苏州高新区稳定就业6个月以上的万山区建档立卡贫困劳动力（含易地搬迁家庭贫困劳动力），可享受11000元的两地政府补贴；对在苏实现3个月以上稳定就业的，给予人力资源服务机构每人1000元的一次性奖励。苏州高新区管委会还出台了《苏州高新区关于疫情防控期间支持企业复产用工的通知》，对赴苏务工人员提供各项政策扶持，全面支持万山区贫困群众就业脱贫。2020年3月以来，共组织5批新增228名万山务工人员赴苏州高新区就业，进一步深化东西部劳务协作，巩固脱贫成果。

八、2020年8月11日《人民日报》海外版报道

苏州高新区与铜仁市万山区协作发展："微工厂"稳就业助脱贫

虽然受疫情影响，不能外出打工，但55岁的蔡余富并不愁。自从在家门口的扶贫微工厂就业后，他每个月有1800元收入。"我很满意这份工作，不仅有了收入，还可以在家照顾孙子。"他说。从2019年至今，苏州高新区累计投入620万元东西部协作帮扶资金，搭建就业服务平台，引入阿里巴巴大数据标注公司、广益服饰等企业，帮助贵州省铜仁市万山区460名搬迁群众实现了家门口就业，蔡余富便是其中之一。

铜仁地处三省交界、武陵山腹地，贫困发生率一度高达30.45%，全市10个区县均属于国家级贫困县（区）。2013年，江苏苏州开始对口帮扶铜仁，苏州高新区帮扶铜仁市万山区。挂职万山区委常委、副区长的江苏扶贫干部杨亮介绍，为了帮助从大山里搬出来的贫困户就业，苏州高新区万山工作组在旺家社区建起了扶贫微工厂，把农民变工人。

为解决"半劳力""弱劳力"就业难题，传统苗绣和苏绣牵起了手。"我们组织苏绣老师培训铜仁绣娘，让她们的产品被更多人接受。"苏州高新区妇联相关负责人说。

"在挖掘万山就业潜力的同时，我们也用好东部市场。"扶贫干部、挂职万山区扶贫开发办副主任的吴鹏程说，今年3月至7月，新增228名万山区的建档立卡贫困户到苏州高新区就业。

姚东就是在今年3月到苏州高新区的企业工作。第一次出门打工的姚东，在苏、铜两地就业部门的悉心帮助下，在苏州稳定就业。"我的工资加政府的扶贫就业补贴，一个月7900元左右。"姚东说。

"让帮扶工作从'输血'变'造血'，关键还是要发展产业，一人就业，全家脱贫。所以我们的各项帮扶工作，始终往产业和就业倾斜。"杨亮说。

基于贵州旅游资源和特色农副产品丰富，自2018年开始，苏州高新区在万山区先后投资5亿多元，建设苏高新农产品供应链示范基地、牙溪生态农场和"铜仁·苏州大厦"项目。经测算，3个项目能直接或间接带动5000多名建档立卡贫困户增收致富。

在江苏省对口帮扶贵州省铜仁市工作队和当地干部群众的努力下，铜仁贫困人口明显降低。截至目前，除沿河县计划今年脱贫外，其余9个区县顺利摘帽，全市贫困发生率降至1.16%。

九、2020年9月24日人民网报道

苏州高新区：全力打造社会扶贫新路径

近年来，苏州高新区对口帮扶铜仁市万山区，坚持政府引导、社会合力、精准帮扶，在扎实做好东西部对口协作常规工作的基础上，通过慈善扶贫基金、爱心家庭结对、志愿服务争先、国企勇挑重担、民企着力支撑等多种方式，创新思维、打造品牌，共担当、全方位动员和引导社会各界力量参与扶贫攻坚，成效显著。具体做法如下：

一、创新设立慈善扶贫基金。2018年3月两区合作设立"苏州高新区慈善基金·铜仁市万山区扶贫基金"，成为苏州市对口帮扶铜仁市的第一个专项扶贫基金。两年先后募集投入1126.4万元，实施项目23个，涵盖农业产业、文化扶贫、贫困户困难救助等方面，直接带贫效应3800余人。

在专项扶贫基金的带动下，苏州高新区民营企业纷纷行动起来，绿叶科技集团设立"绿基金"，捐赠80万元支持贫困村文化设施建设和其他10个薄弱村的基础设施改善；胜利精密公司设立"玉根基金"，捐赠100万元用于校企合作开办"2+1"机电技术订单班，目前该订单

班共招收学生 57 名，其中贫困学生 21 名；路之遥科技公司通过"光彩基金"捐赠 90 万元用于贫困村农技人才培训基地建设和大棚蔬菜建设等。

二、发起情暖万山结对活动。苏州高新区宣传部（文明办）联合江苏银行苏州新区支行苏州轨道交通集团公司捐赠 50 万元，用于共建"万山区新时代文明实践中心"项目，全力帮助万山区打通宣传群众、教育群众、关心群众、服务群众的"最后一千米"。苏州高新区文明委、区扶贫协作和对口支援领导小组、区工商联、区慈善总会、区志愿者协会联合发文，组织区文明委成员单位与铜仁市万山区的 634 户贫困户开展结对帮扶工作，捐助现金每户每年不低于 1000 元，2019 年、2020 年共计捐赠"文明高新·情暖万山"文明结对资金 126.8 万元，极大地支持了万山建档立卡贫困户摆脱绝对贫困。

三、积极开展社会志愿服务。苏州高新区在 2018 年出台了《关于组织开展"文明高新·情暖万山"系列共建结对帮扶工作的通知》。苏州高新区志愿者协会于 2018 年 11 月发布了"文明高新·情暖万山"志愿扶贫项目执行团队招募书，招募执行志愿团队。城市管理志愿者联盟、信服桥公益服务中心、汤妈妈公益慈善中心、苏州高新区邮政公司志愿队、李良济中医药文化公益服务中心等 5 个志愿组织参与实施了"爱心衣站""扶残助残·有你有我"关爱残疾人、"梦想礼包"关爱未成年人、"文化惠民"扶贫爱心邮路、"健康礼包"关爱老年人等 5 个志愿服务项目。志愿者服务项目先后资助 48.2 万元，涉及建档立卡贫困户、五保户、残疾人、未成年人、老年人等 1279 名关爱对象，包括学习用品、衣服、药品礼包等物资捐助，取得了良好的对口帮扶效果。

四、充分彰显国企责任担当。2018 年以来，苏州高新区国有企业牢记脱贫攻坚使命，主动作为，奋勇争先，针对贵州省铜仁市万山区社会经济发展急需解决的短板，在万山区先后投资 5 亿元左右，分别建设"铜仁·苏州大厦"、苏高新农产品供应链示范基地，牙溪生态农场等 3 个大项目，涵盖高端酒店、农产品"黔货出山"、旅游产业链等领域，有效地带动了当地消费扶贫和产业扶贫，直接或间接带动近 5000 名贫困户增收致富。与此同时，苏州高新区内 5 大国企苏高新集团、苏高新股份、苏高新金控、苏高新文旅、苏高新有轨纷纷开展结对帮扶活动，先后和万山区 4 个街道 5 村（社区）共建结对，先后投入 394 万元资金，帮扶建设 26 个项目，有力助推万山区脱贫扶贫工作的开展。

五、民企主动作为倾力而为。2018 年以来，苏州高新区民营企业先后投入各类扶持资金 9354 万元，用于铜仁市万山区农村基础建设、文化设施改建、农业产业发展、技能人才培训、教育装备添置、寒门学子资助等，全方位、多渠道、高效率地助推万山人民脱贫致富。

创新帮扶形式。苏州高新区 12 个民营企业与万山区 21 个贫困村建立了"点对点"结对帮扶关系，既有承担产业、就业、基础设施等综合开发的，也有聚焦教育、健康、生态等领域开展专项帮扶的，参与面广，帮扶成效明显。

苏州高新区民营企业响应党和政府号召，积极支持"黔货出山"，通过直接采购、组织展销、产品专卖、电商销售等方式助推消费扶贫。2019 年，苏州高新区民营企业共购买"黔货出山"1605 万元。2020 年努力克服疫情影响，到 8 月份，苏州高新区民营企业购买"黔货出山"

附　录

农产品 1200 万元，极大地激发了脱贫致富内生动力，为打赢脱贫攻坚战添砖加瓦。

十、2020 年 6 月 17 日《中国新闻网》报道、2020 年 6 月 19 日《学习强国》报道

蒋国良：十四载行程 25 万千米　用奋斗坚守扶贫初心

有人说："人生，总会有不期而遇的温暖，和生生不息的希望。"苏州高新区的蒋国良用 14 年坚持不懈的扶贫协作行动诠释了什么叫"人生有你，阳光灿烂；人生有你，四季温暖"。他有一个心愿，就是"脱贫路上，不能有一个脱队"。

蒋国良先后在虎丘长青乡、浒墅关经开区、苏州高新区管委会区、苏盐合作园区等工作。自 2006 年担任苏州高新区管委会副主任以来，蒋国良一直分管区扶贫协作和对口支援工作至 2019 年初。14 年间，他先后近百次到省外受援地考察调研，扶贫行程达 25 万千米。

脱贫路上，一个都不能少。蒋国良认真贯彻落实中央和省市关于做好扶贫协作和对口支援工作决策部署，积极协调推进与对口扶贫协作地区在组织领导、人才交流、资金项目、产业合作、劳务协作、文化旅游、医疗卫生等方面的深入合作。在对口支援陕西定边县（2016 年结束结对关系）、重庆云阳县，对口帮扶贵州万山区和省内泗阳县、大丰区工作中，蒋国良坚持高标准、严要求，讲政治、甘奉献，帮助受援地大大加快了脱贫奔小康步伐，特别是助推万山区在 2018 年以优异成绩顺利通过国家第三方评估，实现脱贫摘帽。

定边县是苏州高新区对外支援的第一个县区，经过多次调研，蒋国良确定了"医疗与教育先行"的帮扶目标。他把多方争取到的资金先后投入到改造定边县人民医院门诊大楼、苏州新区希望小学等项目建设中，先后组织捐赠 2 辆价值 60 万元的救护车用于定边县人民医院 120 急救中心，并加强两地医护人员和教师交流。较好的医疗水平挽救了很多生命垂危的病人，良好的教育环境让孩子们能拥有更好的明天。

支援先援"智"。蒋国良是云阳苏州高新区特殊教育学校的名誉校长，孩子们见到他都亲切地喊他"蒋爷爷"，孩子们的衣食住行学时刻牵动着蒋国良的心。他发动引导区内部分企业家先后 15 次对云阳教育事业捐助资金 496 万元，设立"喜洋洋助学金"，捐建云阳苏州高新区特殊教育学校食堂、学生宿舍，帮助原高阳电站村校整体搬迁并命名为"苏商光彩小学"，新建了新津小学教学综合楼，办学硬件和学习环境焕然一新。对孩子们的关爱也感动着家人，他的老父亲蒋国华毅然设立了"蒋国华奖学金"，给孩子们尽可能多的帮助，给他们温暖和希望。2018—2019 年，云阳特殊教育学校共有 3 名学生考入大学，他们每人分别获得 2 万元的"蒋国华奖学金"及每人每年 5000 元的"喜洋洋助学金"，圆了求学梦，没了后顾忧。

此外，为更好地推动"教育扶贫计划"的落地与推广，2019 年，蒋国良还引进上海康养机构耄耋春教育科技有限公司，与云阳职业教育中心联合成立中日康养人才培训教育基地，有效帮助贫困家庭的学生提高市场竞争力，真正实现家庭脱贫。当年培训基地就录取学生 23 名，

其中10名学生已前往日本继续深入介护专业的学习、实习及就业。

蒋国良多方捐助云阳教育的事迹，被全国校舍安全办公室、教育部选入"大爱无疆、情暖特教"的先进典型，在中央电视台专题报道播出。

全方位对接，全领域帮扶。2013年，苏州高新区与万山区结成帮扶对子，蒋国良因地施策，主推"多措并举多业并兴"帮扶策略。在项目落地上，结合铜仁资源和苏州市场，抓好产业项目落地助脱贫"造血"，促成了"铜仁·苏州大厦"、苏高新农产品供应链示范基地等一批民资项目和国资项目落地见效。在资金投入上，协调支持万山区发展的各类帮扶资金4000余万元，共涉及产业、教育、医疗等项目60余个，带动建档立卡贫困人口脱贫3000余人。在招商引资上，推动万山经济开发区与苏州高新区浒墅关经济技术开发区签订了共建园区框架协议。目前，苏州高新区落户万山经济开发区规模企业3家，总投资4.5亿元，项目建成后将直接或间接带动当地贫困户增收致富。在消费扶贫上，以万山电商生态城为平台，先后打通与苏州食行生鲜合作的线上销售渠道和苏州南环批发市场及各大企业合作的线下销售渠道，推动销往苏州等东部地区的各类铜仁农产品金额达1500余万元。

"规定动作"不折不扣完成，"自选动作"更亮点频出。铜仁万山的发展要招商、农副产品要输出、旅游资源要推介，怎么办？蒋国良主动协调各类资源，在苏州高新区设立万山区形象展示中心，成为万山在苏州产业招商、旅游推介的重要窗口。中心内开设"黔货出山"销售专柜，现场可通过扫描二维码直接采购铜仁的优质农产品。为保证每一户贫困户脱贫，他还协调两地签订文明共建协议，实现了苏州高新区文明委成员单位与万山区所有未脱贫贫困户的一对一全面结对帮扶。帮扶单位针对性组织技能培训、医疗卫生、文化生活等活动，捐助现金每户每年不低于1000元。经过艰苦努力，万山区于2018年实现了脱贫摘帽。

在省内，对泗阳县的帮扶从2006年启动，蒋国良不断促进帮扶地区由"输血功能"向"造血功能"转变。在泗阳实施"千村万户帮扶"、脱贫攻坚等一系列扶贫工程、帮扶项目35个，帮扶泗阳经济薄弱村贫困户达到了脱贫标准、薄弱村实现了"八有"目标，通过实施标准化厂房项目建设解决家门口就业，一人务工一家脱贫，苏州高新区的帮扶项目成为泗阳县的示范扶贫项目。在与大丰区的10年协作中，蒋国良约260次两地奔忙，在一片盐碱地上，从无到有，建起了苏州盐城沿海合作开发园区。作为江苏省南北合作推动沿海开发的创新之举，园区完成了50平方千米总体规划编制，建成了3平方千米启动区，累计投入资金15亿元，签约注册亿元以上项目达15个，总投资108亿元。

有坚定的扶贫决心，更有强有力的脱贫力度，一直保持着奋斗的状态，从不松懈，从不计较个人得失，这就是蒋国良，一个脱贫攻坚战线上的坚强斗士。

十一、2020年1月2日人民日报报道

从江苏到贵州，推销山货、发展旅游，扶贫干部杨亮——叫响万山好生态

2017年前，杨亮是全国首批国家级高新区——苏州高新区下辖苏州科技城党工委委员、管

委会副主任；2017年后，他开始担任贵州铜仁市万山区委常委、副区长，成为一名扶贫干部。当时的万山，因为资源枯竭，发展陷入了困境。

在万山，杨亮重新定位，当起"生态推销员"：打通上下游销售渠道、推动黔货出山，发展精品民宿、请游客进山。

在江苏省对口帮扶贵州省铜仁市工作队的努力下，在当地干部群众的拼搏奋斗中，铜仁贫困人口显著降低。2018年底，铜仁市建档立卡贫困人口为16.56万人，比2013年累计减少76.71万人，贫困发生率从2013年底的24.78%下降到了4.4%。

2018年，万山区通过国家评估验收，脱贫摘帽，并在铜仁市东西部扶贫协作年度考核中名列全市第一。

（一）帮瓦田村的葡萄找"雨衣"

地处贵州铜仁与湖南芷江交界的万山区下溪乡瓦田村，460余户村民，人均耕地不足0.3亩，1700多人的村子曾有1000多人外出打工。村里流传着一首歌谣："瓦田村中一条槽，早吃苞谷夜吃苕。漂亮姑娘往外跑，留下光棍几十条。"

瓦田村的困境，也是万山乃至整个铜仁的一个缩影。历史上，万山曾经是我国最大的汞工业基地。但进入2000年以来，汞矿企业关闭，万山被列为资源枯竭型城市。2013年底，铜仁市建档立卡贫困户达93.27万人，而全市常住人口仅310.4万人，相当于每4个人中就有1个贫困人口。

2017年4月，杨亮刚到万山，这里的景象给正在兴头上的他浇了瓢冷水——之前工业带动扶贫的设想没法落地，而村民也对这个挂职干部没抱太多希望。

杨亮没有气馁。他记得江苏省对口帮扶铜仁市工作队领队，铜仁市委常委、副市长查颖冬告诉他："我们的扶贫工作、项目实施，必须兼顾保护和发展。我们必须把江苏的优势和铜仁的特色相结合，实现精准脱贫。"

有一次，杨亮在一个村子蹲点。当时是夏天，酷暑难耐，几天才能洗一次澡，蚊虫把杨亮叮得全身红肿，但他觉得这不算什么，"最怕的是不熟悉情况，走了弯路。只有摸清了短板，才能真正为老百姓解决困难"。

瓦田村一些村民在山上种野葡萄的尝试，让杨亮看到了希望。经过调研，杨亮发现，这里能种活野葡萄，但雨水多，葡萄霜霉病严重，"葡萄差一件'雨衣'，我们要投入资金，帮老百姓建大棚"。

400万元东西扶贫协作资金砸下去，一座座大棚建起来，村民种野葡萄最大的困扰解决了。2018年，瓦田村葡萄产量达300余万斤、销售额300余万元，产业红利惠及全村1736人，人均增收1600元。

初战告捷，杨亮又开始琢磨：瓦田村能种葡萄，而别的村只有苞谷、南瓜，还可以做点什么呢？

（二）给黔货出山找通道

经过深入调研，杨亮盯上了万山区的绿色农产品，"从下游入手，把农产品卖出去，让老百姓吃上'生态饭'！"

山高、路远、运费贵，农产品出山谈何容易。有苏州企业在得知杨亮的打算后，直接回复："我们可以捐钱，农产品就不买了。"

杨亮认为，"黔货出山"，关键是让农产品变商品，打通销售渠道。他立即着手在苏州高新区找销售路子，在万山建收购渠道。

杨亮找到万山国企亿创电子商务经营管理有限责任公司，希望他们负责农产品的采购和销售，但当时亿创公司账上只有23.46元存款，欠款却高达180多万元。如何开展"黔货进苏"项目？解决启动资金成了首要难题。

杨亮想办法用募捐的形式，为亿创公司解决了10万元启动资金；又对接苏州高新区总工会，用福利采购下了亿创公司"黔货进苏"的首笔订单，并形成了常规化采购；协调苏州高新区浒关镇，为亿创公司举办多场展销会和订货会提供场地……一项项举措，为亿创公司"黔货进苏"打开了市场销路。

这个举动，一下子让万山区谢桥街道龙门坳村的竹荪销售有了改观。"2017年，村里让我带头发展竹荪，规模扩大到400亩，结果要卖了，才发现本地市场消化不了。"龙门坳村竹荪种植基地负责人刘静说，因为基地背后带着162户贫困户，怎么卖竹荪让他头疼不已。

亿创公司得知消息后，当即成立项目组，通过公司渠道帮忙销售。2017年底，3.2万斤竹荪全部售罄，800多万元销售额，村民分红就有100多万元。

在下游，杨亮找到苏州食行生鲜电子商务有限公司，让东部餐桌吃上西部的农产品，也让西部的贫困户有更多收益。截至2019年底，在食行生鲜平台，有577名万山农户卖出了自家的香菇、木耳、南瓜，其中贫困户和低保户211人。

2018年，杨亮又找到苏高新集团，在万山投资1.5亿元建设"苏高新集团·食行生鲜供应链中心"。这个供应链中心集生产、检测、加工、冷藏、物流为一体。现在，供应链中心已部分投入使用，高楼坪乡大树林村村民周银仙在家门口就有了收入。周银仙说，把香菇分装打包，每装一袋就有2毛钱收入。

如今，万山区已经建立了从农户到合作社、从收购商到销售商"一条龙"的产销模式。2019年1月—10月，万山特色农产品外销额3400余万元，惠及4150名贫困人口。

（三）给山里瓦屋找主顾

黔货出了山，还要让游客进山。2018年初，杨亮又打起了搞生态旅游的主意。

铜仁境内有喀斯特地貌形成的峰丛峡谷，世界遗产梵净山便位于这里，旅游资源丰富。"我们要做的，是把万山的美展示出来。"杨亮找到苏州高新旅游产业集团有限公司，推销万山的好生态。架不住杨亮的热情推销，2018年4月，苏州高新旅游产业集团有限公司一行人到万山区实地考察，最终看中了牙溪村的民宿项目。

按照计划，苏州高新旅游产业集团有限公司租赁老百姓的房子，改造后发展民宿。杨亮算过一笔账："出租的107栋房屋中，有21户64人是贫困户，他们靠出租房子，每年有固定收入，少的有2万元，多的有9万多元。项目建好了，他们还可以在村里打工。"

但在项目动迁动员会上，村民却有担忧："我们在这儿住习惯了，哪儿都不去。""这几间破瓦屋，能让外头的人来住？"杨亮带着工作队一家一户做工作，算经济账；在村口建安置房，让老人们搬迁不离家；建样板房，让村民看到了未来新家的模样。村民的顾虑渐渐打消了。

工程得以推进，但进村的快速路却迟迟没通。对此，万山区委拍板："不等市里修快速路了，我们自己掏钱修。"2019年7月，万山区通往牙溪村的道路正式开工建设。

2019年11月10日，记者沿着蜿蜒的快速路，开车不到20分钟，就抵达牙溪村村口。在牙溪村村口的安置点里，81岁的老人潘元珍正坐在院子里晒太阳。老人说，她有3个儿子，这些房子出租，每年有20多万元收入，二儿子还在项目上打工，"现在日子好过了"。

一项项成绩背后，是杨亮们排得密密麻麻的工作日程。

苏州和万山相距1500千米，汽车转飞机，回一趟家大半天也够了。但整个2018年，算上开会，杨亮一共只回去了8趟。女儿中考前给他写了封信："亲爱的爸爸，过几天我就要参加中考了，本来您说要回来陪我的，可是您不回来了。我不怪您，我知道您事情一定很多，很辛苦。我会好好考试，请您放心。"

看到女儿的信，杨亮心里五味杂陈："这边要做的帮扶工作太多，我们挂职时间有限，所以必须精打细算，用好每一天，做好每一件事。"

十二、2020年9月11日新华网贵州频道报道

苏州高新区援黔扶贫干部吴鹏程：愿做一盏灯 点亮幸福路

"组织需要就去，扶贫工作更要去，家里的事不用担心！"当苏州高新区社会事业局社会救助与福利处处长吴鹏程得知自己被组织选中，要去贵州参与扶贫时，他的父母和妻子都明确表示支持。当时，他的父母亲刚刚手术出院，年老体弱需要人照顾；儿子正在读高三，是决定人生前途的关键期。

家人的支持坚定了吴鹏程投身脱贫攻坚工作的决心，2019年10月，吴鹏程作别家人，来到脱贫攻坚主战场——贵州铜仁，挂职铜仁市万山区扶贫办（生态移民局）副主任（副局长），参与对口帮扶工作。

（一）舍小家为大家，轻伤不下火线

"天无三日晴，地无三尺平"。初到万山，重油重辣的饮食习惯和多变的天气让吴鹏程腹泻了一个多月，崇山峻岭间的盘山公路又给了他一个下马威。第一次下乡，吴鹏程去的是距离市区70多千米的万山区下溪乡瓦田村。70千米，在苏州就是一脚油门的事，但在万山，这条路开了2个多小时。

"进山公路，都是绕着悬崖修的盘山公路。"吴鹏程至今仍记得当时的害怕，"手心冒冷汗，汽车转来转去，我肚子里也是翻江倒海。"尽管条件艰苦，但吴鹏程暗下决心："在这大山里，如果我两年留不下印记，就对不起这里的百姓，也辜负了父母、孩子对我的期望。"

吴鹏程要求自己"主动干、负责干、团结干"。为了尽快熟悉工作情况，他在手机上装了多个扶贫 App，学习研究全国各地的帮扶政策和案例；他白天实地走访，晚上整理档案、查阅文件，了解当地社情民意。和其他东西部协作扶贫干部一样，吴鹏程没有明确的休息天，也没有固定的下班时间，"肩负帮扶任务，工作和生活分不开"。

2020 年 5 月 25 日晚，吴鹏程仍在赶材料，起身关窗时，却被突然炸裂的钢化玻璃扎伤。吴鹏程身上 8 处割伤，其中一块还险些扎到胳膊上的动脉血管，但在医院经过包扎处理后，他第二天就回到了工作岗位。"大家都在拼，我也不能闲。"吴鹏程说道。

(二) 扶贫帮困，做贫困百姓的贴心人

吴鹏程经常利用周末时间跑基层，"只有熟悉了，才知道工作该怎么干"。10 个月里，他跑了万山区 11 个乡镇的 30 多个村。

吴鹏程联系的万山区下溪乡瓦田村是当地的一类贫困村，曾有歌谣这样描写瓦田村："瓦田村里一条槽，早吃苞谷晚吃苕。"因为山高谷深，全村 300 多户常住人口，人均土地不到 0.2 亩。为了脱贫致富，当地干部群众开始"向山要粮"。

在苏州高新区东西部扶贫协作资金的支持下，瓦田村在近 90 度的山坡上建起了葡萄大棚，种起了当地特产高山刺葡萄。吴鹏程的"结对亲戚"杨贵芳也因此有了不错的收成："去年一年，19 亩大棚的葡萄卖了 11 万多元，还不错。"

不过，吴鹏程也在调研中发现，卖鲜葡萄有风险，"山大沟深交通差，卖不出去就烂了"。在挂职干部、万山区委常委、副区长杨亮的带领下，大家集思广益，多次调研对接后，最终决定建葡萄酒厂，做长产业链，增加附加值。2020 年 6 月，瓦田村又建起了葡萄酒厂。

因为走访次数多，村里的贫困户也把吴鹏程当成了自己人，愿意和他聊就业和生活。每次吴鹏程离开村子，村民都会把他送上车，约定下次过来不要这么匆忙。"一定要来吃个饭啊！"

"山里的老百姓很淳朴，能吃苦，干事积极性高，只要拉一把，他们一定能脱贫致富。"这也激励着吴鹏程要多做一件事，多给山里的老百姓一个脱贫致富的机会。

(三) 募一盏灯，照亮村民回家的路

入夜，走在锁溪村的道路上，一盏盏亮着的灯，让村民们感到踏实。这些太阳能灯，不是政府统一安装的，而是扶贫干部吴鹏程一盏一盏"化缘"来的。

吴鹏程第一次下乡调研，晚上，走在崎岖的山路上，黑漆漆的一片，这让他很不习惯。和村民一交流，大家也给他"诉苦"——脱贫攻坚以来，大路上安装了路灯，但很多山路和家门口都没有路灯。

让村民有一盏路灯，照亮他们回家的路，成了吴鹏程的一个心愿。一盏太阳能路灯要 2500 元，每 20 盏路灯就能解决一组 30 户村民的照明问题。"因为帮扶资金只能用于直接带贫项目，但我希望能给村民一个更好的居住环境。"吴鹏程说。对此，他选择以公益的形式，向村里捐赠太阳能路灯，并取名"点亮幸福工程"。

于是，每逢参加会议、后方协调、朋友相会，吴鹏程在讲述脱贫攻坚下的万山时，也让大家支持"点亮幸福工程"。同时，他也在苏州寻找物美价廉的路灯，用更少的费用买更多的路

附 录

灯。截至目前,他已经发动身边的亲朋好友和爱心人士,先后为村里捐了45盏路灯。"虽然微不足道,但积少成多。"吴鹏程说。

除了捐路灯,他还在万山发起"精神病人暖冬行动",推动成立"社区公益金",举办公益集市,策划开展"1+1+N"社区治理活动,和社区、社工机构推进易地扶贫搬迁社区的建设治理,让农民变市民……随着活动和项目的推进,万山区的公益队伍也逐步壮大。

"在这里工作近一年,我才真正理解党中央脱贫攻坚的伟大意义,也真切感受到脱贫攻坚工作的长期性、复杂性和艰巨性。"吴鹏程说。作为东西部协作的一员,唯有努力前行,才能不负所托。

编 后 记

为记录和宣传苏州高新区对口帮扶支援协作的历程，苏州高新区聘请苏州欧克文化传媒有限公司承担《携手奋斗奔小康——苏州高新区对口帮扶支援协作纪实》的编写工作。欧克文化传媒有限公司组建了由苏州科技大学教授张笑川为核心的编写团队。

2019年1月至6月，是本书的资料征集和整理阶段。苏州高新区经发委、档案局对相关资料进行梳理，并提供给编写小组。6月初，苏州高新区经发委与编写小组举行工作会议，决定向对口协作地区及苏州高新区内各相关部门征集资料。6月底，编写团队陆续收到征集来的资料。为丰富充实资料，2019年7月至8月，由苏州高新区经发委安排，编写小组对苏州高新区领导及参与对口支援工作的10位同志进行了口述采访。时值盛夏，编写团队白天访问，夜间整理录音，最终整理出13万余字的口述访谈录。

2019年9月，本书进入全面编写阶段。12月19日，苏州高新区经发委主持召开《携手奋斗奔小康——苏州高新区对口帮扶支援协作纪实》编写交流会，与会专家包括苏州高新区工委宣传部常务副部长周皖斌、苏州高新区档案局专职副局长陈永生、苏州科技大学党委宣传部部长李萍、苏州大学社会学院教授黄鸿山、苏州市政协文化文史委员会秘书长夏冰等5人。各位专家对编写工作予以充分肯定，同时提出了宝贵意见。这为本书编写工作的顺利推进提供了颇多助力。

2020年3月，编写小组完成初稿，并送交苏州高新区档案局专家审阅。3月底，编写小组根据专家组意见对书稿再次进行修订，同时在修改过程中编写，苏州高新区经发委根据编写小组所列补充资料清单，再次向对口协作地区及苏州高新区内各相关部门征集资料。5月底本书三稿完成，再次向各相关方征求修订意见，并于11月完成修订。

《携手奋斗奔小康——苏州高新区对口帮扶支援协作纪实》在编写过程中，一直得到苏州高新区领导及相关部门的关心和支持。在此，向提供帮助的相关部门和人员表示由衷的感谢！苏州高新区扶贫历程时跨二十余年，事涉多线，内容丰富，本书虽多次征集资料并几经修改，但疏漏和舛误仍在所难免，敬请读者批评指正。

2020年11月30日